国家现代化建设研究

Journal of Modernization Studies

主管单位：中华人民共和国教育部
主办单位：北京大学

U0879911

2024 6

目录

习近平新时代中国特色社会主义思想研究

学习贯彻党的二十届三中全会精神

期刊基本参数:CN10-1808/D*2022*B*A4*160*ZH*P*¥40.00*1500*11*2024-11

2024年11月20日出版
本期执行编辑：代立梅

Contents

Published on November 20, 2024

习近平关于中华文明的重要论述及其价值意蕴

曹 芳　陆卫明

（西安交通大学，西安 710049）

摘　要：马克思主义经典作家关于文明的思想、中国共产党传承创新中华文明的历史经验与新时代实践要求的有机融合，构成了习近平关于中华文明重要论述的生成逻辑。习近平关于中华文明的重要论述系统阐发了中华文明的基本主题、独特价值、发展脉络、精神特质、突出特性、赓续原则及建设路径，提出了一系列新思想、新观点、新论断，形成了具有严密逻辑的理论体系。习近平关于中华文明的重要论述内涵丰富，富有创造性和创新性，既丰富发展了马克思主义文明思想，为新时代中华文明展现时代风采提供了根本遵循，也为推动人类文明进步提供了中国智慧。

关键词：中国共产党；中华文明；中华优秀传统文化；人类文明新形态

中图分类号：D61　　**文献标识码：**A　　**文章编号：**2097-1249（2024）06-0005-17

赓续中华文脉、传承发展中华优秀传统文化是习近平文化思想的一项重要内容。党的十八大以来，习近平在多个场合就赓续中华文明作出深刻阐述，为新时代推进文化自信自强、铸就社会主义文化新辉煌提供了根本遵循与科学指引。

目前，学术界正在积极展开对习近平关于传承创新中华文明的重要论述及其实践的深入研究。[①] 本文拟通过对党的十八大以来习近平关于中华文明的一系列重要论述的梳理与分析，从马克思主义基本原理同中国具体实际相结合、同中华优秀传统文化相结合的视角，阐述其生成逻辑、理论蕴涵和价值意蕴。

作者简介：曹芳，西安交通大学马克思主义学院副教授；陆卫明，西安交通大学马克思主义学院教授。

基金项目：国家社会科学基金一般项目“中华文明精神标识研究”（项目编号：23BKS113）。

① 以“习近平关于中华文明的重要论述”为主题的研究成果主要有：张小平：《习近平关于中华文明重要论述的生成之源、精髓要义与实践进路》，《世界社会主义研究》2023年第7期；王威：《习近平关于“激活中华文明”重要论述的理论内涵和重大意义》，《马克思主义研究》2023年第3期；倪富静、王杰：《习近平对中华文明的全面深刻阐释》，《理论视野》2023年第8期；张涛、高慧珠：《习近平关于传承中华文明的重要论述研究——基于创造性转化和创新性发展的视角》，《经济社会体制比较》2023年第5期。

一、习近平关于中华文明重要论述的生成逻辑

习近平关于中华文明的重要论述渊源于马克思主义经典作家的文明理论，植根于中国共产党传承中华文明的历史经验，着眼于新时代在统筹“两个大局”中推进中华民族伟大复兴的现实要求。深入理解习近平关于中华文明重要论述的生成逻辑，有助于深刻领会其丰富内涵，准确把握其重大意义。

（一）理论逻辑：马克思主义文明理论的守正创新

马克思、恩格斯基于辩证唯物主义和历史唯物主义的科学世界观和方法论，对人类从蒙昧时代经过野蛮时代到文明时代的发展过程进行了历史性考察，在深度解析人类文明史的基础上揭示了文明发展的一系列基本规律，其中包括文明的起源、本质和发展趋势。这些思想为习近平关于中华文明的重要论述奠定了坚实的理论基础。

1. 认识文明起源的根本出发点

马克思、恩格斯立足于“现实的人”，从人们要生存就必须吃喝住穿、必须从事物质生产这一客观事实出发，揭示了物质生产实践在文明的产生和发展中所处的基础性地位，从而摒弃了西方唯心主义思想家以欧洲为中心剪裁人类文明史的偏见。启蒙运动以来，众多西方思想家从先验的观念或既定的原则出发，将文明理解为纯粹精神的运演，试图诉诸理性的完善来提升全社会的文明程度。这种将文明视为人性复归、趋向于善的理论，实质上是为资产阶级剥削劳动人民、建立资本主义世界体系服务的，是一种用假设否定事实、用主观分析否定客观规律的唯心主义文明解释模式。马克思、恩格斯运用唯物史观阐释文明的起源，“始终站在现实历史的基础上，不是从观念出发来解释实践，而是从物质实践出发来解释各种观念形态”，① 在世界历史的展开逻辑中创建了解释人类文明发展的新范式，开创了基于唯物史观理解人类文明起源的新坐标。恩格斯指出，“文明是实践的事情，是社会的素质”，②“历史过程中的决定性因素归根到底是现实生活的生产和再生产”。③ 在马克思看来，“文明的一切进步”就是“社会生产力的一切增长”。④ 这就在本质上把文明还原为实践范畴，指明了文明产生、发展与变革的根源。马克思、恩格斯关于物质资料生产是文明存在和发展的首要前提的思想，提供了认识中华文明起源的根本立足点。正是基于马克思主义唯物史观，习近平高度重视考古工作，认为考古发现“展示了中华文明起源和发展的历史脉络”“展示了中华文明的灿烂成就”“展示了中华文明对世界文明的重大贡献”⑤。

---

① 《马克思恩格斯选集》第 1 卷，北京：人民出版社 2012 年版，第 172 页。
② 《马克思恩格斯文集》第 1 卷，北京：人民出版社 2009 年版，第 97 页。
③ 《马克思恩格斯选集》第 4 卷，北京：人民出版社 2012 年版，第 604 页。
④ 《马克思恩格斯全集》第 30 卷，北京：人民出版社 1995 年版，第 267 页。
⑤ 习近平：《建设中国特色中国风格中国气派的考古学 更好认识源远流长博大精深的中华文明》，《求是》2020 年第 23 期。

2. 把握文明发展规律的基本方向

文明随着物质生产实践的发展而不断发展。马克思指出，“社会的物质生产力发展到一定阶段，便同它们一直在其中运动的现存生产关系或财产关系（这只是生产关系的法律用语）发生矛盾”，一旦这些关系成为“生产力的桎梏”，必将发生社会革命。① 这说明社会形态更替、文明形态更新的根本动力在于生产力和生产关系的矛盾运动。西方资产阶级学者从理性决定论和人性自私论出发，把私有制归结为“人的自我完善化能力”发展的必然结果，认为私有制是文明的终极状态，进而对文明形态的历史演进作出前资本主义和资本主义的“野蛮—文明”二元式划分，认为资本主义国家与制度是文明进步的顶点和终点。马克思、恩格斯从科学和道义双重逻辑出发反驳了这一观点。在马克思、恩格斯看来，资本主义文明固然有其历史进步性，如破除了以前社会阶段“人类的地方性发展和对自然的崇拜”②，“或多或少地摆脱了中世纪的杂质”，③“伴随着相应的政治上的进展”，④ 但其存在的基础是野蛮的阶级剥削，导致一边是资本家“财富的积累”，一边是无产者“贫困、劳动折磨、受奴役、无知、粗野和道德堕落的积累”。⑤ 因此，随着大工业生产的发展和无产阶级的联合斗争，“资产阶级的灭亡和无产阶级的胜利是同样不可避免的”，⑥ 人类势必进入没有剥削压迫、每个人自由而全面发展的共产主义文明形态，从而实现真正的普遍的文明。马克思、恩格斯关于共产主义文明必然代替资本主义文明的思想观点，提供了把握文明发展规律的基本方向。以习近平同志为核心的党中央团结带领全党全国各族人民以马克思主义为指导，传承和弘扬中华优秀传统文化，借鉴和吸收一切人类优秀文明成果，以中国式现代化创造人类文明新形态，实现了社会主义“人本逻辑”对资本主义“资本逻辑”的超越。

3. 全面看待文明构成的思维视角

马克思、恩格斯始终将文明视为一个整体性概念，在直接或间接的阐述中揭示了文明的构成要素及其辩证关系。马克思在《〈政治经济学批判〉序言》中指出，“物质生活的生产方式制约着整个社会生活、政治生活和精神生活的过程”。⑦ 这里提到的“物质生活”“社会生活”“政治生活”“精神生活”就蕴含了文明构成中的“物质文明”“社会文明”“政治文明”“精神文明”四部分内容。事实上，马克思在《关于现代国家的著作的计划草稿》中就曾直接明确使用过“政治文明”的表达。⑧ 此外，《1844 年经济学哲学手稿》《神圣家族》《德意志意识形态》《自然辩证法》等著作，也蕴含着丰富深邃的自然和谐、生态平衡的哲学思想，传达出建设“生态文明”

① 《马克思恩格斯选集》第 2 卷，北京：人民出版社 2012 年版，第 2—3 页。
② 《马克思恩格斯选集》第 2 卷，第 715 页。
③ 《马克思恩格斯文集》第 3 卷，北京：人民出版社 2009 年版，第 444 页。
④ 《马克思恩格斯选集》第 1 卷，第 402 页。
⑤ 《马克思恩格斯文集》第 9 卷，北京：人民出版社 2009 年版，第 291 页。
⑥ 《马克思恩格斯选集》第 1 卷，第 413 页。
⑦ 《马克思恩格斯选集》第 2 卷，第 2 页。
⑧ 《马克思恩格斯全集》第 42 卷，北京：人民出版社 1979 年版，第 238 页。

的基本观点。在明确文明结构体系的基础上，马克思、恩格斯又阐明了文明有机体思想，即不同文明要素是互相依存、彼此制约、不可分割的，共同构成一个有机整体。正如恩格斯提出的，“政治、法、哲学、宗教、文学、艺术等等的发展是以经济发展为基础的。但是，它们又都互相作用并对经济基础发生作用。”① 习近平创造性运用和发展了马克思、恩格斯的一系列科学论断，深刻指出中华文明的发展是物质文明、政治文明、精神文明、社会文明和生态文明的协调发展。

（二）历史逻辑：中国共产党赓续中华文明优良传统的继承和发展

中国共产党自成立以来就是中华优秀传统文化的忠实守护者、继承者和发展者。习近平关于中华文明的重要论述，以党在传承中华优秀传统文化中推进文化创新的宝贵经验为基础，具有深厚的历史底蕴。

1. “中华文明向何处去”是近代以来中华民族的重要历史课题

近代以来，中国的历史脉动始终关联着“中华文明向何处去”的主题，有志之士不断反思并探寻中华传统文明的未来出路。如严复曾说：“中国自甲午一创于东郊，庚子再困于八国，海内憬然，始知旧学之必不足恃。”② 但由于缺乏科学的理论指导，他们未能为中华文明的存续和发展找到出路。在“中华文明向何处去”的问题上也一度出现分歧：西化派主张中国应该全盘学习西欧文明；国粹派则主张应该将西方文明杂糅入中华传统文明，复兴中华传统文明。作为对西化派、国粹派的超越，李大钊、瞿秋白等早期中国共产党人率先冲破思想的牢笼，指出东洋文明与西洋文明各有弊病，前者“衰颓于静止之中”，后者“疲命于物质之下”，要“救世界之危机”“渡此危崖”，“非有第三新文明之崛起”，即社会主义文明。③ 俄国十月革命一声炮响，给中国送来了马克思列宁主义。在中华文明向何处去的关键时刻，以马克思主义为指导的中国共产党，团结带领中国人民通过英勇顽强的奋斗，使中国摆脱了半殖民地半封建的历史命运，推动中华文明进入了前所未有的革新发展进程。因此可以说，“中国共产党和马克思主义挽救了中国传统文化，并为中华民族文化复兴开辟了道路”。④

2. “赓续发展中华文明”体现了中国共产党人的高度历史自觉

正是有了中国共产党“扶大厦于将倾”，中华文明才得以绝处逢生，“在现代化进程中焕发出新的蓬勃生机”。⑤ 中国共产党在传承中华文明中推进文化创新的理论和实践探索，主要围绕三个方面展开。一是高度肯定中华文明在世界历史上的地位与影响。毛泽东指出，“中国是世界文明发达最早的国家之一，中国已有了将近四千年的有文字可考的历史”。⑥ 江泽民在

① 《马克思恩格斯选集》第4卷，第649页。
② 王栻主编：《严复集》第1册，北京：中华书局1986年版，第152页。
③ 《李大钊全集》第2卷，北京：人民出版社2006年版，第214页。
④ 陈先达：《马克思主义和中国传统文化》，北京：人民出版社2015年版，“序”第3页。
⑤ 习近平：《在庆祝中国共产党成立95周年大会上的讲话》，北京：人民出版社2016年版，第4页。
⑥ 《毛泽东选集》第2卷，北京：人民出版社1991年版，第623页。

为《简明中国历史读本》作序时说:“中华文明源远流长，五千多年来一脉相承，始终没有中断。这在世界历史上是很罕见的。”[①]二是明确对待中华优秀传统文化的正确态度。毛泽东在提出“马克思主义中国化”重大命题时指出，不应当割断历史，“从孔夫子到孙中山，我们应当给以总结，承继这一份珍贵的遗产”，[②]但同时要“剔除其封建性的糟粕，吸收其民主性的精华”[③]。胡锦涛在党的十七大报告中强调要全面认识传统文化，“取其精华，去其糟粕，使之与当代社会相适应、与现代文明相协调”。[④]三是提出要注重吸收和借鉴外来优秀文明成果。邓小平指出，“老祖宗”不能丢，但必须根据时代的变化，说“老祖宗”没有说过的“新话”，“必须大胆吸收和借鉴人类社会创造的一切文明成果”。[⑤]江泽民认为,“要坚持以我为主、为我所用的原则”，“博采各国文化之长”。[⑥]在历史进程中，党对“实事求是”“小康社会”“以人为本”“和而不同”等概念的重新赋义和创新性阐释，党关于“马克思主义中国化”重大命题、“百花齐放、百家争鸣”“古为今用、洋为中用”“推陈出新”等指导方针的确定和实施，都体现了中国共产党传承中华文明的高度历史自觉，在新的历史条件下极大激活了中华文明的强大生命力。

（三）现实逻辑: 新的社会历史条件下时代命题的有力回应

党的十八大以来，中国社会主要矛盾发生深刻转变，全球政治经济秩序发生深刻变革，文化的地位和作用更加凸显。基于对现实的敏锐把握和对未来的远见卓识，习近平贯通历史和未来、中国与世界，对中华文明进行了新的阐析。

1. 回应人民关切，满足人民群众日益增长的精神文化需求

当前，我国社会主要矛盾已经转变为人民日益增长的美好生活需要和不平衡不充分的发展之间的矛盾。人民群众的美好生活需要既包括高质量的物质生活条件，也包括健康丰富的精神生活需要，而健康丰富的精神生活需要属于更高层次的需要。随着物质需求的有效满足，人民的精神生活需求呈现出数量增加、质量提升的态势，并从非主导性需求逐渐转化为主导性需求。马克思曾经强调精神和物质的双重富有。[⑦]习近平指出，“满足人民过上美好生活的新期待，必须提供丰富的精神食粮”，[⑧]“满足人民日益增长的美好生活需要，文化是重要因素”，[⑨]“中华文明历来把人的精神生活纳入人生和社会理想之中”。[⑩]中华民族有重视文德教化和追求精神满足的文化传统，既注重“食足知礼”“先富后教”的道德教化，也注重“厚德载物”“明德弘道”的精神追求，还注重“格物、致知、诚意、正心、修身、齐家、治国、平天下”

---

① 《简明中国历史读本》，北京：中国社会科学出版社 2012 年版，“序”第 1 页。
② 《毛泽东选集》第 2 卷，第 534 页。
③ 《毛泽东选集》第 2 卷，第 707 页。
④ 《胡锦涛文选》第 2 卷，北京：人民出版社 2016 年版，第 640—641 页。
⑤ 《邓小平文选》第 3 卷，北京：人民出版社 1993 年版，第 373 页。
⑥ 《江泽民文选》第 2 卷，北京：人民出版社 2006 年版，第 35 页。
⑦ 《马克思恩格斯文集》第 1 卷，第 192 页。
⑧ 《习近平谈治国理政》第 3 卷，北京：外文出版社 2020 年版，第 34 页。
⑨ 《习近平谈治国理政》第 4 卷，北京：外文出版社 2022 年版，第 310 页。
⑩ 《习近平关于社会主义文化建设论述摘编》，北京：中央文献出版社 2017 年版，第 5 页。

的社会实践。因此，赓续中华文明不仅仅是保护和传承历史文化遗产，更重要的是充分挖掘其所蕴含的哲学思想、人文精神、教化思想和道德理念，通过创造性转化、创新性发展，使之与现代社会相协调，与人们的精神文化需求相契合。

2. 回应时代关切，为坚持和发展中国特色社会主义奠定坚实基础

灿烂悠久的中华文明是中国特色社会主义的“根脉”。习近平指出，“如果没有中华五千年文明，哪里有什么中国特色？如果不是中国特色，哪有我们今天这么成功的中国特色社会主义道路？”① 这一重要论断深刻阐明了中华文明与中国特色社会主义道路的辩证关系。中国特色社会主义的“中国特色”，根本上取决于它的中华优秀传统文化背景和根基。习近平强调中国道路的“文明基因”，展现了宽阔的文明视野。党的十八大以来，党团结带领人民继续在五千多年中华文明的深厚基础上大力发展中国特色社会主义，创造出中国式现代化，内生出人类文明新形态。中华文明所秉持的“以民为本”“天下为公”“大同社会”等独特价值追求，中华文明连续性、创新性、统一性、包容性、和平性的特性特质，决定了中国式现代化具有致力于全体人民共同富裕、物质文明和精神文明相协调、人与自然和谐共生、走和平发展道路的突出特征，进而实现对基于资本逻辑、殖民特性、零和博弈的西方现代化的超越。可以说，中国特色社会主义之所以具有独特优势，中国式现代化之所以拥有克服并超越资本主义现代化的历史能动性，与其深深植根于中华文明的沃土是分不开的。

3. 回应世界关切，为破解人类文明困局贡献中国智慧

当今世界，各种危机和风险叠加，全球性问题加剧，国际局势的不确定性不稳定性日益凸显，人类文明又一次站在前行的十字路口。世界文明向何处去？团结还是分裂？开放还是封闭？合作还是对抗？这关乎人类的整体利益，也考验各国回应挑战的智慧。“人类文明存亡已是必须面对的现实课题”，② 世界人民迫切需要找到一种最佳解决方案。西方文明仍在寻求向全球扩张，但“在全球范围内推广西方文化的努力与其推广能力的下降这两者之间的不协调”③ 已是无法回避的事实，而坚持美美与共的人类文明新形态在全球范围内的影响日益扩大。习近平指出，“中华文明具有突出的和平性。和平、和睦、和谐是中华文明五千多年来一直传承的理念，主张以道德秩序构造一个群己合一的世界，在人己关系中以他人为重”。④ 这有助于解构西方文明资本掠夺、殖民扩张、暴力冲突的基因和逻辑，破除“文明冲突论”和“历史终结论”，有助于推进世界和平发展、合作共赢。从这个意义上说，习近平关于中华文明的重要论述，既是回应世界百年未有之大变局的挑战、勇担民族复兴重任的客观要求，也是为创造人类文明新形态、开辟人类社会更加美好的未来贡献中国经验、中国方案、中国智慧的客观需要。

---

① 《习近平谈治国理政》第4卷，第315页。
② 《携手构建人类命运共同体：中国的倡议与行动》，北京：人民出版社2023年版，“前言”第1页。
③ ［美］塞缪尔·亨廷顿：《文明的冲突与世界秩序的重建》，周琪、刘绯、张立平等译，北京：新华出版社2010年版，第161页。
④ 习近平：《在文化传承发展座谈会上的讲话》，北京：人民出版社2023年版，第4页。

二、习近平关于中华文明重要论述的理论蕴涵

习近平关于中华文明的重要论述围绕赓续中华文明的重大理论和现实问题，高屋建瓴地阐明了中华文明的独特价值、深刻内涵、赓续原则和建设路径，形成了系统完整、逻辑严密的理论体系。

（一）全面阐述了中华文明的独特价值

习近平在十九届中央政治局第三十九次集体学习时的讲话中指出，“中华文明源远流长、博大精深，是中华民族独特的精神标识，是当代中国文化的根基，是维系全世界华人的精神纽带，也是中国文化创新的宝藏”。① 这是以习近平同志为核心的党中央首次从四个方面对中华文明的当代价值作出的概括。

1.“中华民族独特的精神标识”，彰显了中华文明的价值意义

中华民族历经五千多年的发展创造的光辉灿烂的中华优秀传统文化，具有一系列独特的价值理念与精神特质，构成中华民族独特的精神标识，是中华民族的突出优势。习近平指出，“中华优秀传统文化积淀着中华民族最深沉的精神追求，包含着中华民族最根本的精神基因，代表着中华民族独特的精神标识，是中华民族生生不息、发展壮大的丰厚滋养”。② 中华文明“讲仁爱、重民本、守诚信、崇正义、尚和合、求大同”③ 的精神特质、“亲仁善邻、协和万邦”的处世之道、“惠民利民、安民富民”的价值导向、“革故鼎新、与时俱进”的精神气质以及“道法自然、天人合一”的生存理念，④ 在形塑中国传统社会发展形态的同时，也塑造了中华民族独特的精神世界，为中华民族的生存发展提供了强大精神动力。

2.“当代中国文化的根基”，揭示了中华文明的发展根脉

习近平指出，“当代中国是历史中国的延续和发展，当代中国思想文化也是中国传统思想文化的传承和升华”。⑤ 欲流之远者，必浚其泉源。无论是坚持马克思主义根本指导思想，还是传承弘扬革命文化、发展社会主义先进文化，皆须从中华优秀传统文化中寻找源头活水。中华优秀传统文化是中华民族的根和魂，“是中国人民在长期生产生活中积累的宇宙观、天下观、社会观、道德观的重要体现”，⑥ 内含许多超越时空、具有普遍意义的人文精神、哲学智慧、社会理想、价值观念、道德伦理等，“是我们在世界文化激荡中站稳脚跟的根基”。⑦

3.“维系全世界华人的精神纽带”，体现了中华文明的凝聚作用

中华民族的凝聚力和向心力很大程度上源于共享的文化世界、共同的精神家园、共通的文化信仰。习近平指出，“我们生而为中国人，最根本的是我们有中国人的独特精神世界，有

---

① 习近平：《把中国文明历史研究引向深入 增强历史自觉坚定文化自信》，《求是》2022 年第 14 期。
② 《十八大以来重要文献选编》（上），北京：中央文献出版社 2014 年版，第 585 页。
③ 《习近平谈治国理政》第 1 卷，北京：外文出版社 2018 年版，第 164 页。
④ 《习近平谈治国理政》第 3 卷，第 471 页。
⑤ 习近平：《论党的宣传思想工作》，北京：中央文献出版社 2020 年版，第 82 页。
⑥ 《习近平著作选读》第 1 卷，北京：人民出版社 2023 年版，第 15 页。
⑦ 《习近平关于社会主义文化建设论述摘编》，第 108 页。

百姓日用而不觉的价值观”。[①] 美国孟菲斯大学历史系教授孙隆基认为：“无论生长在何种制度底下，只要在文化意义上仍然是中国人的话，都呈现出一种共性，这种共性说是‘民族性’也无不可。”[②] 可以说，中华文明一直以来就是凝聚中华民族的牢固的精神纽带，经过数千年的积淀和发展，它已深深融入每个中华儿女的精神血脉之中，成为凝聚海内外中华儿女的最大公约数和建设中华民族共有精神家园的重要支撑。

4. “中国文化创新的宝藏”，点明了中华文明的活力源泉

源远流长、博大精深的中华优秀传统文化是中华文明的智慧结晶，绵延数千年依然光彩熠熠，具有永不褪色的重大价值，是进行文化创新取之不尽、用之不竭的资源宝库。习近平提出，要“深入挖掘中华优秀传统文化蕴含的思想观念、人文精神、道德规范，结合时代要求继承创新，让中华文化展现出永久魅力和时代风采”[③]。进入新时代，中国共产党创造性地坚持把马克思主义基本原理同中国具体实际相结合、同中华优秀传统文化相结合，在坚持以人民为中心的价值追求中赋予仁爱传统、民本精神以时代价值，在贯彻新发展理念中创新性发展中华优秀传统文化，在推进中国式现代化进程中丰富天人合一、社会大同的社会理想，在推动构建人类命运共同体的生动实践中践行天下为公、命运与共的天下理想，在党的自我革命中赓续革故鼎新、守正创新的优良传统，使中华文明展现出跨越时空、超越国度的永恒魅力。

（二）深刻阐释了中华文明的精神实质

习近平关于中华文明的重要论述阐释了中华文明的起源发展、历史脉络、精神标识及突出特性，深刻诠释了中华文明发展的内生逻辑，为科学把握中华文明的传承发展规律提供了重要遵循。

1. 中华文明的历史探源与精神脉络

只有全面深刻地了解中华文明的发展历史，才能深刻理解中华文明的发展脉络与精神实质。党的十八大以来，以习近平同志为核心的党中央高度重视中华文明起源的研究和阐释工作，持续不断推进包括“中华文明探源工程”在内的一系列重大科研项目。习近平强调，“我们必须高度重视考古工作，用事实回击对中华民族历史的各种歪曲污蔑，为弘扬中华优秀传统文化、增强文化自信提供坚强支撑”。[④] 通过对浙江良渚、湖北石家河、山西陶寺、陕西石峁、河南二里头等都邑性遗址的大规模考古调查和发掘，中华文明探源工程已经证实中华民族5000多年的文明史是真实可靠的。更为重要的是，中华文明探源工程提出了判断进入文明社会标准的中国方案，[⑤] 突破了西方判断进入文明社会“三要素”[⑥] 的桎梏，为丰富世界文明起

① 《习近平关于社会主义文化建设论述摘编》，第116页。
② ［美］孙隆基：《中国文化的深层结构》，北京：中信出版社2015年版，“序”第12页。
③ 《习近平著作选读》第2卷，北京：人民出版社2023年版，第35页。
④ 《习近平谈治国理政》第4卷，第312页。
⑤ 即进入人类文明社会的标志是：生产发展，人口增加，出现城市；社会分工和社会分化不断加剧，出现阶级；权力不断强化，出现王权和国家。
⑥ 英国考古学家维尔·戈登·柴尔德（Vere Gordon Childe）提出了判断进入文明社会的“三要素说”，即城市、冶金术和文字是进入文明社会的标准。

源理论作出了中国贡献，也纠正了“西方很多人习惯于把中国看作西方现代化理论视野中的近现代民族国家”① 的误区，从而确定了从 5000 多年文明史的角度来看待中国、把握与理解中国特色社会主义生成与发展的思路。

关于中华文明的发展脉络，习近平着重从精神内核的维度进行了阐述。他指出，中华文明经历了“从先秦子学、两汉经学、魏晋玄学，到隋唐佛学、儒释道合流、宋明理学”等的数次学术思想繁盛时期，产生了“儒、释、道、墨、名、法、阴阳、农、杂、兵”等诸子百家学说，涌现了“老子、孔子、庄子、孟子、荀子、韩非子”等一大批思想家，留下了重要的文化遗产和思想资源。②

2. 中华文明的精神标识与文化精髓

习近平在党的二十大报告中强调指出，要“坚守中华文化立场，提炼展示中华文明的精神标识和文化精髓”③，这对增强中华民族的文化自信、为中国式现代化提供精神动力、提升中华文明的影响力与传播力等都具有重大价值。这里涉及两对概念范畴，即中华文明和中华优秀传统文化、精神标识和文化精髓的辩证关系。具体来说，中华优秀传统文化是中华文明发展过程中的产物，是中华文明的智慧结晶；精神标识是指一个国家民族文化中独有的标志性话语体系，文化精髓是指一个国家民族文化中占主导地位的精粹思想与观念。可见，文化精髓是中华文明的“体”，即内在本质；精神标识是中华文明的“用”，即外在体现。对此，习近平在不同时间、不同场合、针对不同对象做过多角度、多层次、全方位的系统阐释。就文化精髓来说，他提出要从中华优秀传统文化“蕴含的思想观念、人文精神、道德规范”④ 入手加以提炼。就精神标识来说，他指出“天下为公、民为邦本、为政以德、革故鼎新、任人唯贤、天人合一、自强不息、厚德载物、讲信修睦、亲仁善邻”体现了中国人的“宇宙观、天下观、社会观、道德观”。⑤ 习近平对中华文明的文化精髓和精神标识的高度概括，深刻阐明了中华民族的文化自信从何而来，丰富和拓展了中国式现代化的思想文化源泉。

此外，习近平对中华优秀传统文化的重要元素进行了科学总结，指出其主要包括“天下为公、天下大同的社会理想，民为邦本、为政以德的治理思想，九州共贯、多元一体的大一统传统，修齐治平、兴亡有责的家国情怀，厚德载物、明德弘道的精神追求，富民厚生、义利兼顾的经济伦理，天人合一、万物并育的生态理念，实事求是、知行合一的哲学思想，执两用中、守中致和的思维方法，讲信修睦、亲仁善邻的交往之道等”⑥，这些优秀成分共同塑造出中华文明的突出特性。

---

① 习近平:《把中国文明历史研究引向深入 增强历史自觉坚定文化自信》。
② 习近平:《论党的宣传思想工作》，第 215 页。
③ 《习近平著作选读》第 1 卷，第 37—38 页。
④ 习近平:《论党的宣传思想工作》，第 342 页。
⑤ 《习近平著作选读》第 1 卷，第 15 页。
⑥ 习近平:《在文化传承发展座谈会上的讲话》，第 2 页。

3. 中华文明的突出特性与鲜明特质

习近平在文化传承发展座谈会上的讲话中对中华文明的突出特性作了精准提炼和系统总结，指出中华文明具有突出的连续性、创新性、统一性、包容性、和平性。[①] 这一重大论断科学概括了中华文明区别于世界其他文明的独特性，对于坚定文化自信、更好担负起新时代的文化使命具有重要现实意义和深远历史意义。首先，这“五个突出特性”是在长期的物质生产生活实践中，在不断进行的文化文明创造中逐渐积累和沉淀形成的，是中华文明在世界文明图谱中的显著标识，揭示了中华民族历经磨难依然能够屹立于世界民族之林的关键密码。正如习近平所说:“中华文明绵延数千年，有其独特的价值体系。”[②] 其次，这“五个突出特性”是中华文明内在特质的反映，从不同维度阐明了中华文明的内生逻辑。突出的连续性是中华文明的独特魅力；突出的创新性是中华文明连续不断的内生动力；突出的统一性是中华文明凝聚不散的坚实基础；突出的包容性是中华文明绵延不断的活力源泉；突出的和平性是中华文明长久稳定的牢固根基。再次，这“五大突出特性”为全面建设社会主义现代化国家提供了深厚的历史底蕴和文明特质，彰显了中国道路的历史必然性、文化内涵与独特优势。习近平对中华文明突出特性的概括，打通了传统和现代、中国和世界，既是对当代中国道路、理论、制度和文化选择的追根溯源与深刻阐释，也是站在中国式现代化角度对创造新文化进行的深邃思考和宏伟擘画。

（三）深入阐发了赓续发展中华文明的原则遵循

习近平站在党和国家事业发展全局的高度，既立足国内又放眼世界，既立足当前又着眼长远，深入系统地阐释了中华文明传承发展的方针和原则，为推动中华文明展现出永久魅力和时代风采提供了根本遵循。

1. 坚守中华文明的文化主体性

习近平指出，“任何文化要立得住、行得远，要有引领力、凝聚力、塑造力、辐射力，就必须有自己的主体性”。[③] 文化主体性是指文化发展的自觉性、主动性和独立性，表现为对本民族文化传统的自我认识、自我反省、自我更新。中国共产党在领导人民进行革命、建设和改革的进程中，始终以中华文明为源头活水，推动马克思主义中国化时代化，在开放包容中始终保持以我为主、为我所用，建立了中华民族的文化主体性。党的十八大以来，习近平以宏阔的历史视野概括了中华文明的思想精髓，包括“民为邦本、政得其民”的民本思想、“革故鼎新、与时俱进”的变革精神、“开放包容、和而不同”的和合智慧等。在统筹“两个大局”、推进中华民族伟大复兴的关键时期，更要高度重视从上述思想精华中汲取营养，汇聚加快民族复兴进程的智慧资源。强调坚守中华文明的文化主体性，还有着极强的现实针对性。当今中国正在发

① 习近平:《在文化传承发展座谈会上的讲话》，第2—4页。
② 《习近平著作选读》第1卷，第241页。
③ 习近平:《在文化传承发展座谈会上的讲话》，第8页。

生广泛而深刻的变革，人们的精神生活更加多样，社会价值观念更加多元，历史虚无主义、新自由主义等错误思潮时有泛起，文化领域存在唯西方文化是瞻、以“去中国化”为荣的现象。习近平从方法论上强调要摒弃“以洋为尊”“以洋为美”“唯洋是从”等西化思维定式之痼疾，走自己的路，推动中华文明重焕荣光。

2. 以马克思主义激活中华文明的生命力

习近平指出，“在近代中国最危急的时刻，中国共产党人找到了马克思列宁主义，并坚持把马克思列宁主义同中国实际相结合，用马克思主义真理的力量激活了中华民族历经几千年创造的伟大文明，使中华文明再次迸发出强大精神力量”，[①]展现了马克思主义与中华文明双向互动、交融共生的历史逻辑。中华文明的集成创新在马克思主义出现以前是不可能实现的。近代以来，中华文明遭受劫难，产生了中华文明现代转型的“古今中西之争”。中国共产党人坚持以马克思主义的立场、观点和方法对待中华文明宝库，充分开发和利用中华文明的宝贵资源和历史智慧，使古老的中华文明在革命、建设和改革的各个时期都能传承发展、焕发荣光，形成了一系列具有中国风格、中国气派的思想理念和治理成果。中国共产党人之所以能以马克思主义激活中华文明，一个重要原因就在于中华优秀传统文化在价值追求、辩证思维、人民观点等诸多方面与马克思主义基本原理具有高度契合性。党的十八大以来，习近平以巨大的理论勇气和深厚的文化情怀，在“第一个结合”基础上，明确提出了“第二个结合”的重大论断，创造性地回答了如何在新征程上使中华文明焕发出新的蓬勃生机的问题。“‘第二个结合’是又一次的思想解放，让我们能够在更广阔的文化空间中，充分运用中华优秀传统文化的宝贵资源，探索面向未来的理论和制度创新”。[②]从中国式现代化道路到构建人类命运共同体，中华文明的精神特质正以“其命维新”的方式彰显于马克思主义指导下的当代中国实践。

3. 坚持创造性转化、创新性发展方针

习近平在毛泽东提出的关于批判继承中华传统文化的主张基础上，进一步提出了推动中华优秀传统文化创造性转化、创新性发展的方针，强调“要推动中华文明创造性转化、创新性发展，激活其生命力”[③]。所谓“创造性转化”即按照时代特点和要求，对那些至今仍有借鉴价值的内涵和陈旧的表现形式加以改造，赋予其新的时代内涵和现代表达形式，激活其生命力；所谓“创新性发展”即按照时代的新进步新进展，对中华优秀传统文化的内涵加以补充、拓展、完善，增强其影响力和感召力。“创造性转化”和“创新性发展”是一个完整的整体，两者相辅相成、密不可分，又各有侧重、有所区别。其中，前者是后者的重要前提和实践基础，后者是前者的价值指向和逻辑旨归。习近平关于推动中华优秀传统文化创造性转化、创新性发展的深邃思想，既体现了中华文明一脉相承的历时性规律，又依据时代变迁实现了对传承中华优

① 《习近平著作选读》第2卷，第418页。
② 习近平:《在文化传承发展座谈会上的讲话》，第8页。
③ 《习近平著作选读》第1卷，第480页。

秀传统文化的发展创新，有力解释了中国特色社会主义文化建设为什么既要“以马克思主义为指导”，又要“坚守中华文化立场”，从而为马克思主义和中华文明的融会贯通、为系统阐释人类文明新形态开辟了广阔的理论前景。

（四）科学回答了传承发展中华文明的基本路径

习近平在深刻把握文化发展规律的基础上，坚持理论和实践有机结合的基本原则，从加强中华文明历史研究、立足中国式现代化建设实践、加强文明交流互鉴、深化中华文明形象传播等层面，对中华文明传承发展做出全面系统的部署。

1. 加强中华文明历史研究，强化中华文明的理论阐释力

习近平指出，“中国文化源远流长，中华文明博大精深”，“如果不从源远流长的历史连续性来认识中国，就不可能理解古代中国，也不可能理解现代中国，更不可能理解未来中国”。[①]为此，习近平从考古挖掘、文化保护到理论阐释提出了一系列具体要求。首先，以包括“中华文明探源工程”“考古中国”在内的一系列重要考古工作为依托，深化中华文明历史研究。习近平指出，“考古工作是展示和构建中华民族历史、中华文明瑰宝的重要工作”。[②]其次，重视开展文物和文化遗产保护工作。习近平提出，“要认真贯彻落实党中央关于坚持保护第一、加强管理、挖掘价值、有效利用、让文物活起来的工作要求，全面提升文物保护利用和文化遗产保护传承水平”。[③]再次，做好历史研究成果的理论总结和阐释工作。要加强对出土文物和遗址、中国国家版本馆收藏典籍等的研究，深入阐述中华文明和多民族统一国家独特的发展道路，讲清楚中华文明的突出特性及当代价值，构建具有中国特色的文明起源话语体系、内容体系和宣传体系，不断强化对中华文明的阐释力度。

2. 以中国式现代化推进中华文明传承创新

习近平指出：“中国式现代化赋予中华文明以现代力量，中华文明赋予中国式现代化以深厚底蕴。”[④]这就阐明了中国式现代化与中华文明相互融通、彼此成就的辩证关系。中华文明的传承和发展不是自我综合、自我深化和自我运动的思维结果，而是贯穿于中国式现代化的发展进程中。当代中国正处于历史上最广泛最深刻的社会变革中，正在推进宏大、独特的中国式现代化建设，这为中华文明的创新发展提供了巨大动力和广阔空间。从某种程度上说，中国式现代化本质上就是中华民族在世界历史进程中实现文明重塑的创造性探索。[⑤]正如习近平所说，“中国式现代化是中华民族的旧邦新命，必将推动中华文明重焕荣光”。[⑥]传统与现代在中国式现代化的共时性实践中实现了有效衔接，中华文明被马克思主义真理力量激活，并被赋予新

---

① 习近平：《在文化传承发展座谈会上的讲话》，第1、3页。
② 习近平：《建设中国特色中国风格中国气派的考古学 更好认识源远流长博大精深的中华文明》。
③ 习近平：《加强文化遗产保护传承 弘扬中华优秀传统文化》，《求是》2024年第8期。
④ 习近平：《在文化传承发展座谈会上的讲话》，第7页。
⑤ 臧峰宇：《中国式现代化的文明底蕴及其世界历史意义》，《哲学研究》2023年第1期。
⑥ 习近平：《在文化传承发展座谈会上的讲话》，第7页。

的时代内涵和现代表达形式，从而实现生命更新与现代转型。

3. 以文明交流互鉴促进中华文明丰富发展

中华文明是民族的，但绝不意味着它是与世界隔绝的。习近平指出，“中华文明是在中国大地上产生的文明，也是同其他文明不断交流互鉴而形成的文明”。① 新时代以来，我国加强多边人文合作、丰富交流内容、拓展合作渠道，有效推动文明交流互鉴，全方位提升中华文明的传播力和影响力。首先，搭建不同文明互鉴互通的平台。“一带一路”国际合作高峰论坛、亚洲文明对话大会、文明古国论坛、文明交流互鉴对话会、良渚论坛等一系列会议的成功举办，推动了不同文明的交流互鉴，凝聚起全球合作共识。其次，畅通文化交流渠道和机制。《中华人民共和国文化和旅游部 2023 年文化和旅游发展统计公报》显示，截至 2023 年末，我国在海外设立的中国文化中心已经达到 48 家，形成覆盖全球主要国家和地区的中华文化对外传播推广网络。再次，依托文化遗产保护国际合作、中外联合考古项目等，建立长期稳定的对话合作机制，推动文明交流互鉴，共同书写人类文明的壮丽画卷。最后，加快构建与我国综合实力相匹配的中国话语体系和叙事体系，打造融通中外的新概念、新范畴、新表述，更加鲜活地展现中国故事及其背后的思想力量和精神力量，提升中华文明的国际传播力、影响力、感召力。

4. 创新表达形式和传播方式，塑造中华文明形象传播新格局

习近平围绕提升中华文明传播力、影响力等提出了一系列实践策略和具体要求，为创新中华文明的表达形式和传播方式、塑造中华文明传播的新格局指明方向。首先，在传播媒介上，将传统文化资源与现代传播媒介相融合，通过短视频、直播平台、微博、微信公众号等新兴传播方式拓展中华文明的传播边界，扩大传播范围，提高传播效能，打造立体化、全方位的传播格局；其次，在传播形式上，借助各类数字技术，采用 VR+ 数字博物馆、互联网 + 中华文明、数字文物展等多种创新方式，使中华文明跨越物理时空，实现在数字共享空间中的展示；再次，在呈现方式上，推出《博物馆说》《国家宝藏》《如果国宝会说话》《遇鉴文明》等系列电视节目。通过上述形式和方式，“让收藏在禁宫里的文物、陈列在广阔大地上的遗产、书写在古籍里的文字都活起来”，② 在全社会营造出传承中华文明的浓厚氛围。在国际领域，习近平以“和平的、可亲的、文明的狮子”来比喻中国的文明形象，并提出要“用好国际传播平台，客观、真实、生动报道中国经济社会发展情况，传播中国文化，讲好中国故事”③。从提出共建“一带一路”倡议、全人类共同价值，到提出全球发展倡议、全球安全倡议、全球文明倡议等，以习近平同志为核心的党中央主动创设世界性议题，凝练出极具世界影响力的标识性概念，获得国际社会的广泛认同，产生了巨大的国际传播效能。

---

① 《习近平谈治国理政》第 1 卷，第 260 页。
② 《习近平关于社会主义文化建设论述摘编》，第 201 页。
③ 《论学习贯彻习近平总书记新闻舆论工作座谈会重要讲话精神》，北京：人民出版社 2016 年版，第 3 页。

三、习近平关于中华文明重要论述的价值意蕴

习近平关于中华文明的重要论述，以创造性贡献丰富和发展了马克思主义文明理论，对于深化对新时代中国特色社会主义文化发展规律的认识、筑牢中国式现代化的文明根基、破解21世纪人类文明困境和探索人类文明新形态，具有重要的理论和现实意义。

（一）丰富和发展了马克思主义文明理论

习近平站在中华民族永续发展和中华文明永续传承的战略高度，围绕中华文明的基本主题、独特价值、发展脉络、精神特质、突出特性、赓续原则及建设路径等重大理论和现实问题形成的一系列新思想、新观点和新论断，丰富和发展了马克思主义文明理论，构建了中国式现代化所蕴含的独特文明观，展现出强大的思想魅力和实践伟力。

1. 对马克思主义文明理论作出了多方面创造性贡献

有学者研究表明，马克思、恩格斯的中国观主要包括研究中国问题的立场、观点和方法，关于中国的历史、19世纪的国情、未来走向的分析论述，关于两次鸦片战争以及相关的文明转型、殖民主义等一系列重大问题的科学判断。① 尽管“马克思、恩格斯高度肯定中华文明对人类文明进步的贡献，科学预见了‘中国社会主义’的出现”②，甚至期望中国革命和建设能够促成世界性的资本主义文明的崩溃和社会主义新文明的诞生，但马克思、恩格斯对中华文明并没有作过系统论述。以习近平同志为核心的党中央在新时代新征程上重新审视中华文明，全面系统地揭示了中华文明的突出特性、独特基因以及独特优势，深刻阐释了在中国式现代化进程中传承创新中华文明的原则遵循和实践路径，既充实和丰富了马克思主义文明理论的思想宝库，也有力地推进了马克思主义文明理论的中国化时代化。同时，中国共产党领导人民在中国式现代化的伟大实践中创造的人类文明新形态，在历史趋势、发展道路、内容构成和交往方式等方面，赓续马克思主义经典作家关于社会主义文明的基本观点，在使社会主义文明由“理论愿景”变为“现实运动”中展现出磅礴伟力，谱写了马克思主义文明理论的实践新篇章。

2. 构建了中国式现代化所蕴含的独特文明观

新时代以来，以习近平同志为核心的党中央从宽阔的历史视野、深厚的历史纵深出发，运用马克思主义的基本立场、观点和方法，观照时代和现实，从思想观念、人文精神、道德规范等方面总结了中华优秀传统文化的精髓，从宇宙观、天下观、社会观、道德观等方面概括了中华优秀传统文化的精神标识，创造性提出“马克思主义基本原理同中华优秀传统文化相结合”的重大论断、“推动中华优秀传统文化创造性转化、创新性发展”的方针，并将其落实在推进中国式现代化的顶层设计、政策举措中，塑造出中国式现代化独特的世界观、价值观、

① 杨金海：《马克思恩格斯的中国观及其当代意义——兼论新版〈马克思恩格斯论中国〉版本由来》，《马克思主义理论学科研究》2016年第2期。

② 习近平：《在纪念马克思诞辰200周年大会上的讲话》，北京：人民出版社2018年版，第12页。

历史观、文明观、民主观、生态观。从“天下为公”到推动构建人类命运共同体，从“民为邦本”到人民至上，从“为政以德”到以德治国，从“富民为始”到共同富裕，从“天人合一”到人与自然和谐相处，中华文明为中国式现代化提供了深厚的德性底蕴和人文基因。作为马克思主义文明观在新时代中国的创造性展现，中国式现代化在目标上坚持以人民为中心，在内涵上重视“五个文明”协调发展，注重传统文明与现代文明有机衔接，注重中华文明与世界文明交流互鉴，不仅在理论逻辑上深化了对人类文明发展规律的认识，而且在实践指向上深刻解答了一系列现代化之问，擘画了人类现代化的新图景。

（二）为新时代赓续中华文明提供了实践指引

习近平关于中华文明的重要论述作为与时俱进、内涵丰富的科学理论体系，在新时代文化建设的生动实践与理论建构中彰显出真理力量，对于凝聚赓续中华文明的社会共识、明确创新发展中华文明的根本遵循具有重大现实意义。

1. 凝聚了赓续中华文明的社会共识

凝聚社会共识是传承中华文明的重要前提。新时代以来，在习近平的亲自引领和推动下，中华文明传承弘扬工作既有顶层设计，又有具体实施路径，呈现出前所未有的繁荣局面，已经转化为全社会的普遍共识和自觉行动，极大地增强了全民族的文化自信。然而，在西方文明中心论甚嚣尘上的国际舆论环境中，关于传承中华文明的一些关键性原则问题还存有争议，尤其是在如何看待现代化与文明传统的关系问题上，有人被西方舆论所迷惑，盲目崇拜西方，认为西方文明是人类文明的主流。习近平关于中华文明重要论述的贡献，突出体现在解决了“一个由资本主义扩张带来的现代化为古老文明设置的吊诡性处境：要么现代化而从文明传统中连根拔起，要么固守文明传统而被时代抛弃”①，发挥了凝聚共识、解疑释惑、激浊扬清、团结鼓劲的“定音锤”作用。

2. 为创新发展中华文明提供了根本遵循

党的十八大以来，以习近平同志为核心的党中央从新的历史起点出发，围绕实现中华民族伟大复兴，把“继承传统”和“追赶时代”更加紧密地结合起来，团结带领中国人民进行人类历史上最为宏大而独特的实践创新，彻底打破了以“古今新旧”“传统—现代”框架解释中国文化道路的固化思维模式，使中华文明独特的精神标识和历史文化基因深深融入中国式现代化的中国特色之中。例如，以“天行健，君子以自强不息”的进取精神，激励全国各族人民撸起袖子加油干、风雨无阻向前行；继承和弘扬“民为邦本，本固邦宁”的民本思想，将人民至上体现在治国理政的全部实践中；创造性转化、创新性发展了“天人合一”“道法自然”等中华优秀传统生态文化基因，强调人与自然和谐共生，为建设清洁美丽的世界勾画蓝图；吮吸数千年的中华优秀传统文化养分，扎根新中国成立以来的伟大实践，形成独特的和平外交风格等。中国共产党正在以继承传统与面向当代有机统一的生动实践，诠释着“铸就中华文化新辉煌”这一目标愿景的丰富内涵。

---

① 张志强：《深刻理解“第二个结合”的首创性意义》，《哲学研究》2023 年第 8 期。

（三）为创造人类文明新形态贡献中国智慧

习近平关于“中华文明突出特性”“中国式现代化”“人类文明新形态”“文明交流互鉴”的重要思想和理念，无疑为广大发展中国家走向现代化提供了重大理论启示，为破解21世纪人类文明困局贡献了中国智慧。

1. 在文明交流互鉴中破除西方中心主义

当今世界正处在大发展大变革大调整时期，国际政治经济格局正在发生深刻改变，以美国为首的西方国家奉行的西方中心主义的文明观及历史观亟待更新。20世纪90年代以来，西方国家持续炮制出“文明优越论”“文明冲突论”等论调，把意识形态作为衡量文明优劣的根本标准，造成文明之间的冲突和对抗，甚至引发战争和动乱。对此，习近平多次向国际社会呼吁：“我们要用文明交流交融破解‘文明冲突论’。”① 习近平强调尊重世界多元文明史实，提倡平等、包容、公正的多元文明观。他指出，“每种文明都有其独特魅力和深厚底蕴，都是人类的精神瑰宝”，“文明因交流而多彩，文明因互鉴而丰富。文明交流互鉴，是推动人类文明进步和世界和平发展的重要动力”。② 这不仅破除了思维方式和话语体系上的“西方中心主义”，代表着非西方国家在现代化进程中对于本土文化复兴的追求，更体现了世界各国人民对平等、互鉴、对话、包容的新文明格局的期待。从这个意义上说，习近平倡导文明交流互鉴共存是对当前逆和平发展、逆全球化潮流的正面回应，也为构建人类命运共同体、建立国际政治经济新秩序提供了至关重要的价值观和文明观支撑。

2. 为人类文明发展贡献中国智慧

以习近平同志为代表的中国共产党人始终坚持胸怀天下，在思考和回答“中国文化向何处去”这一重大命题的同时，也在思考“人类文明向何处去”这一时代命题。习近平强调指出，“要推动中华文明创造性转化、创新性发展，激活其生命力，让中华文明同各国人民创造的多彩文明一道，为人类提供正确精神指引”。③ 他对人类文明前景的思考，蕴含于“中国式现代化道路”和“人类文明新形态”的理念之中。中国共产党领导中国人民走出了一条中国式现代化道路，拓宽了世界实现现代化的路径，为后发国家独立自主地走向现代化提供了制度与文明的现实参照，创新了人类文明形态。由资本主义到社会主义（共产主义）的转变是马克思主义唯物史观描绘的人类文明形态的更迭图景，资本主义走向灭亡是历史的必然趋势。西方国家在现代化进程中奉行资本逻辑和西方中心主义，视自己为人类文明的最终形态，将拒绝被资本主义同化的文明视作与自己对立的“他者”。中国式现代化从“人类社会或社会的人类”④ 的新唯物主义哲学视域出发，批判并主张重新建构西方国家主导下的不合理、不平衡的全球治理体系和世界市场体系，呼吁以平等的态度对待世界上的不同文明。2023年3月，习近平在

① 习近平：《把中国文明历史研究引向深入 增强历史自觉坚定文化自信》。
② 《习近平著作选读》第1卷，第568、228页。
③ 《习近平关于社会主义文化建设论述摘编》，第83页。
④ 《马克思恩格斯选集》第1卷，第136页。

中国共产党与世界政党高层对话会上首次提出全球文明倡议，倡导尊重文明多样性，弘扬全人类共同价值，重视文明传承和创新，加强国际人文交流与合作。西方国家奉行的“丛林法则”“国强必霸”“零和博弈”等思维导致世界文明发展停滞甚至出现倒退。习近平关于中华文明的重要论述无疑提供了一种文明交往的新逻辑，各美其美、美美与共，超越西方中心论，破除东方从属于西方、落后从属于先进的旧思维，致力于建立公正合理的新型国际关系，以共商共建共享为原则推动各国合作交流，为促进人类文明发展贡献了中国智慧。

（责任编辑　代立梅）

Xi Jinping's Important Discourse on Chinese Civilization and Its Significance

Cao Fang　Lu Weiming

(Xi'an Jiaotong University, Xi'an 710049, China)

Abstract: Xi Jinping has made a series of important discourse on Chinese civilization that represents an organic integration of the ideas of classic Marxist writers on civilization, the historical experience of the Communist Party of China (CPC) in inheriting and innovating Chinese civilization, and the realistic conditions of the new era. These discourses on Chinese civilization focus on such major issues as basic topics, unique value, development course, spiritual characteristics, outstanding features, modern forms, principles to be followed, and the way forward in practice, forming a scientific and comprehensive theoretical system. Xi Jinping's important exposition on Chinese civilization is rich in connotation and full of creativity, which not only enriches and develops Marxist civilization thought, but also provides a fundamental guideline for Chinese civilization to shed new light on the times in the new era, as well as a Chinese proposal for promoting the progress of human civilization.

Key Words: Communist Party of China; Chinese Civilization; Excellent Traditional Chinese Culture; New Form of Human Civilization

新时代治港治澳方略："一国两制"的坚守与发展

谢佩宏　饶戈平

（北京大学，北京 100871）

摘　要：新时代治港治澳方略是对"一国两制"方针的坚守与发展，是以习近平同志为核心的党中央对"一国两制"实践的科学总结和规律性认识，集中体现为全面准确、坚定不移贯彻"一国两制"方针。它是习近平新时代中国特色社会主义思想的重要组成部分，具有系统性、辩证性、实践性和人民性的理论特质，是新时代贯彻"一国两制"方针的理论遵循和行动指南，为"一国两制"理论与实践创新作出了重要贡献。

关键词：新时代；治港治澳方略；"一国两制"；法治

中图分类号：D61　　**文献标识码：**A　　**文章编号：**2097-1249（2024）06-0022-18

"一个国家，两种制度"（以下简称"一国两制"）是中国共产党为解决历史遗留的台湾问题、实现国家和平统一而提出的科学构想，首先成功运用于解决香港、澳门问题。"一国两制"是前无古人的伟大事业，是中国特色社会主义的伟大创举；它既是一项基本国策，也是一种前所未有的国家治理模式，被视为治国理政的崭新课题、重大课题。"一国两制"方针自提出以来，始终为历届中央领导集体所认同、贯彻和坚守，从未动摇和改变。

一、新时代治港治澳方略的形成

"一国两制"方针从科学构想到成功实践，经历了不同的发展阶段。党的十八大以来，"一国两制"作为中国特色社会主义的重要组成部分，进入了"承前启后、继往开来"的新时代。习近平关于贯彻"一国两制"方针的重要论述和指示，包含了一系列新论断、新理念、新举措和新战略，内涵丰富，系统科学，集中体现为新时代治港治澳方略，是对"一国两制"方针的坚守与发展。

作者简介：谢佩宏，北京大学习近平新时代中国特色社会主义思想研究院博士后；饶戈平（通讯作者），北京大学法学院教授。

新时代治港治澳方略的产生有着深厚的理论渊源和实践根基。这一方略植根于邓小平"一国两制"的科学构想，坚守"一国两制"的初心，继承、丰富、发展了中国共产党关于"一国两制"的理论，创造性地回应了"一国两制"深入实践过程中出现的新问题、新挑战，是满足时代需要的理论与实践的产物。

（一）理论渊源："一国两制"方针的提出与初心

"一国两制"方针的提出始于和平解决台湾问题。1982 年 1 月，邓小平在会见美国华人协会主席李耀滋时，对以叶剑英名义发表的关于大陆和台湾实现和平统一的"九条方针"进行概括，首次公开提出"一个国家，两种制度"的表述。①

1982 年 9 月，邓小平在会见英国首相撒切尔夫人时提出了解决香港问题的三点原则立场：一是在"收回香港"这一主权问题上，没有回旋的余地；二是保持香港的繁荣，希望取得英国的合作；三是避免过渡时期大的波动。在谈到"保持香港的繁荣"问题时，邓小平指出，"香港继续保持繁荣，根本上取决于中国收回香港后，在中国的管辖之下，实行适合于香港的政策。香港现行的政治、经济制度，甚至大部分法律都可以保留，当然，有些要加以改革。香港仍将实行资本主义，现行的许多适合的制度要保持"。② 这段讲话一方面将"一国两制"构想的运用从解决台湾问题拓展到了解决香港问题，另一方面也勾勒出落实"一国两制"构想的制度安排雏形。1982 年 12 月，第五届全国人民代表大会第五次会议通过的《中华人民共和国宪法》第三十一条规定："国家在必要时得设立特别行政区。在特别行政区内实行的制度按照具体情况由全国人民代表大会以法律规定。"由此，"一国两制"构想入宪，"特别行政区"一词被写入宪法，为"一国两制"构想在香港的先行实践提供了宪法依据和灵活的制度空间。

1984 年 6 月，邓小平在分别会见香港工商界访京团和香港知名人士钟士元等的谈话中，再次系统、完整地阐述了"一国两制"构想的内容和原则：其一，"一国两制"是中国政府用和平方式解决香港问题的立场、方针、政策的凝练表述，中国政府对此坚定不移、长期不变；其二，"一国两制"的基本内容是，在中华人民共和国境内，大陆实行社会主义制度，香港实行资本主义制度，中国的主体必须是社会主义；其三，"一国两制"的提出，一方面基于国内对外开放、搞活经济的政策成效，另一方面充分照顾到香港的历史和现实情况；其四，港人治港有界限和标准，必须由以爱国者为主体的港人来治理香港；其五，过渡时期要保持香港的繁荣稳定。③ 此后，邓小平多次发表谈话，从不同侧面对上述内容和原则予以重申，并进行了扩展和丰富。这些重要论述明确了中国共产党在"一国两制"开创阶段所坚持的重大原则，是党在"一国两制"上始终坚守的初心，可以总结为以下三个方面：

第一，"一国两制"提出的根本动因，是希望以和平的方式实现祖国统一，维护国家主权、

---

① 《邓小平思想年谱（1975—1997）》，北京：中央文献出版社 1998 年版，第 212 页。
② 《邓小平文选》第 3 卷，北京：人民出版社 1993 年版，第 13 页。
③ 《邓小平文选》第 3 卷，第 58—61 页。

安全和发展利益。1990年4月，邓小平在会见泰国正大集团董事长谢国民等的谈话中指出，“我们相信，最终将靠‘一国两制’把我们国家统一起来”。[①] 这是全体中华儿女的共同心愿。

第二，“一国两制”提出的根本目标是希望国家好，香港也好。一方面，国家的改革开放和现代化建设需要“一国两制”，正如邓小平指出的，“我们相信，在小范围内容许资本主义存在，更有利于发展社会主义”；[②] 另一方面，以和平的方式实现对香港恢复行使主权，是确保香港繁荣稳定的唯一办法。也正是基于这两个根本目标，不能容忍有损国家利益和香港利益的事情和破坏力量。邓小平强调，中央不需要干预特别行政区的具体事务，但出现损害国家利益和香港利益的情况除外。[③]

第三，中国共产党关于“一国两制”的立场、方针、政策是坚定不移、长期不变的。其中要遵循几个原则和前提：一是主权原则不可碰。主权所属的“一国”是坚定不移实行社会主义制度的中国，通过“一国两制”方针，允许资本主义在特别行政区这个范围内存在。“两制”和平共处，互补互利。二是“一国两制”的成功实践要依靠基本法，同时也要依靠以爱国者为主体的港人。三是“一国两制”的提出和落实，要尊重历史、尊重现实，照顾各方利益，要有充分的协商性。四是“‘一国两制’是个新事物，有很多我们预料不到的事情”[④]，“将来会出现什么问题，我们也不清楚，但问题出现了我们会合情合理地处理”，[⑤] 要有与时俱进的开放性和使命必达的信心。

1990年4月，第七届全国人民代表大会第三次会议通过《中华人民共和国香港特别行政区基本法》《全国人民代表大会关于〈中华人民共和国香港特别行政区基本法〉的决定》《全国人民代表大会关于设立香港特别行政区的决定》，标志着“一国两制”从构想阶段逐渐转入实践阶段。

（二）实践根基：“一国两制”实践的阶段性发展

习近平指出，“作为一项前无古人的开创性事业，‘一国两制’需要在实践中不断探索”。[⑥] 回顾“一国两制”在香港、澳门的实践，从中央政策的视角来考察，其发展可大致分为三个阶段。

1.“一国两制”实践的初始阶段：1997—2002年

1997年7月1日，英国结束对香港156年的殖民统治，中国政府正式恢复对香港行使主权。1999年12月20日，澳门重新回到祖国的怀抱。“一国两制”在香港、澳门成为现实，中国共产党开始了国家治理史上前所未有的尝试。在这一阶段，中央治港治澳遵循“一国两制”“港人治港”“澳人治澳”、高度自治方针，主要表现出“无为而治”的特点，强调以制度约束及顺应规律的思路来治理港澳，减少不必要的干预，让港澳爱国者自我管理。

---

① 《邓小平文选》第3卷，第358页。
② 《邓小平文选》第3卷，第103页。
③ 《邓小平文选》第3卷，第221页。
④ 《邓小平文选》第3卷，第221页。
⑤ 《邓小平文选》第3卷，第76页。
⑥ 《十八大以来重要文献选编》(下)，北京：中央文献出版社2018年版，第784页。

这种政策走向具有特定的时代背景。根据世界银行的统计数据，在香港基本法颁布的 1990 年，香港的国内生产总值（GDP）相当于中国内地的 19.5%；在香港回归祖国的 1997 年，这一比例仍然高达 18.44%。[①] 显然，内地与香港当时处在不同发展阶段。彼时的香港是我们了解资本主义的重要窗口，是对外交流的重要桥梁，汇聚了有利于社会主义现代化建设的大量信息和先进经验。在这样的历史条件下，“一国两制”实践成功的关键，一方面在于发挥“两制”之利，进一步推动国家的对外开放和经济发展；另一方面则在于避免香港出现大的波动和波折。概言之，保“稳定”即是保“繁荣”，而保“稳定”最稳妥的办法就是将香港回归后的变化幅度降到最小，最大限度实现从“英人治港”到“港人治港”的平稳转变。1989 年 12 月，江泽民在会见英国首相特使、首相外事顾问柯利达时形象地提到，在“一国两制”问题上“‘井水不犯河水，河水不犯井水’”[②]。这反映了实施“一国两制”“港人治港”、高度自治的阶段性重点：一方面，支持香港保持资本主义制度和生活方式不变；另一方面，警告一些别有用心的势力切勿妄图通过香港对中国内地施加政治影响。

总体而言，这个阶段的政策是卓有成效的：回归祖国以后，香港实现了平稳过渡，不仅成功抵御了亚洲金融危机，还保持了香港社会的稳定与持续发展，香港的各派政治势力也多在观望和适应，一些重大敏感问题尚未浮出水面。

2.“一国两制”实践的探索阶段：2003—2012 年

在这一阶段，中央对港澳政策的主要特点表现为“不干预、有所为”：主要是针对香港现实情况的变化，审慎地坚持“不干预”政策；同时，在观察、总结的基础上，探索行使中央管治权的方式。

2003 年，香港爆发了反对基本法第二十三条立法的游行，打破了“井水”和“河水”互不相犯的状态。2003 年 12 月，胡锦涛在分别会见来京述职的香港特别行政区行政长官董建华和澳门特别行政区行政长官何厚铧时表示，“中央对香港政治体制的发展高度关注，原则立场也是明确的，香港特别行政区的政治体制必须按照香港基本法的规定，从香港的实际情况出发，循序渐进地发展，相信香港社会对此是能够形成广泛共识的”。[③] 可见，中央还是寄希望于香港自身在基本法的框架内达成社会共识，实事求是、渐进式推动政制发展。

但遗憾的是，这一期待未能很好地在香港社会得到实现。2003 年以后，围绕“高度自治”“人大释法”“普选”“行政主导”等议题，香港几度出现政治纷争，各派政治势力争相登场、各试锋芒，矛头直指对管治权的争夺。这也表明，“一国两制”作为一项全新的开创性事业，尽管前途光明，但也避免不了道路曲折。

在这一阶段，中央针对香港选举争议和全国人大“释法”问题，进行积极应对。2004 年 4 月，十届全国人大常委会第八次会议通过了《关于〈中华人民共和国香港特别行政区基本法〉附件

---

① 根据世界银行公开数据计算所得。

② 《江泽民文选》第 1 卷，北京：人民出版社 2006 年版，第 81 页。

③ 《胡锦涛分别会见董建华和何厚铧》，《人民日报》2003 年 12 月 4 日第 1 版。

一第七条和附件二第三条的解释》。这是全国人大首次主动“释法”，旨在解释有关行政长官及立法会选举办法的修改问题。“这次解释的意义在于，它不仅澄清了香港社会上对基本法有关规定的不同理解，而且表明，只有把基本法规定的中央与特区的关系、特区的法律地位及与此有关的各项规定联系起来，才能准确理解基本法中具体条文的含义，才能准确把握基本法的整体精神。”① 此后，通过对“补选行政长官的任期”及“刚果金案”作出解释，“人大释法”步入常规化轨道。

与恢复行使主权相比，回归后的“治理”是更为复杂艰巨的过程。这一阶段是中国共产党对“一国两制”的实践从“收回”转向“治理”的探索阶段。总体而言，此阶段虽未见重大的政策调整，但已体现出中央对在港澳实施“一国两制”过程中发挥主导作用、掌控方向的探索。

3.“一国两制”实践的深入阶段：2012 年至今

这一阶段的明显特点是中央适时提出了“全面准确、坚定不移地理解和贯彻‘一国两制’与基本法”，明确了中央在“一国两制”实践中的主导作用，切实保障“一国两制”在实施过程中不走样、不变形。

2012 年以来，“一国两制”实践面临内外部环境的重大变化。

从外部环境来看，2010 年，中国的 GDP 首次超过日本，成为仅次于美国的世界第二大经济体。在冷战思维和霸权主义的影响下，以美国为代表的西方国家将中国视为“战略竞争对手”。自特朗普时期起，美国进入全面对华“作战”阶段，利用香港作为美国干涉中国内政的重要“棋子”。2019 年开始，美国采用炮制涉港法案、实施制裁、抹黑中国的对港政策、污蔑诋毁特区事务、包庇支持反中乱港分子、多边串联施压等手段，② 试图破坏“一国两制”在香港的实践，从而遏制中国的发展。

从香港内部政情来看，蛰伏多时的反中乱港势力全线出动，2012 年“反国教运动”、2014 年非法“占中”、2016 年旺角暴乱、2018 年“一地两检”抗争以及 2019 年“修例风波”相继爆发，外部势力猖狂介入，香港社会运动呈现激进化、极端化，出现了“颜色革命”的危险势头，严重挑战了“一国两制”方针的底线，中央与香港都面临严峻考验。

与此同时，这一阶段曲解和误导“一国两制”与基本法、质疑和挑战中央管治权的观点、言论在香港社会流传甚广、大行其道。主要表现为：其一，在“一国”与“两制”的关系上，只讲“两制”、只要“两制”，不讲、少讲“一国”，贬低、否认“一国”的源头和基础地位、决定和统领作用；“两制”同“一国”等量齐观，不谈“两制”服从和受制于“一国”。其二，在“两制”的关系上，只强调香港这“一制”和香港的优先地位，不尊重、不维护甚至敌视、对抗内地的另“一制”。其三，在香港的治理上，只强调“港人治港”“高度自治”，贬低、忽

---

① 《贯彻落实“一国两制”方针和香港基本法的重要举措》，《人民日报》2004 年 4 月 7 日第 1 版。

② 《美国干预香港事务、支持反中乱港势力事实清单》，外交部网站，2021 年 9 月 24 日，https://www.mfa.gov.cn/web/gjhdq_676201/gj_676203/bmz_679954/1206_680528/xgxw_680534/202109/t20210924_9586055.shtml，2024 年 7 月 5 日。

略、排斥甚至否认中央依法代表国家行使对香港的管治权。其四，关于中央的管治权，只承认国家在外交、国防上对香港的权力，忽略、排斥或否认中央还有其他权力。此外，对于行政长官"普选"、基本法解释等问题，香港社会也存在诸多不全面、不准确的理解和说法。当时的反对派基本上掌控了香港的话语权，严重困扰、误导市民，阻碍对"一国两制"的正确理解和贯彻，已经到了相当严重的地步。"一国两制"实践面临严峻挑战和考验，党中央不得不出重拳拨乱反正、正本清源。

在这一背景下，以习近平同志为核心的党中央，冷静、沉稳应对香港局势发展，始终坚守"一国两制"初心，深入总结"一国两制"实践中的经验教训，在关键时刻果断地在思想认识上拨乱反正，同时采取一系列标本兼治的举措，促成香港社会止暴制乱，由乱及治。

在这一阶段，以 2014 年发表《"一国两制"在香港特别行政区的实践》白皮书（以下简称"白皮书"）为起点，中央依法主张和落实对特别行政区的全面管治权，对"一国两制"实践规律的认识与把握上升到了一个新高度，"一国两制"在港澳的实践进入新的发展阶段。

（三）新时代治港治澳方略的体系形成

新时代治港治澳方略是在"一国两制"深入实践中逐步形成的，其核心可以用一句话概括，即"'全面准确、坚定不移'地理解和贯彻'一国两制'与基本法"，简称"全面准确、坚定不移"八字方针。

1."全面准确、坚定不移"方针的提出

2015 年 12 月，习近平在会见香港特别行政区行政长官梁振英时强调，"近年来，香港'一国两制'实践出现了一些新情况。我想强调的是，中央贯彻'一国两制'方针坚持两点。一是坚定不移，不会变、不动摇。二是全面准确，确保'一国两制'在香港的实践不走样、不变形，始终沿着正确方向前进"。① 这是首次同时提出"坚定不移"和"全面准确"两大工作要点。

2017 年 6 月，习近平在参观香港回归祖国二十周年成就展时指出，"我们要继续坚定不移全面准确贯彻'一国两制'方针，严格依照宪法和香港特别行政区基本法办事，更好推动香港各项事业发展"。② 这是第二次同时提到两大要点。在几天后的香港回归祖国二十周年大会暨香港特别行政区第五届政府就职典礼上的讲话中，习近平再次公开重申，中央贯彻"一国两制"方针坚持两点：一是坚定不移；二是全面准确。③

2021 年 11 月，这两大要点被写入党的十九届六中全会通过的《中共中央关于党的百年奋斗重大成就和历史经验的决议》，并调整了先后次序："党中央强调，必须全面准确、坚定不移贯彻'一国两制'方针。"④

① 《习近平会见来京述职的梁振英》，《人民日报》2015 年 12 月 24 日第 1 版。
② 《把握国家发展机遇 推进"一国两制"实践》，《人民日报》2017 年 6 月 27 日第 1 版。
③ 《十八大以来重要文献选编》（下），第 784 页。
④ 《中共中央关于党的百年奋斗重大成就和历史经验的决议》，北京：人民出版社 2021 年版，第 57 页。

至此，“全面准确、坚定不移”的公开表述被正式固定下来。需要强调的是，这“八字方针”不仅指“全面准确、坚定不移”八个字本身，而是包含了与之关联的一系列论断、理念、举措和战略，是对新时代治港治澳方略的高度凝练，是中国共产党“一国两制”探索的重要理论结晶。

2. “全面准确”与“坚定不移”的关系

“八字方针”由两个方面构成：一个方面是“全面准确”，另一个方面是“坚定不移”。这两个方面相辅相成、缺一不可。

一是“全面准确”。“八字方针”首要强调的是对“一国两制”与基本法的“全面准确地理解和贯彻”。2017 年 6 月，习近平在会见香港社会各界代表人士时指出，“对香港来说，应该关心的不是‘一国两制’方针会不会变的问题，而是怎样全面准确把‘一国两制’方针贯彻落实好”。① 这就是说，党中央要求港澳社会把关注重点放在“全面准确地理解和贯彻”上。这一讲话阐明了“全面准确”和“坚定不移”之间的辩证关系：脱离了对“一国两制”的“全面准确”理解和贯彻，就谈不上“坚定不移”地长期实施；在当前情况下，要更多地在“全面准确”上下功夫，特别是首先从思想认识上做到“全面准确”，才能确保“一国两制”贯彻的“坚定不移”。如何从思想认识上做到“全面准确”？就是要防止、杜绝片面、错误地理解和实施“一国两制”与基本法；就是要在实践中“把握住‘一国两制’的正确方向”。在这里，党中央实际上提出了一个此前人们关注不够的大问题，即“一国两制”实施全过程中存在一个如何把正方向的问题。对此，中央和港澳都有义不容辞的宪制责任。

二是“坚定不移”。习近平重申并强调中国共产党在香港、澳门实施“一国两制”的立场和决心是长期的、坚定不移的，不会变、不动摇。这是“一国两制”的初心，是党中央确立的战略方针，是一项基本国策，任何人都不得轻言改变。在庆祝香港回归祖国二十五周年大会暨香港特别行政区第六届政府就职典礼上的讲话中，习近平指出，“‘一国两制’是经过实践反复检验了的，符合国家、民族根本利益，符合香港、澳门根本利益，得到十四亿多祖国人民鼎力支持，得到香港、澳门居民一致拥护，也得到国际社会普遍赞同。这样的好制度，没有任何理由改变，必须长期坚持！”② 这里的“长期”显然不是局限于基本法规定的“五十年”之内，而是可以理解为不以“五十年”为限，更多地指向 2047 年以后的更长远的时期，甚至可以理解为没有给“一国两制”设立终止时限。这一宣示，解除了多年来困扰香港社会的疑虑，极大增强了港人和海内外民众对“一国两制”的信心和期待。

以“八字方针”为核心的新时代治港治澳方略的形成，符合“一国两制”在港澳社会深入实施的现实需求与规律，体现了以习近平同志为核心的党中央对深入实施“一国两制”的全方位共识和远见，彰显了“一国两制”的强大生命力和创新精神。

---

① 《习近平会见香港社会各界代表人士》，《人民日报》2017 年 7 月 1 日第 2 版。

② 《习近平著作选读》第 2 卷，北京：人民出版社 2023 年版，第 601 页。

二、新时代治港治澳方略的核心思想和贡献

新时代治港治澳方略是中国共产党对 "一国两制" 的坚守与发展。党的十九大报告将 "坚持 '一国两制' 和推进祖国统一" 列为新时代坚持和发展中国特色社会主义的基本方略之一，[①] 新时代治港治澳方略即是这一基本方略的重要组成部分。围绕 "八字方针"，可以从七个方面来理解和把握新时代治港治澳方略的核心思想和贡献。

（一）明确 "一国" 与 "两制" 的主从关系

"一国两制" 是超越现代国家同质性原则的创新型国家治理模式，其两大核心要素即 "一国" 与 "两制" 的关系是全面准确理解和贯彻 "一国两制" 的关键所在。"八字方针" 阐明了二者之间的关系，具有重要的理论价值和实践意义。

中央对 "一国" 与 "两制" 关系的论述是在实践中不断发展和深化的。2000 年 12 月，江泽民在澳门特别行政区成立一周年庆祝大会上的讲话中指出，"'一国两制' 是一个完整的概念。讲 '一国'，有两层意思。一是澳门是祖国的一部分……二是祖国内地始终是澳门特别行政区的坚强后盾"；"讲 '两制'，就是国家的主体坚持实行社会主义制度，澳门继续实行原有的资本主义制度、生活方式不变"。[②] 这一阶段论述的重点是对 "一国" 和 "两制" 的内涵进行解释，尚未深入探讨二者的关系。2007 年 7 月，胡锦涛在庆祝香港回归祖国十周年大会暨香港特别行政区第三届政府就职典礼上的讲话中指出，"'一国' 是 '两制' 的前提，没有 '一国' 就没有 '两制'"，"只有把以上两个方面都落到实处，'一国两制' 的优越性才能充分发挥出来，给香港同胞带来实实在在的福祉"。[③] 相较于上一阶段，此阶段中央开始阐明 "一国" 与 "两制" 的关系，但尚未从理论上进行全面阐述。

2014 年 6 月，国务院新闻办公室发布的白皮书指出，"'一国' 是实行 '两制' 的前提和基础，'两制' 从属和派生于 '一国'，并统一于 '一国' 之内。'一国' 之内的 '两制' 并非等量齐观，国家的主体必须实行社会主义制度，是不会改变的。在这个前提下，从实际出发，充分照顾到香港等某些区域的历史和现实情况，允许其保持资本主义制度长期不变"。[④] 这可以理解为中央对 "一国" 与 "两制" 关系的理论阐述。

2022 年 7 月，习近平在庆祝香港回归祖国二十五周年大会暨香港特别行政区第六届政府就职典礼上的讲话中强调，"维护国家主权、安全、发展利益是 '一国两制' 方针的最高原则，在这个前提下，香港、澳门保持原有的资本主义制度长期不变，享有高度自治权。社会主义制度是中华人民共和国的根本制度，中国共产党领导是中国特色社会主义最本质的特征，特别

① 《十九大以来重要文献选编》（上），北京：中央文献出版社 2019 年版，第 18 页。
② 《江泽民文选》第 3 卷，北京：人民出版社 2006 年版，第 169—170 页。
③ 《胡锦涛文选》第 2 卷，北京：人民出版社 2016 年版，第 592—593 页。
④ 《"一国两制" 在香港特别行政区的实践》，北京：人民出版社 2014 年版，第 31 页。

行政区所有居民应该自觉尊重和维护国家的根本制度”。[①]

“最高原则”论断的提出，高屋建瓴地阐明了“一国”与“两制”以及“两制”之间的关系。该论断至少包含四层意思：一是“维护国家主权、安全、发展利益”是“一国两制”的“最高原则”，其中蕴含着一个中国原则、国家主权原则、中国宪制体制原则；二是阐明了“一国”与“两制”的本质关系，即在“一国”之下实行“两制”，“两制”从属、受制于“一国”；三是重申了社会主义制度和中国共产党领导的宪制地位，指明了中国共产党在“一国两制”实施过程中发挥主导作用的宪制基础，解答了一个困扰香港社会多年的思想难题；四是要求香港居民自觉尊重和维护国家的根本制度，进一步深化了对“两制”关系的认识。

此外，习近平还多次对“一国两制”作了形象比喻。例如，“‘一国’是根，根深才能叶茂；‘一国’是本，本固才能枝荣”。[②] 他强调，“在具体实践中，必须牢固树立‘一国’意识，坚守‘一国’原则，正确处理特别行政区和中央的关系”，[③]“在‘一国’的基础之上，‘两制’的关系应该也完全可以做到和谐相处、相互促进”，[④]“‘一国’原则愈坚固，‘两制’优势愈彰显”。[⑤]

这一系列论述全面系统地阐述了“一国”与“两制”的辩证关系，为准确理解“一国两制”提供了理论遵循。

（二）厘清“中央”与“特别行政区”的权属关系

“八字方针”厘清了“中央”与“特别行政区”的权属关系，要求落实中央对特别行政区享有的全面管治权，同时强调中央全面管治权与特别行政区高度自治权的统一衔接和有机结合。

2014年，白皮书首次明确并要求落实中央对特别行政区的全面管治权：“宪法和香港基本法规定的特别行政区制度是国家对某些区域采取的特殊管理制度。在这一制度下，中央拥有对香港特别行政区的全面管治权，既包括中央直接行使的权力，也包括授权香港特别行政区依法实行高度自治。对于香港特别行政区的高度自治权，中央具有监督权力。”[⑥]“香港特别行政区的高度自治权不是固有的，其唯一来源是中央授权”，“不存在‘剩余权力’”。[⑦] 白皮书发布后，香港境内外的反中乱港势力抓住中央全面管治权命题大做文章，屡挑政治事端，这表明旗帜鲜明地阐述中央权力与特区权力之间的关系，正击他们的痛点。

此后，习近平在多个场合强调，“中央政府对特别行政区拥有全面管治权，这是特别行政区高度自治权的源头，同时中央充分尊重和坚定维护特别行政区依法享有的高度自治权”。[⑧] 这一论断包含了两个方面的内容：一方面，中央对特别行政区的全面管治权是宪法和基本法赋予的

---

① 《习近平著作选读》第2卷，第601—602页。
② 《十八大以来重要文献选编》(下)，第785页。
③ 《十八大以来重要文献选编》(下)，第785页。
④ 《十八大以来重要文献选编》(下)，第785页。
⑤ 《习近平著作选读》第2卷，第602页。
⑥ 《“一国两制”在香港特别行政区的实践》，第7页。
⑦ 《“一国两制”在香港特别行政区的实践》，第31页。
⑧ 《习近平著作选读》第2卷，第602页。

宪制权力，具有充分的法律和法理依据；另一方面，中央尊重和维护授予港澳的高度自治权，中央对特别行政区的全面管治权同中央授予特别行政区的高度自治权，统一衔接、有机结合，共同构成了一个全面完整的特别行政区管治权概念。

上述论断在阐明中央对特别行政区全面管治权的同时，也有针对性地回应、纠正了以往存在的关于特别行政区"高度自治权"的错误或片面认知，完整勾画了特别行政区管治权的来源、构成和限度，为准确理解"中央"和"特别行政区"之间的关系提供了理论遵循。

（三）强调"爱国者治港""爱国者治澳"是贯彻"一国两制"的根本原则

从"英人治港"到"港人治港"是"一国两制"带来的历史巨变。"港人治港"、高度自治的前提是在"一国两制"之下，"必须由以爱国者为主体的港人来治理香港"。[①] 唯此，才符合"一国两制"的内在要求，这是在"一国两制"的科学构想阶段就已经提出的主张。白皮书对"爱国者治港"做了进一步明确、完整的阐述，指出"如果治港者不是以爱国者为主体……'一国两制'在香港特别行政区的实践就会偏离正确方向"[②]。

2021 年 1 月，习近平在听取香港特别行政区行政长官林郑月娥述职报告时强调，"香港由乱及治的重大转折，再次昭示了一个深刻道理，那就是要确保'一国两制'实践行稳致远，必须始终坚持'爱国者治港'。这是事关国家主权、安全、发展利益，事关香港长期繁荣稳定的根本原则。只有做到'爱国者治港'，中央对特别行政区的全面管治权才能得到有效落实，宪法和基本法确立的宪制秩序才能得到有效维护，各种深层次问题才能得到有效解决，香港才能实现长治久安，并为实现中华民族伟大复兴作出应有的贡献"。[③]

2022 年 7 月，习近平在庆祝香港回归祖国二十五周年大会暨香港特别行政区第六届政府就职典礼上的讲话中还强调，"政权必须掌握在爱国者手中，这是世界通行的政治法则。世界上没有一个国家、一个地区的人民会允许不爱国甚至卖国、叛国的势力和人物掌握政权。把香港特别行政区管治权牢牢掌握在爱国者手中，这是保证香港长治久安的必然要求，任何时候都不能动摇。守护好管治权，就是守护香港繁荣稳定，守护七百多万香港居民的切身利益"。[④]

上述论断将"爱国者治港""爱国者治澳"提升到实施"一国两制"之根本原则的高度予以强调，包含了新时代"爱国者治港""爱国者治澳"理论的主要内容。

第一，"爱国者治港""爱国者治澳"是落实中央对特别行政区的全面管治权的前提，是维护宪法和基本法确立的宪制秩序的前提，是特别行政区解决各种深层次问题的前提，是特别行政区实现长治久安的前提。换言之，没有"爱国者治港""爱国者治澳"，"一国两制"在香港、澳门的实践就失去了重要的前提和基础。

第二，"爱国者治港""爱国者治澳"并不是"一国两制"框架下专门针对特别行政区的特

---

① 《邓小平文选》第 3 卷，第 61 页。
② 《"一国两制"在香港特别行政区的实践》，第 35 页。
③ 《习近平听取林郑月娥述职报告》，《人民日报》2021 年 1 月 28 日第 1 版。
④ 《习近平著作选读》第 2 卷，第 602 页。

殊安排，而是符合世界各国各地区通行的政权须掌握在爱国者手中的政治法则。这一论断有力反击了一些人关于“港人治港”的片面、歪曲的言论。

第三，保证特别行政区的管治权牢牢掌握在爱国者手中关键在于制定符合特别行政区实际的、合理的选举制度，这也是香港必须完善选举制度的逻辑起点。2021年3月，第十三届全国人民代表大会第四次会议表决通过《全国人民代表大会关于完善香港特别行政区选举制度的决定》，从制度层面保障了“爱国者治港”原则的实施，探索出“符合香港实际情况的民主发展道路”①。

“爱国者治港”“爱国者治澳”理论是新时代治港治澳方略的重要组成部分。它从重要性、普遍性、制度化等维度，对“爱国者治港”“爱国者治澳”原则进行了充分阐释，回答了特别行政区管治团队“可用什么人”和“不可用什么人”这一基本问题。

（四）强调坚持“依法治港”“依法治澳”原则

习近平一再强调，“必须坚持依法治港、依法治澳，依法保障‘一国两制’实践”。② 这方面的相关论述至少包含三个层面的内容。

第一，明确依法治港治澳是维护宪法权威、全面依法治国的重要组成部分。习近平指出，“全面贯彻实施宪法是全面依法治国、建设社会主义法治国家的首要任务和基础性工作”。③ 依法治港治澳，既是治理特别行政区的必然要求，也是中国特色社会主义法治实践的应有之义。

第二，强调宪法在特别行政区的适用性，指出宪法和基本法共同构成特别行政区的宪制基础，进一步明确了宪法和基本法的关系。习近平指出，香港回归“完成了香港宪制秩序的巨大转变，中华人民共和国宪法和香港特别行政区基本法共同构成香港特别行政区的宪制基础”，宪法“是特别行政区制度的法律渊源”，基本法是“‘一国两制’方针的法律化、制度化”。④ 依法治港治澳首先表现在遵循宪法和基本法。

第三，强调必须严格按照宪法和基本法办事，“完善与基本法实施相关的制度和机制”。⑤ 习近平指出，“‘一国两制’方针是一个完整的体系”。⑥ 制度和机制是“一国两制”体系中重要的实践载体，完善同基本法实施相关的制度和机制，是中央和港澳的一项重要职责。在一定意义上，2020年《中华人民共和国香港特别行政区维护国家安全法》（以下简称“香港国安法”）的制定实施，就是从中央层面完善与基本法配套的制度建设的必要举措，也是落实中央全面管治权的具体体现。香港国安法从制度层面堵住了香港维护国家安全的漏洞，使国家主权安全得到坚决维护，反中乱港分子受到严惩，香港社会恢复正常秩序，实现“由乱到治”。香港国安法对于止暴制乱、改变香港社会的政治生态起了决定性作用，具有里程碑式的重大意义。

---

① 《“一国两制”下香港的民主发展》，北京：人民出版社2021年版，第53页。
② 《习近平谈治国理政》第2卷，第427页。
③ 《习近平谈治国理政》第3卷，北京：外文出版社2020年版，第279页。
④ 《十八大以来重要文献选编》（下），第785—786页。
⑤ 《十八大以来重要文献选编》（下），第786页。
⑥ 《习近平著作选读》第2卷，第601页。

全面依法治国是以习近平同志为核心的党中央治国理政的重大战略部署；法治是香港社会长期以来引以为傲的核心价值。“依法治港治澳”是习近平站在国家发展战略和发展全局的高度，站在香港、澳门特别行政区历史与现实的角度，为加强特别行政区的宪制建设提出的具体要求和重要指引，是“一国两制”作为国家治理模式不断完善更新的制度保障和规范力量。

（五）支持香港、澳门聚焦发展问题

中央始终牵挂香港的发展问题。习近平指出，“我们既要把实行社会主义制度的内地建设好，也要把实行资本主义制度的香港建设好。我们要有这个信心！”① 他也多次强调，“发展是永恒的主题，是香港的立身之本，也是解决香港各种问题的金钥匙”。②

针对香港的发展问题，习近平提出了重要的指导意见和期望：一是期望香港社会避免“泛政治化”、避免折腾和内耗，③ 排除干扰，合理分配社会资源，将主要精力聚焦到经济发展上；二是期望香港“不断增强发展动能”④，深化改革，破除藩篱，释放活力，保持独特的地位和优势，“巩固提升香港国际金融、航运、贸易中心地位”；⑤ 三是期望香港把握国家发展机遇，主动对接国家重大战略，融入国家发展大局，增强自身竞争能力。

香港回归初期，由于内地和香港经济发展处于不同阶段，“两制”的互动更多呈现单向性。但随着国家主体改革开放和现代化建设的推进，情况发生了很大变化。根据世界银行相关数据计算，1997 年香港的 GDP 规模相当于中国内地的 18.44%，2012 年这一数据变为 3.08%，2019 年继续下降到 2.77%。⑥ 习近平指出，“国家的持续快速发展为香港发展提供了难得机遇、不竭动力、广阔空间”。⑦ 在这一背景下，如何坚守“一国”之本，发挥“两制”之利，实现互补共赢，成为“一国两制”实践的重要课题。对此，中央作出了三个方面的战略考量。

第一，在国家国民经济和社会发展的五年规划纲要中增加港澳专章。2011 年公布的《中华人民共和国国民经济和社会发展第十二个五年规划纲要》首次将港澳部分单独成章。随后，在“十三五”“十四五”规划纲要中，港澳专章成为固定篇章。这是对“一国两制”实践的全局性、战略性部署，体现出港澳治理是国家治理体系中的特殊组成部分，明确了港澳在国家发展大局中的优势、定位和行动方向，为“两制”的双向互动提供了支撑和指引。

第二，在重大国家战略中为港澳特区提供对接窗口。2015 年 11 月，习近平在菲律宾马尼拉会见香港特别行政区行政长官梁振英时指出，要“抓住国家制定‘十三五’规划、实施‘一带一路’建设等带来的机遇，进一步谋划和推进香港长远发展”⑧。这是中央首次提出有关支持香港抓住国家重大战略机遇，融入国家发展大局的表述。香港特区政府也给予了积极响应，于

---

① 《十八大以来重要文献选编》(下)，第 787 页。
② 《十八大以来重要文献选编》(下)，第 786 页。
③ 《十八大以来重要文献选编》(下)，第 786 页。
④ 《习近平著作选读》第 2 卷，第 604 页。
⑤ 《中共中央关于进一步全面深化改革 推进中国式现代化的决定》，北京：人民出版社 2024 年版，第 27 页。
⑥ 根据世界银行公开数据计算所得。
⑦ 《十八大以来重要文献选编》(下)，第 786 页。
⑧ 《习近平在菲律宾马尼拉会见香港特别行政区行政长官梁振英》，《人民日报》2015 年 11 月 19 日第 2 版。

2016年主办了首届“一带一路”高峰论坛，截至2023年，该论坛已连续举办八届。香港成为发挥“超级联系人”作用、助力国家“一带一路”建设的重要平台，切实反映出“一国两制”制度优势带来的发展增量。

第三，主动谋划区域发展国家战略，探索“两制”融合之道。推进粤港澳大湾区建设是习近平亲自谋划、部署和推动的重大国家战略，他在党的十八大后首次离京考察时指出，“希望广东联手港澳打造更具综合竞争力的世界级城市群”。① 此后，粤港澳大湾区建设从构想到实践，目标直指成为“新发展格局的战略支点、高质量发展的示范地、中国式现代化的引领地”②。从习近平赋予粤港澳大湾区的最新定位来看，该战略是站在中华民族伟大复兴的战略全局高度，发挥“一国两制”制度优势，对“两制”协同发展模式进行的创新探索。此举突破了以往在“两制”问题上主要关注“差异”的惯势，将双边以“往来”为主的交流合作升格为时空同位的共同发展。在粤港澳大湾区内，一个国家、两种制度、三个关税区、三种法域，共同推进国家的高质量发展，赋予“一国两制”方针以更丰富、更有活力的内涵。

可以说，发展观念的创新是新时代“一国两制”治理模式的重要面向。习近平从国家治理的高度推动了“两制”融合发展的创新实践。

（六）期望香港、澳门关注社会和谐问题

人民安居乐业、社会多元和谐是香港、澳门繁荣稳定的社会基础，也是香港、澳门繁荣稳定的客观反映。关于香港、澳门的社会和谐问题，习近平指出了三个重点聚焦领域：一是改善民生，二是关爱青年，三是形成最广泛的“统一战线”。

在改善民生方面，习近平多次对特区政府提出期望，“要以人为本、纾困解难，着力解决市民关注的经济民生方面的突出问题，切实提高民众获得感和幸福感”，③ “让发展成果更多更公平惠及全体市民”。④

在关爱青年方面，习近平指出，年轻人的成长是关系到“保证‘一国两制’事业后继有人”⑤的重要问题。习近平多次强调，青年兴则港澳兴，青年有未来，港澳就有未来。他对港澳青年工作提出了指导意见：一是“爱国主义教育兹事体大”⑥，要把我国历史文化、国情教育放在青年教育的突出位置；二是加强“青少年的宪法和基本法宣传教育”，“加强对青少年的爱国主义教育”；⑦ 三是为年轻人发展创造条件，鼓励他们积极投身港澳建设、国家建设。

在形成最广泛的“统一战线”方面，习近平在党的二十大报告中提出，要“发展壮大爱国爱港爱澳力量，增强港澳同胞的爱国精神，形成更广泛的国内外支持‘一国两制’的统一战

① 《勇立潮头：粤港澳大湾区续写“春天故事”》，《求是》2024年第10期。
② 《坚定不移全面深化改革扩大高水平对外开放 在推进中国式现代化建设中走在前列》，《人民日报》2023年4月14日第1版。
③ 《十八大以来重要文献选编》（下），第787页。
④ 《习近平著作选读》第2卷，第604页。
⑤ 《习近平谈治国理政》第2卷，第426页。
⑥ 《习近平视察澳门政府综合服务中心和英才学校》，《人民日报》2019年12月20日第1版。
⑦ 《十八大以来重要文献选编》（下），第786、787页。

线"①。这是从统一战线方面提出的关于港澳工作的新论断，是党中央在"一国两制"实践中总结的宝贵经验，也是应对复杂动荡的国际形势的强大法宝。形成更广泛的国内外支持"一国两制"的统一战线，一方面旨在团结一切可以团结的力量，调动一切可以调动的因素，争取国内外各方面对"一国两制"的理解和支持，为"一国两制"行稳致远创造更好的内外部环境；另一方面旨在讲好"一国两制"的港澳故事，彰显"一国两制"的制度自信。

上述三个关于推进香港、澳门社会和谐发展的重点聚焦领域，既是切入口，也是侧重点，三者缺一不可，需要协同推进。

（七）重申支持特区政府和行政长官依法施政

习近平一再重申，中央支持特别行政区政府和行政长官依法施政。他指出，"特别行政区政府管治团队是一个整体，关键是要全面落实和进一步完善以行政长官为核心的行政主导体制，处理好行政、立法关系，真正做到议而有决、决而有行，确保政府依法施政的顺畅、高效；要自觉维护管治团队的团结，坚决维护行政长官的权威，在工作上相互支持、相互配合、相互补台，共同维护政府整体的威信和声誉"。②

习近平多次阐明，特别行政区政治体制的本质是行政主导，行政长官居于主导地位，行政、立法相互制衡又相互配合，司法独立。这一体制吸收了"三权分立"理论的合理成分，也参照了港英时期行政主导体制的有益经验，但并不是通常西方国家所实行的"三权分立"体制。在特区行政主导体制下，行政机关、立法机关、司法机关都属于行使中央授予的高度自治权的权力主体，分别承担着实施"一国两制"的主体责任，共同组成特区的管治团队，是一个整体。三大机关要以基本法为准处理好相互关系，完善特别行政区治理体系，提升治理能力。

新时代治港治澳方略内涵丰富、辐射面广，远不止以上归纳的七个方面，还需要进一步多方面深入研究。

三、新时代治港治澳方略的理论特质和意义

新时代治港治澳方略既同中央长期以来的治港治澳方针政策一脉相承，也体现了独特的思想创新，展现了理论和实践的紧密结合，呈现出鲜明的理论特质，丰富、提升了"一国两制"的理论层次，具有重要的理论意义和现实意义。

（一）新时代治港治澳方略的理论特质

1. 系统性

习近平指出，"系统观念是具有基础性的思想和工作方法"。③系统的思想和工作方法也充

① 习近平：《高举中国特色社会主义伟大旗帜 为全面建设社会主义现代化国家而团结奋斗——在中国共产党第二十次全国代表大会上的报告》，北京：人民出版社 2022 年版，第 58 页。
② 《习近平会见林郑月娥和香港特别行政区新任行政、立法、司法机构负责人》，《人民日报》2017 年 7 月 2 日第 1 版。
③ 《习近平谈治国理政》第 4 卷，北京：外文出版社 2022 年版，第 117 页。

分体现在新时代“一国两制”实践上。新时代治港治澳方略是一个全方位、立体化的思想体系。其一，包含了对“一国两制”核心命题的理论回应，深刻阐明了“一国”与“两制”、“中央全面管治权”与“特别行政区高度自治权”以及“两制”之间的辩证关系；明确了“一国两制”的最高原则，重申了“爱国者治港”“爱国者治澳”的根本原则；重申了依法治港治澳，指明了完善基本法配套机制的工作方向；强调聚焦经济发展和社会和谐；明确了特别行政区“行政主导”下的“行政、立法、司法”关系。该体系内容全面、脉络清晰，每一项工作领域都体现着系统化的思想方法。其二，各理论要点之间相互贯通、相互联结，共同构成新时代治港治澳方略的不同维度。其三，新时代治港治澳方略覆盖面广，适用性强，关涉不同的对象，包括港澳特区政府、港澳社会、中央港澳工作部门以及国际社会，在每一个领域都提出了相应的具有针对性的论断，体现了宏阔的思维广度，丰富和发展了“一国两制”的理论体系。

2. 辩证性

“一国两制”本身就具有鲜明的辩证特性，内含多重辩证关系。新时代治港治澳方略继承、发展了“一国两制”内在的辩证思想，并将之提升到新的哲学高度，为正确理解“一国两制”实践提供了辩证思考的指引。其一，只有坚守“一国两制”的初心使命和基本法立法原意，做到思想认识层面的全面准确，才能在实践中真正做到“坚定不移、全面准确”地贯彻“一国两制”与基本法。在思想观念和政策把握上，要防止一种倾向掩盖另外一种倾向，防止矫枉过正。其二，把握好“一国两制”的正确方向和政策界限。一方面要尊重和维护国家宪制体制，维护宪法确立的国家根本制度和本质特征，尊重内地实行的社会主义制度；另一方面也要尊重和维护受宪法保障的港澳资本主义制度和生活方式，防止在港澳简单套用内地的政策和做法，避免港澳“内地化”。其三，维护“一国两制”的最高原则，要尊重和落实中央的全面管治权，同时也要充分尊重和维护基本法授予港澳的高度自治权，树立全面准确的港澳管治权概念。工作重点应放在两类管治权的有机结合、统一衔接上，避免二者的割裂和对立，避免混淆两类不同性质的管治权，真正做到“一国两制”“港人治港”“澳人治澳”、高度自治。其四，完善同基本法实施配套的制度和机制是一项长期任务，要充分发挥中央和地方两个层面的积极性，适时完成相关的制度建设。既要保障中央的主导作用、关键作用，落实好中央全面管治权，也要发挥港澳特区的自主性和创造性，保障、加强港澳层面权力主体的宪制职责。其五，要切实落实“爱国者治港”“爱国者治澳”原则，确保由“爱国爱港（爱澳）”力量掌管中央授予的高度自治权；同时也要尊重和维护港澳社会多元包容的特色，最大限度团结建设港澳的积极力量，发展以“一国两制”为基础的统一战线，推进港澳的社会和谐。其六，要支持特区政府推进改革，破除利益固化藩篱，提升政府治理能力，解决社会深层次矛盾。同时，也要容许特区政府实事求是、量力而行、循序渐进，平衡好发展与稳定之间的关系。既要支持港澳融入国家发展大局、增强自身竞争力，也要坚守“一国两制”初衷，允许港澳继续保持自身特色和优势，开创出适应粤港澳大湾区发展的新的制度模式。其七，坚持依法治港治澳。要严格按照宪法和基本法办事，同时也要尊重和维护香港社会原有的法律制度体系，包括维护司法独立、保持普通法的特点和优势等。要协调好在香港适用的全国性法律同香港本地法律的关系，继续强化宪法和基本法的普及教育和宣传工作。认真贯彻香港国安法和香港《维护国家安全条例》，切实维护好涉港国家安全；同时也要充分尊重和维护香港居民的基本权利和自由，保持香港社会自由开放的传统和香港国际大都市的特色。

3. 实践性

理论来源于实践，新时代治港治澳方略深植于"一国两制"的丰富实践，体现出鲜明的实践性。在福建工作期间，习近平借鉴"一国两制"在港澳的成功实践经验，深入研究和践行"加强两岸交流、促进祖国统一"的宏大工程，提出了加强闽台交流工作的具体举措。①2007—2012 年，习近平兼任中央港澳工作协调小组组长，他运筹帷幄，研究和指导"一国两制"在港澳的实施。2008—2022 年，他 3 次到访香港；1999—2019 年，他 6 次到访澳门。他每次到访都安排了密集的考察行程，接触港澳社会各界，深入了解社情民意。党的十八大以来，习近平关于治港治澳的一系列重要论述和指示，正是对"一国两制"实践中出现的新情况、新问题的规律性总结和沉稳应对，坚持从实践中来，到实践中去，在实践中不断充实、扩展了"一国两制"的理论内涵，符合"实践、认识、再实践、再认识"②的马克思主义认识论。

4. 人民性

习近平深刻指出，"江山就是人民、人民就是江山，打江山、守江山，守的是人民的心"。③人民利益，在兹念兹，这既是习近平治国理念的立身之本，也是新时代治港治澳方略的立身之本。"一国两制"是中国共产党的特有创造，是中国特色社会主义的重要组成部分，人民至上的立场贯穿始终，其初心使命归根结底是为了全中国人民的福祉和发展，是为了港澳同胞的安居乐业和港澳社会的繁荣稳定。习近平对澳门同胞讲过："要坚持以人为本的施政理念，察民情、知民需、解民忧、纾民困。"④他也对香港同胞说过："人民对美好生活的向往，就是我们的奋斗目标。当前，香港最大的民心，就是盼望生活变得更好，盼望房子住得更宽敞一些、创业的机会更多一些、孩子的教育更好一些、年纪大了得到的照顾更好一些。民有所呼，我有所应。"⑤这些话语生动体现了新时代治港治澳方略鲜明的人民性特征。正是基于人民至上的信念，在面对"一国两制"实践复杂严峻的内外形势和层出不穷的新情况新问题时，以习近平同志为核心的党中央坚守初心，在关键时刻果断出手，采取最大限度维护港澳居民根本利益的举措，向人民、向历史交出满意的答卷。

---

① 习近平：《加强两岸交流 促进祖国统一》，《国防》2000 年第 3 期。
② 《毛泽东选集》第 1 卷，北京：人民出版社 1991 年版，第 296 页。
③ 《习近平谈治国理政》第 4 卷，第 9 页。
④ 《习近平谈治国理政》第 2 卷，第 426 页。
⑤ 《习近平著作选读》第 2 卷，第 604 页。

（二）新时代治港治澳方略的现实意义

1. 为“一国两制”实践行稳致远指明了方向

新时代治港治澳方略强有力地为“一国两制”实践的行稳致远指明了方向。香港回归20多年的历程表明，“一国两制”犹如一艘在大海上航行的巨轮，不能任其自行漂泊、随风游荡，必须有明确航向和坚强舵手。这个舵手不可能是别人，只能是中央。中央是“一国两制”方针的制定者、实施的主导者、实际上的第一责任人，责无旁贷地肩负着掌控“一国两制”发展方向的重任，是保障“一国两制”迎风破浪、行稳致远的关键所系。对中央而言，其宪制责任就在于坚守“一国两制”的初心使命，保障“一国两制”实践的正确方向。这是从“一国两制”实践正反两方面经验中得出的一条重要的规律性认识和宝贵的历史结论。

2. 为“一国两制”理论与实践创新作出了重要贡献

第一，新时代治港治澳方略坚守“一国两制”的初心使命，在继续“坚定不移”贯彻实施的同时，强化了“全面准确”的严格要求。其目的一是拨乱反正，澄清以往模糊、错误的认识，阐明“一国两制”的完整体系，推动社会各界正本清源、统一认识；二是从法律和法理视角建构“一国两制”的完整解释框架，为全面准确理解“一国两制”提供理论基础，体现了原则性、灵活性和创新性的高度统一。

第二，新时代治港治澳方略从实践层面完善“一国两制”的制度体系，维护和行使了宪法和基本法赋予中央的权力。一方面，依法明确了中央对特别行政区的全面管治权；另一方面，依法尊重特别行政区的高度自治权，推动两类管治权的有机结合和统一衔接。在实践中，中央发挥了止暴制乱的关键作用，香港很快实现由乱到治，避免了更长久的不稳定风险，保障了香港市民的根本利益。这一实践过程对中央全面管治权与特区高度自治权有机结合的操作规律与可行边界进行了有益探索，开启了“一国两制”下港澳治理的新模式。

第三，新时代治港治澳方略坚守“一国”之本，善用“两制”之利，推动“两制”共同服务于国家发展大局，实现互利双赢。中央在尊重“两制”差异的前提下，探索在“一国”之下促进“两制”适度融合的路径，支持港澳主动对接国家重大发展战略，创新开启了粤港澳大湾区建设，展现出光明前景。

新时代治港治澳方略是以习近平同志为核心的党中央对“一国两制”实践的科学总结和规律性认识，是领航新时代贯彻实施“一国两制”的理论遵循和行动指南，将继续坚守并高扬“一国两制”的伟大旗帜，引领这一前所未有的伟大事业走向新的发展阶段。

（责任编辑　代立梅）

The Strategy of Governing Hong Kong and Macao in the New Era: Adhering to and Developing the "One Country, Two Systems" Policy

Xie Peihong　Rao Geping

(Peking University, Beijing 100871, China)

Abstract: The strategy of governing Hong Kong and Macao in the new era is an adherence and development of the "one country, two systems" policy, which represents a scientific overview and systematic understanding of the CPC Central Committee with Comrade Xi Jinping at the core on the practice of "one country, two systems" and is encapsulated as a strategy of fully, faithfully, and resolutely implementing the "one country, two systems" policy. The strategy is an important component of Xi Jinping Thought on Socialism with Chinese Characteristics for a New Era, and it demonstrates systematic, dialectical, practical, and people-oriented theoretical features. It also has become a theoretical and action guideline for implementing the "one country, two systems" policy in the new era, and made significant contributions to theoretical and practical innovations of the policy.

Key Words: New Era; Strategy of Governing Hong Kong and Macao; "One Country, Two Systems"; Rule of Law

进一步全面深化改革的系统集成方法

张明军　李天云

（上海交通大学，上海 200240）

摘　要：更加注重系统集成是进一步全面深化改革的指导思想，是推进中国式现代化一以贯之的重要方法。中国式现代化坚持物质现代化、制度现代化、人的现代化一体推进和协同发展，在改革中不断提升系统化、集成化水平，日益呈现系统集成趋向。同时，继续以系统集成推进全面深化改革也面临诸多突出矛盾和现实挑战。为此，必须充分发挥党总揽全局、协调各方的领导核心作用，把党的领导贯穿于进一步全面深化改革的全过程和各方面，聚焦推进物质现代化、制度现代化、人的现代化的目标任务，进一步增强改革的系统性、整体性和协同性，确保进一步全面深化改革沿着系统集成方向稳步行进、提质增效。

关键词：系统集成；全面深化改革；中国式现代化；物质现代化；制度现代化；人的现代化

中图分类号：D61　　**文献标识码：**A　　**文章编号：**2097-1249（2024）06-0040-13

党的二十大提出“必须坚持系统观念”①，党的二十届三中全会通过的《中共中央关于进一步全面深化改革、推进中国式现代化的决定》进一步强调了“更加注重系统集成”②。学习贯彻落实党的二十届三中全会精神，在系统思维与系统方法指导下强化系统集成，是进一步全面深化改革、推进中国式现代化的重要命题。

一、系统集成改革方法的内涵与实践要义

系统观念是具有基础性的思想和工作方法，系统集成是系统观念指导下以综合统筹设计实现目标整体性能最优的科学方法论。坚持系统观念，更加注重系统集成，有利于科学把握和

作者简介：张明军，上海交通大学国际与公共事务学院特聘教授；李天云，上海交通大学国际与公共事务学院博士研究生。
基金项目：国家社会科学基金重大项目“全过程人民民主重大理论与实践问题研究”（项目编号：22&ZD168）；科技部国家重点研发计划“多元矛盾纠纷成因分析及疏导技术研究与应用示范项目”（项目编号：2021YFC3300500-01）。

① 习近平：《高举中国特色社会主义伟大旗帜 为全面建设社会主义现代化国家而团结奋斗——在中国共产党第二十次全国代表大会上的报告》，北京：人民出版社 2022 年版，第 20 页。

② 《中共中央关于进一步全面深化改革 推进中国式现代化的决定》，北京：人民出版社 2024 年版，第 3 页。

有效运用现代化建设规律。

首先，全面深化改革是一项系统工程，中国式现代化建设也是一项系统工程，在进一步全面深化改革中推进中国式现代化更是一项系统工程。改革和现代化建设的系统属性规定了必须坚持系统观念，运用系统思维和系统方法推进改革全面深化、联动集成，基于对各领域改革的统筹兼顾、系统谋划、整体推进，实现中国式现代化的系统集成。系统集成是中国式现代化的中国特色整体性、本质要求系统性和重大原则协同性之必然要求。

其次，系统集成改革以“继续完善和发展中国特色社会主义制度，推进国家治理体系和治理能力现代化”为目标牵引。坚持以制度建设为主线推进全面深化改革，加强改革顶层设计和总体谋划，以系统集成和协同高效为原则优化制度体系，在破立并举、先立后破中稳妥推进制度发展创新。坚持基础性体制改革、重大牵引性改革和关键环节综合改革一体推进，促进国家治理体制机制系统优化，筑牢根本制度根基，完善基本制度要件。创新重要制度运作机制，推动中国特色社会主义制度体系更加成熟更加定型，彰显和增强“中国之制”的制度优势，将制度优势更好转化为发展与治理效能，为中国式现代化行稳致远提供制度保障与动力支撑。

再次，全面深化改革进入系统集成阶段，推进中国式现代化要更加注重对各领域改革、创新、治理、发展的前瞻性思考、全局性谋划、战略性布局、整体性推进，进一步提升改革的系统性、整体性、协同性。全面深化改革、推进中国式现代化系统集成要求坚持系统观念，强化问题导向，增强风险意识，提升制度的统一性和规范性，合理把握改革的方向、节奏、力度。要在中国式现代化进程中推进顶层设计与实践探索良性互动、战略与策略适配相契、守正与创新继替相衔、效率与公平互促共进、活力与秩序相得益彰、自立自强与对外开放有机循环，处理好经济和社会、政府和市场、发展和安全等重大关系，解决发展不平衡不充分、治理散乱化碎片化、政策“烟囱效应”等问题，提升系统性、整体性和协同性，实现“整体大于局部之和”的系统集成效果。

系统集成改革方法的实践要义在于，在紧扣中国式现代化进一步全面深化改革进程中，要坚持和运用系统集成方法论，强化系统观、全局观、大局观，理顺改革关系，推进改革举措协调联动，着力增强改革的系统性、整体性、联动性，更好发挥中国特色社会主义制度优势与整体效能。

新时代的全面深化改革是全方位、多层次、持续性的宏大改革，内在地要求推动各领域改革的联动和集成，而不能停滞悬搁于零敲碎打的调整和碎片化修补的状态。特别是随着改革进入攻坚期和深水区，进一步全面深化改革所面临的各种矛盾及其关系更为错综复杂，改革的各个要素、各个层次、各个方面之间的关联性、互动性更强，突破利益固化藩篱、打破深层次体制机制梗阻的任务更重，对于改革措施耦合适配性、政策取向协同一致性、改革目标相互兼容性的要求更高，实现全面深化改革的政策集成、目标集成、效果集成也更为迫切和重要。因此，紧扣中国式现代化目标要求谋划和推进进一步全面深化改革，必须坚持和强化系统观念，以系统集成改革推进中国式现代化。

二、判定现代化的三个基准坐标及其组合程式

现代化是描述工业革命以来人类社会转型进步的总体性概念，不仅表征人类社会在“揖别”传统、进入工业社会后所发生的深刻、广泛、普遍的变化，而且在未来性向度上确证和“开显”持续获取和增进现代性的价值目标与文明关切。物质现代化、制度现代化、人的现代化构成判定现代化的基准坐标，三者在实践发展中的不同组合衍生出丰富多样的现代化发展程式。

（一）物质现代化是判定现代化客观进展的基准坐标

物质现代化是人掌握和运用客观规律并经由现代实践作用于事物发展的结果。物质现代化主要指涉物理意义上的基础设施建设、先进的科学技术、经济高质量发展以及一系列保障和改善民生的公共服务等。整体经济规模、经济结构比例、生产要素使用情况、分配与消费水平、创新与开放程度等是构建和测度物质现代化的核心维度与关键标识。经验表明，物质现代化的推进通常需要建立符合现代取向的市场经济，制定持续转型升级的工业化增长战略，推动创新驱动引领的科学技术进步，形成开放合作的全球参与型经济发展格局，调适和提升资本、人才、市场等生产要素的全球配置效率。作为判定现代化的客观基准坐标，物质现代化是衡量现代化的关键“硬指标”。缺失物质现代化的有力支撑与持续发展，制度现代化与人的现代化就难以为继，整体意义上的现代化也终将因物质层面的短板弱项而陷入低效运作、停滞不前甚至中断崩溃的局面，这在现代化发展史上不乏先例。

（二）制度现代化是判定现代化发展导向的基准坐标

制度现代化居于物质现代化和人的现代化之间，扮演调节者或中介的角色。制度是干预物质世界和人类世界的基本方式，是调节物质现代化与人的现代化关系的中介和载体。离开制度及其现代化，人们将无法有效调适和把握变化社会中的各类行为与秩序。制度既蕴含着自下而上的自发性秩序，也承载着自上而下的构建性秩序，还在变化调适中生成顺势而为的回应性秩序。制度现代化坚持制度自主性、共识性、包容性、开放性、协调性、调适性、有效性原则，构建与现代化发展相适配的现代制度，将和平、发展、公平、正义、民主、自由作为价值共识，并将其贯穿和践行于各项制度、法律、政策之中，旨在达成保持政治稳定、提高政府效率、提升民主化水平、扩大社会参与、构建有效市场、有效控制腐败、科学约束公共权力、强化监管质量、提升法治规范、推动污染控制等目标，为推进现代化提供制度动力和规范保障。制度现代化事关现代化事业的繁荣稳定，制度现代化是实现物质现代化和人的现代化的基本方式与重要手段，是推进现代化的关键。

（三）人的现代化是判定现代化本质属性的基准坐标

人是具体的现实的存在，具有文明、文化和国家特质。人的现代化是由“物的依赖性”到“人的依赖性”，再到确立“自由个性”的全面自由发展过程。人的心理、思想和行为方式由传统人向现代人转变的关键在于对现代性的接纳、消化、转换与建构，主要表现为以理性化、

智识化为核心标识的思想观念现代化，以及以世俗化、福利化为基本要求的生活方式现代化。人口结构及其基本素质、人才储备与科技教育水平、文化繁荣与社会文明程度、民生保障与社会福利水平等构成衡量人的现代化的核心维度与关键标识。人的现代化是物质现代化与制度现代化的目标指向，发挥着主体力量与文明尺度的关键性作用。在人的现代化中，执政党是关键力量，其秉持的价值理念、具有的领导水平、掌握的治理能力、形成的精神风貌、涵育的意志品质与人的现代化息息相关，因此，强化执政党推进现代化的执政能力和长期稳定的执政地位，是执政党引领现代化的前提条件，促进人的现代化必须注重发挥政党的引领作用。

（四）“物质—制度—人”：现代化发展的组合程式分析

对判定现代化的三个基准坐标进行类型学分析，可以得到六种组合程式（见表 1）。第一种类型是物质、制度和人的现代化一体推进、系统集成的现代化发展程式，这是现代化进程的理想目标。与之形成鲜明反差的是第六种类型。此种类型在物质、制度和人的现代化三个层面的发展程度都较低，其实践原型主要是前现代化国家以及一些现代化中断崩溃的国家。第二种类型在物质和制度现代化两个层面的发展程度较高，但人的现代化还有待推进。现代化进程中的一些发达国家和崛起的发展中国家表现出此种类型的典型特征。同样与之形成鲜明对比的是第五种类型。此种类型在人的现代化层面取得了一些进展，但物质和制度现代化两个层面停滞不前、乏善可陈，其最为接近的实践原型是美苏冷战开始前现代化已有所发展，但在冷战时期经济发展和政治建设饱受挫折的国家或地区。第三种类型在物质现代化层面取得重大进展，但制度和人的现代化推进缓慢、发展程度较低，其典型实践原型是一些资源富集的现代化起步国家。第四种类型在制度和人的现代化两个层面取得重要进展，但物质现代化较弱，在现实的现代化进程中较难找到适当的对应原型。现代化早期凭借对外掠夺等行径先行发展起来但后期经济发展缓慢的国家或可为理解此种类型提供些许便利。现代化的组合程式为深化对不同现代化模式的理论认知提供了理想工具，有利于加强对不同时间、不同地区的现代化模式的理解。

表1　现代化的组合程式

	物质现代化	制度现代化	人的现代化
I	√	√	√
II	√	√	×
III	√	×	×
IV	×	√	√
V	×	×	√
VI	×	×	×

上述类型学分析意在说明：现代化发展实践具有多样性，要科学把握我国现代化的发展方位与程式选择，锚定第一种理想类型，以物质现代化、制度现代化和人的现代化一体推进、系统集成的现代化发展程式牵引进一步全面深化改革、推进中国式现代化。

三、中国式现代化的实践展开及其系统集成进展

中国式现代化坚持物质现代化、制度现代化和人的现代化一体推进、协同发展，在改革中不断提升系统化、集成化水平，日益呈现出系统集成趋向。

（一）物质现代化的实践发展及其系统集成进展

中国在物质现代化方面成就斐然。随着中国式现代化的发展，物质现代化建设的系统集成特质和趋向日益凸显。

第一，厚植物质现代化的市场经济体制基础，为系统集成推进物质现代化构建长效发展机制。在改革开放进程中，党和国家自主探索建设现代市场经济体制，突破传统计划经济理论与市场经济理论上的思维窠臼，准确定位和把握使市场在资源配置中起决定性作用和更好发挥政府作用，正确处理政府和市场的关系，优化基本经济制度，推动现代市场体系建设。完善收入分配制度，完善产权制度和要素市场化配置机制，推动社会主义市场经济体制不断改革完善。中国特色社会主义市场经济体制深化发展，为系统集成推进物质现代化建设构建了长效发展的动力供给机制。

第二，科学把握和运用大国工业化规律，以系统集成牵引建立世界上最完整的现代工业体系。党和国家科学把握时空压缩背景下的大国工业化规律，基于人口多、底子薄的农业大国国情，稳健推进社会主义工业化建设，构建起世界上最完整的现代工业体系，在标准化、规模化、系统化基础上推进工业化建设向绿色化、数字化、智能化转型升级，以供给侧结构性改革为主线调整优化产业结构。我国已成为世界制造业第一大国和第二大经济体，成功走出一条适合我国国情的社会主义工业化道路。

第三，以发挥科学技术的第一生产力作用为导向，系统构建新型举国体制和创新体系。党和国家正确把握和顺应科学技术发展趋势，特别是新科技革命大势，将科技体制改革融入全球性创新体系，实施国家创新驱动发展战略，构建有助于实现重大科技攻关的新型举国体制。以新发展理念指导构建新发展格局，推动科技和经济紧密结合，以科技创新推动经济发展质量变革、效率变革、动力变革，着力推进新型工业化、信息化、城镇化、农业现代化并联式发展。促进数字经济和实体经济深度融合，引导因地制宜发展以高科技等为核心特征的新质生产力，科学技术的创新驱动效应日益显现。

第四，坚持开放发展和内外循环联动的系统观、大局观，在因应全球化趋势和世界变局中推动革新全球经济治理体系。党和国家主动顺应经济全球化趋势与世界变局，坚定不移推动改革开放，积极加入世界贸易组织等国际机构，采取合乎国情的开放战略和营商环境改进方略，全方位深度融入国际市场体系和国际分工体系，不断提升资本、人才、市场等生产要素的全球配置效率。推动构建新发展格局，以制度型开放新举措推进高水平对外开放，坚定维护多边贸易体制，坚决反对逆全球化，促进全球经济治理体系朝着良性健康方向优化完善，致力于为进一步高质量开放发展营造更为适宜的条件。

（二）制度现代化的实践发展及其系统集成进展

党领导人民与时俱进，不断推进制度现代化，鼓励探索创新与加强顶层设计协调推进，制度体系的系统集成程度显著提升，为中国式现代化注入强劲制度力量。

第一，全方位建设新型现代国家，开辟制度现代化新路，系统强化社会主义现代化建设的制度基础。紧扣国家强制能力、认证能力、汲取能力、规管能力、统领能力、吸纳能力、整合能力、濡化能力、再分配能力加强制度建设，实现党的领导与现代国家和社会深度融嵌，将国家政权建立在稳定的社会根基和土壤之中。超越传统中国历史形态和既有国家建构模式，以人民国家的新型现代国家形态为现代化建设创造根本社会条件、奠定根本政治前提和制度基础，解决现代国家建构的根本性难题，从根本上确保社会主义现代化建设的独立自主性和稳定有效性，不断探索构建中国特色社会主义制度体系，开辟了不同于资本主义和依附发展模式的制度现代化新路。①

第二，把制度建设摆在治国理政的突出位置，坚持在改革创新中整体性、系统性推进制度现代化。党高度重视制度现代化建设，把制度建设摆在改革开放和社会主义现代化建设的突出位置，紧扣经济增长和维持稳定双重治理目标推动制度建设向主动创造、自主创新、系统设计、全面深化转变。坚持社会主义方向，优化国家治理结构，强化治理支撑功能，激发治理机制创新，将党的领导和国家制度作为治国理政的根本，以依法治国作为制度现代化建设根本路径，以民主集中制作为国家治理基本准则，巩固和完善党的领导制度体系，完善和发展政府治理制度体系，创新优化社会治理制度体系，规范推动对市场让权、对地方放权、对社会确权。全面加强一体联动、完善发展的制度与治理体系，在国家治理体系和治理能力的有机互动中，系统提升国家治理的民主化、法治化、科学化水平。

第三，全面加强新时代制度现代化顶层设计，以顶层设计推动国家治理体系系统集成。党和国家坚持以制度建设为主线推进全面深化改革，将制度现代化作为解决发展不平衡不充分问题的关键手段。以制度建设促进良政善治是党的十八大以来一系列重要会议的核心议程，党的十九届四中全会以前所未有的力度对制度与治理现代化进行专门研究，从坚持和完善党的领导制度体系、人民当家作主制度体系等方面对制度现代化建设作出系统化、集成化的部署，系统理析和完善发展中国特色社会主义根本制度、基本制度、重要制度，总结提炼制度优势。当前，国家制度与治理体系在全面依法治国和全面深化改革推进中日益成熟定型，制度的自主性、包容性、开放性、协调性、调适性等品质优化提升，制度现代化进入顶层设计牵引推动的纵深发展和系统集成优化阶段。

（三）人的现代化的实践发展及其系统集成进展

人的现代化在中国式现代化建设中居于重要地位。在中国式现代化进程中，人的现代化朝

---

① 陈军亚、王浦劬：《以双重革命构建新型现代国家——基于中国共产党使命的分析》，《政治学研究》2022 年第 1 期。

着人的自由全面发展不断迈进，愈发展现出系统集成品质。

第一，中国共产党领导人民为实现人的自由全面发展筑牢基础条件，人的现代化迈出历史性的一步。实现民族独立、人民解放，为推进人的现代化建设创造了根本条件。新中国成立以来，社会主义政治、经济、文化建设为实现人民当家作主和推进人的现代化筑牢政治根基、提供物质前提、营造文化氛围。党领导人民充分调动一切社会积极因素投入解放和发展生产力的经济社会发展实践，提高人民参与政治生活的积极性与能动性。同时，开展扫盲和义务教育，围绕社会主义、爱国主义、集体主义推进思想改造和社会风气改良，有效塑造、革新国民风气，有力提升人的整体素质，社会主义新人培育取得重要进展，人的现代化迈出历史性的一步。

第二，人的现代化在我国社会全面进步和人的全面发展中稳步行进。改革开放以来，党和国家团结带领人民解放思想、实事求是，激发社会活力，以开放、竞争、效率等现代意识培育和增强人的主体性，解放干部和群众的思想，实行以德治国方略，推进社会主义核心价值体系建设。同时，党和国家坚持物质文明和精神文明“两手抓、两手都要硬”，推进和谐社会建设，加强生态文明建设，人的现代化的社会基础建设与生态基础建设得到有效提升。在人的现代化的实现方式上，党和国家推行“面向世界、面向现代化、面向未来”的人民教育，实施“科教兴国”战略，培养“革命化、年轻化、知识化、专业化”的“四化”干部和“有理想、有道德、有文化、有纪律”的“四有”新人，促进国民科学文化素质提升和人力资源开发。

第三，坚持以人民为中心，引领人的现代化更为全面系统地发展。中国特色社会主义进入新时代，党和国家明确以人民为中心的发展思想，坚持人民至上，保障人民主体地位，加速推进人的现代化。以“中国梦”作为新时代人的现代化发展的精神旗帜，以中国精神激励人，以文化自信鼓舞人，以社会主义核心价值观凝聚人，以社会主义意识形态引领人，以“科教兴国”战略培育人。培育担当民族复兴大任的“时代新人”，强化人的现代化建设的物质条件、制度保障、文化支撑、生态基础，特别是聚焦“民生七有”持续增进人民福祉，不断满足人民对美好生活的向往。一体推进思想观念、生产方式、生活方式和人的能力的现代化，并在世界向度上主张构建人类命运共同体，推动人的现代化展现现代文明新形态。

四、系统集成改革推进中国式现代化面临的矛盾挑战

进一步全面深化改革、系统推进中国式现代化，要基于现代化发展程式及其发展要求，科学把握现代化的目标任务，准确认识系统集成改革推进中国式现代化面临的矛盾和挑战。

（一）系统集成改革推进物质现代化面临的突出问题

第一，经济高质量、可持续发展的挑战。随着中国经济发展进入新常态，形成增长速度换挡、结构调整阵痛、前期刺激政策消化“三期叠加”，经济增速、工业品价格、实体企业盈利及财政收入下降与经济风险发生概率上升“四降一升”困境，加之世纪疫情的冲击，金融风险、

房地产风险、财政风险、地方政府债务风险、规模性失业风险、社会信用体系崩溃风险等有可能扎堆爆发，加剧发展的不平衡、不充分、不可持续，阻碍经济高质量、可持续发展和全体人民共同富裕的稳步推进，影响社会稳定和经济发展后劲，增加跨越“中等收入陷阱”、迈向高收入国家的难度。

第二，科技创新不足的“阿喀琉斯之踵”与新科技革命风险冲击的“达摩克利斯之剑”问题。在事关经济高质量发展和国家安全的高精尖技术领域和关键核心技术方面，科技创新力不强带来的“卡脖子”和“软肋”问题已成为影响中国经济发展“成色”、降低新质生产力发展质效、拖累现代化进程的现实挑战，现代化发展需要克服“中等技术陷阱”。同时，以人工智能为代表的一系列新兴科技不断迭代发展并全面渗透到经济社会发展各领域，引致隐私泄露、歧视偏见、虚假和错误信息、不良内容与心理诱导、脱实向虚、垄断合谋、技治主义等伦理风险与治理难题。科技安全监管及其向善治理成为应对新科技革命风险冲击的重要任务。

第三，世界百年未有之大变局带来的外部环境风险与安全挑战。当今世界经济全球化遭遇逆流，世界经济正在经历从增长持续放缓到陷入衰退，和平、发展、安全、治理等方面的赤字问题有增无减。全球发展失衡加剧南北矛盾，世界秩序调整凸显东西矛盾，国际规范失效折射新旧矛盾，利益分歧失调凸显内外矛盾，意识形态对抗加深“左”右矛盾，大国竞争对抗愈演愈烈并对经济与科技发展形成裹挟之势，国际格局和国际体系在深刻调整中潜蕴着极大的不稳定性和不确定性，特别是“双轨全球化”以及俄乌冲突等地缘冲突可能带来复杂多元的风险挑战，对国内经济现代化造成负面影响。

（二）系统集成改革推进制度现代化面临的现实挑战

第一，制度虚置空转问题。制度现代化是现代国家发展与治理的深层逻辑。中国特色社会主义制度及其“四梁八柱”为推进中国式现代化提供了制度基础。法律规范、党内法规、国家政策、社会规范等经由科学配置组合形成了一整套的有机体系，支撑着现代化的运转。然而，制度建设中也存在重制定、轻执行，部分制度内容叠床架屋等问题。制度文件体量“虚胖”，不少制度处于“休眠”状态，“存而不用”“局部空转”侵蚀和削减了制度优势。克服“制度失灵”“制度虚置化”等问题成为推进制度现代化、提升治理效能的重要任务。

第二，制度配套衔接问题。确保关联制度的连贯性、互补性和协同性，实现制度的自洽运作、联动衔接、协调配合，是制度现代化的内在要求。然而，现实中制度打架、规章混乱等制度配套衔接不畅问题常常导致制度效能的损耗，分立、涣散、冲突导致制度行为体莫衷一是，催生了权责不匹配、目标不一致、工具不协调等难题。特别是一些跨层级、跨领域、跨时段的制度的因果关系被削弱，规制效应相互抵消，而此类制度又常常关系重大、影响深远。紧扣制度目标契合、权责关系匹配、治理工具协同，提升制度配套衔接的可行性与合法性，成为增强制度适应性与有效性的现实要求。

第三，制度变革滞后问题。当下，人类社会处于向“第二轴心期”转向的关键时期，以新兴信息技术为代表的新科技革命正在改写既有的国家治理理论范式，革新工业革命时代以科层制为基底的制度与治理体系。然而，现实中制度内容的技术回应不足、技术更新与制度程序脱节、技术悬浮于基层治理体制等问题还较为突出，技术折腾、技术炫技与技术冷漠、技术抵触同时存在，技术与制度“两张皮”，被悬置的技术创新未能推动治理体制的深层次改革和转型，适应“数”“实”融合情境的制度构建缓慢滞后。克服制度惰性，推进适应新的发展情势、治理场景与科技条件的制度建设，仍是迫切而重要的任务。

第四，规则意识不足与制度执行偏差问题。按照制度规则行动、严格落实制度要求是制度现代化的重要环节。然而，现实中低制度化治理和运动式治理问题较为突出，法治理念、规则意识培育不足，晋升逆淘汰等形成对制度的挤出效应，制度实践悬浮化、空壳化。同时，制度软化、制度执行不力等问题扭曲了制度的本意，观望式执行、选择式执行、机械式执行、象征式执行、替换式执行、变通式执行、黏附式执行等制度执行偏差行为亟待纠正。强化和提升制度执行的有效性已成为亟待面对和克服的挑战。制度现代化是一项处于动态演进中的系统工程，其中的任何一个薄弱环节和短板都会影响制度的整体效能，成为系统集成改革的绊脚石。

（三）系统集成改革推进人的现代化遭遇的复杂困境

第一，人口特征变化与人口条件挑战。人口是现代化建设的长期性战略支撑要素，充足的人口和劳动力数量、不断提升的人口素质、人口再生产类型的转变等，为中国式现代化提供了良好的条件与环境，有利于形成超大规模市场优势和丰厚人力资本优势。然而，人口负载过大，老龄化、少子化、不婚化问题叠加，人口性别结构失衡，持续走低的总和生育率与人口负增长态势，城乡人口分布不均衡与较低的人口城市化率等，客观上成为促进人口现代化的短板。因势利导、曲突徙薪，顺应和引导人口规模、结构、空间分布与生育率的发展变化趋势，提升人口质量，改善人口结构，优化人口分布，建设生育友好型社会，成为推进人的现代化的迫切任务。

第二，时空压缩中现代化的“重物轻人”误区与社会急速转型过程中人的思维方式、价值观念、行为模式的调适难题。中国在早期现代化推进中深受后发之困、外铄之困、受动之困。及至中国共产党领导人民建设社会主义现代化，时空压缩情势下“赶超型＋并联式”的现代化与“重物轻人”的误区，导致“人”的现代化滞后于“物”的现代化，人的物化与异化问题阻碍现代化的健康良性发展。同时，在急速的社会转型中未能及时塑造出恰适稳定的现代道德秩序、社会风尚和文明礼仪，而传统的诚信意识和廉耻意识却趋于弱化，拜金主义等本土或外来的社会思潮传播扩散，价值扭曲、信仰消沉、道德溃败、作风堕落等成为人的思维方式、价值观念、行为模式现代化水平提升的现实障碍。此外，时空压缩型现代化滋生复杂的社会心理，封建思想余毒未清形成的反现代意结、自我中心的民族优越意结、崇洋媚外的自卑意结等复杂交织，思想观念现代化依然任重道远。

第三，生活方式现代化存在短板弱项。在中国式现代化进程中，社会经济不断发展、社会结构日益优化、社会主要矛盾发生转变、民生福祉得到切实改善、生活方式日趋健康、人的素质不断提升，这极大促进了人的社会生活方式的现代化。然而，时空压缩中的传统性、现代性、后现代性的“三性交织”，以及现代化、后现代化的“两化叠加”，给人的生活方式现代化造成极大困扰。加之经济发展态势转变、社会风险增加、科学技术异化等问题，人们日常生活风险感与压力感加大，心理健康、精神危机等问题凸显。满足人民日益增长的美好生活需要，亟须夯实感性生活的物质之基，规范德性生活的伦理之维，在人的主体性发展中塑造美好生活图式。

五、系统集成牵引全面深化改革、推进中国式现代化的思考

更加注重系统集成，关键是要增强改革的系统性、整体性、协同性，确保进一步全面深化改革、推进中国式现代化顺利前行。

（一）以系统集成改革加速推进物质现代化的策略

第一，以系统集成改革推动“构建高水平社会主义市场经济体制”①，强化物质现代化的制度保障。其一，坚持“两个毫不动摇”，健全推动各种所有制经济发展的法律法规和方针政策，完善现代企业制度，弘扬企业家精神，促进不同所有制经济各展所长、优势互补、共同发展。其二，以充分发挥超大规模市场优势为导向推进系统集成改革，推动构建全国统一大市场。全面清理、彻底废除妨碍构建全国统一市场和公平竞争的各类不适宜的规定和做法，破除招商引资、公共资源交易等领域的垄断和不正当竞争，系统清除地方化、分割化小市场的生存土壤，完善要素市场制度和规则，改革完善流通体制和能源管理体制，加快培育完整内需体系，完善扩大消费长效机制。其三，以市场机制的有效运行为导向完善市场经济基础制度。优化市场准入制度、产权执法司法保护制度、市场信息披露制度、商业秘密保护制度、社会信用体系和监管制度等市场经济基础制度，着力完善产权制度，发挥产权制度的激励效应。

第二，以系统集成改革健全完善推进高质量发展、优化宏观经济治理、促进城乡融合发展、推进全面创新的体制机制，补强物质现代化的关键要件。其一，立足新发展阶段，贯彻新发展理念，更加注重系统集成，完善推进高质量发展体制机制。加快建设现代化基础设施，因地制宜发展新质生产力，促进实体经济和数字经济深度融合，发展现代服务业，提升产业链、供应链韧性和安全水平，塑造发展新动能新优势。其二，以科学的宏观调控和有效的政府治理为重点健全宏观经济治理体系。增强宏观政策取向的一致性，推进经济治理体系系统集成改革，紧扣财税体制改革、金融体制改革、国家战略规划体系和政策统筹协调机制改革等重点领域，实施区域协调发展战略，系统推进改革发展。特别是要系统深化财税体制改革，健全预算制度和税收制度，以权责清晰、财力协调、区域均衡为原则，优化中央和地方的财政关系。

---

① 《中共中央关于进一步全面深化改革 推进中国式现代化的决定》，第 6 页。

在宏观经济治理体系系统集成改革中一体推进地方债务风险、房地产风险、系统性金融风险等问题的有效解决，将社会主义市场经济体制优势更好转化为经济治理效能。其三，以打破城乡二元结构桎梏、推进城乡一体化为目标完善城乡融合发展体制机制。推动城乡要素平等交换、双向流动，以规划融合、建设融合、治理融合全面提升城乡融合发展水平，促进城乡物质现代化内涵式发展。其四，“构建支持全面创新体制机制”。① 加强自主创新，突破西方“卡脖子”技术，实现从创新型国家行列进入创新型国家前列的转变，统筹推进和全面深化教育综合改革、科技体制改革、人才发展体制机制改革，推动传统举国体制向适应新科技革命趋势、契合创新型强国要求的新型举国体制转型发展，强化现代化发展的人才、科技、教育等基础性、战略性支撑，切实提升国家创新体系的整体效能。

第三，以系统集成改革推动完善高水平对外开放体制机制，优化物质现代化的外部生态。坚持前瞻性思考、全局性谋划、战略性布局、整体性推进，形成与国内全国统一大市场相适配的制度型高水平对外开放格局，全面深化外贸体制改革，提高外商投资和对外投资管理水平，推进高质量共建“一带一路”，优化区域开放布局，建设更高水平开放型经济新体制，畅通外部经济循环，加速构建以国内大循环为主体、国内国际双循环相互促进的新发展格局。需要强调的是，新发展格局中突出国内大循环的主体作用，并非轻视国际市场的作用，而是旨在因应世界百年未有之大变局下的全球化逆流和国际市场环境恶化带来的破坏性变化，减轻外循环可能造成的消极影响。

（二）以系统集成改革高效推进制度现代化的进路

第一，以系统集成改革健全完善党的领导制度体系，坚持和完善党的领导，确保制度现代化沿着正确的政治方向前进。党的二十届三中全会指出，要“提高党对进一步全面深化改革、推进中国式现代化的领导水平”②，把党的领导贯穿改革全过程各方面，加强党对改革的全面领导。推进党的领导制度体系在结构层次、内容措施、执行方案等方面创新优化，以钉钉子精神抓好改革方案的落实，在降低制度成本、提高制度收益中持续促进根本领导制度效能的帕累托改进。同时，在党的领导下推进制度系统集成改革，把全过程人民民主重大理念落实到全面深化改革之中，“完善民生民主的深化发展机制”，③ 走好新时代群众路线，实现人民群众改革期盼、意见、智慧与经验的系统集成，健全优化改革议题商定机制、重点改革方案生成机制、重大决策部署落实机制、改革激励和舆论引导机制、改革纠偏机制、改革创新机制，推进各项制度建设与制度改革的系统集成，切实推进制度现代化。

第二，以系统集成改革完善和发展中国特色社会主义根本制度、基本制度、重要制度，夯实制度现代化的“四梁八柱”。科学把握制度建设规律，发挥“制度建设对于全面深化改革

① 《中共中央关于进一步全面深化改革 推进中国式现代化的决定》，第13页。
② 《中共中央关于进一步全面深化改革 推进中国式现代化的决定》，第43页。
③ 张明军、李天云:《中国民生民主的价值及其优化逻辑》,《理论探讨》2024年第2期。

的挈领功能”[①]，在系统集成改革中坚持和完善党的领导根本制度、人民民主专政根本制度、人民代表大会根本制度、马克思主义在意识形态领域指导地位根本制度、党对人民军队的绝对领导根本制度，并优化、完善、健全其次级制度机制，更好发挥根本制度顶层决定、全域覆盖、全局指导的优势与功用；坚持和完善社会主义基本经济制度、中国共产党领导的多党合作和政治协商基本政治制度、民族区域自治基本政治制度、基层群众自治基本政治制度，并不断丰富、创新、改进其次级制度机制，更好发挥基本制度结构稳定、承上启下、动态调适等优势与功能；发展和完善中国特色社会主义法治重要制度、政府治理重要制度、文化重要制度、统筹城乡的民生保障重要制度、共建共治共享社会治理重要制度，并不断拓展、创新、调适其次级制度机制，更好发挥重要制度情境依托、调适灵活、易于创新等优势与功效。在顶层设计与总体谋划中破立并举、先立后破，持续强固制度现代化的基底。

（三）以系统集成改革稳步推进人的现代化的方案

第一，以系统集成改革推进党的先进性纯洁性建设，发挥党引领推动人的现代化的显著优势。在全面深化改革中要坚持“更加注重系统集成”的指导思想，完善管党治党责任制度，一体推进不敢腐、不能腐、不想腐，健全党和国家监督体系，完善党的自我革命制度规范体系，推动党的自我革命向制度化、高效能方向前进，在系统推进党的自我净化、自我完善、自我革新、自我提高中，全面巩固和增进党的政党属性优势、政党使命优势、政党权威优势、政党文化优势和党建格局优势，提升以党的自我革命引领社会革命的自觉性、自主性，[②]形成以党的先进性纯洁性建设引领和推动人的现代化发展新格局，促进人的现代化。锚定人的现代化目标任务推进系统集成改革，要加强党对人的现代化各领域各方面的前瞻性思考、全局性谋划、战略性布局、整体性推进，使“人”的现代化与“物”的现代化平衡发展。有效激活和运用党的道路定位优势、理论引导优势、制度支撑优势、价值牵引优势、政治保障优势，将之转化为促进人的思维方式现代化、价值观念现代化、行为方式现代化、生活方式现代化的发展效能。

第二，以系统集成改革改善人的现代化的发展条件，增强人的现代化的人民性底色。其一，以系统集成改革优化人的现代化发展的人口条件。中国是人口大国，推进人的现代化是艰巨困难的，也是十分伟大的。要发展和完善各类相关体制机制，如覆盖全人群、全生命周期的人口服务体系，生育支持政策体系，普惠育幼服务体系，流动人口公共服务体系，基本养老服务供给机制，长期护理保险制度等，提高人口发展支持体系和服务体系与人口发展新趋势的适配性，从人口总量、人口素质、人口结构和人口分布等方面，全面改善人的现代化发展的人口条件。其二，以系统集成改革优化人的现代化发展的民生条件。健全和完善有利于更充分更高质量就业的促进机制、服务全民终身学习的教育体系、覆盖全民的社会保障体系和

---

① 王浦劬：《以制度建设为主线挈领进一步全面深化改革》，《政治学研究》2024 年第 4 期。
② 张明军：《中国共产党执政规律的辨识维度与遵循逻辑》，《政治学研究》2022 年第 4 期。

提高人民健康水平的制度，在发展中保障和改善民生，从“民生七有”逐渐迈向“民生七优”，在增进民生福祉中促进人的现代化和全面发展。其三，以系统集成改革优化人的现代化发展的生态条件。绿色健康是生活方式现代化的基本要求。在全面深化改革中要更加注重系统集成，健全和完善严格的生态环境保护制度、资源高效利用制度、生态保护和修复制度、生态环境保护责任制度等生态文明建设制度，系统推进生态文明基础体制、生态环境治理体系、绿色低碳发展机制的改革优化，夯实人与自然和谐共生的生态基础。

（责任编辑　代立梅）

A Systemic and Integrative Approach to Further Deepening Reform in All Respects

Zhang Mingjun　Li Tianyun

(Shanghai Jiao Tong University, Shanghai 200240, China)

Abstract: System integration is a guideline for further deepening reform comprehensively and an important method for advancing Chinese modernization. Chinese modernization lays stress on the integration and coordinated development of material modernization, system modernization and the modernization of human beings, and features systematic integration ever prominently in the reform, showing a trend of system integration. At the same time, it also faces some outstanding contradictions and practical challenges. To deal with these contradictions and challenges, the overall role of the Party's leadership must be given full play through running the Party's leadership in all respects and the whole process of further deepening reform comprehensively, that is, focusing on objectives and tasks of material modernization, system modernization and human modernization, so as to make reform more systematic, holistic and coordinated, and ensure that further deepening of reform comprehensively will move steadily along the direction of system integration and improve its quality and efficiency.

Key Words: System Integration; Comprehensively Deepening Reform; Chinese Modernization; Material Modernization; System Modernization; Human Modernization

新时代中国特色社会主义民主建设与协商民主

严 强[1] 胡 玥[1] 胡宁生[2]
（1. 南京大学，南京 210093；2. 南京审计大学，南京 211815）

摘 要：民主是一个不断发展演化的过程，具有多种模式与机制。历史表明，适应历史发展大势、确保民主价值彰显、制度日益完备和机制优化顺畅的民主模式，将占据民主制度与文化的制高点。民主机制是基于不同文化传统和历史环境而生成的民主运行方式，它是将民主模式与民主实效联结起来的桥梁。民主机制经历了从直接民主向间接民主的转变，而一种新的、更强大而富有生命力的机制即协商民主机制正在成长，促使间接民主机制向协商民主机制转变。新时代以来，党领导人民不断提升民主实践的创新能力，形成了中国特色的协商民主。它既是党领导人民当家作主的必然要求，也是建设全过程人民民主的重要路径。

关键词：民主模式；民主机制；全过程人民民主；协商民主

中图分类号：D621 **文献标识码：**A **文章编号：**2097-1249（2024）06-0053-13

习近平在党的二十大上明确指出："人民民主是社会主义的生命"，"发展全过程人民民主，保障人民当家作主。"① 具有鲜明特色的中国民主模式，是党和人民共同探索、共同创造的成果。2017 年 3 月，习近平在十二届全国人大五次会议上提出，"要发挥社会各方面作用，激发全社会活力，群众的事同群众多商量，大家的事人人参与"。②2019 年 11 月，习近平在上海市长宁区虹桥街道古北市民中心考察时，要求干部主动问政于民、问需于民、问计于民，"我们走的是一条中国特色社会主义政治发展道路，人民民主是一种全过程的民主，所有的重大立法决策都是依照程序、经过民主酝酿，通过科学决策、民主决策产生的。"③ 推进新时代人民民主不断发展，是历史赋予我们的使命和任务。

作者简介：严强，南京大学政府管理学院教授、澳门科技大学特聘教授；胡玥，南京大学政府管理学院博士研究生、南京大学中国社会科学研究评价中心副研究馆员；胡宁生，南京审计大学教授、澳门科技大学兼职教授。

① 习近平：《高举中国特色社会主义伟大旗帜 为全面建设社会主义现代化国家而团结奋斗——在中国共产党第二十次全国代表大会上的报告》，北京：人民出版社 2022 年版，第 22 页。
② 《习近平关于社会主义社会建设论述摘编》，北京：中央文献出版社 2017 年版，第 137 页。
③ 《习近平关于尊重和保障人权论述摘编》，北京：中央文献出版社 2021 年版，第 25 页。

一、政治民主的概念与中国特色社会主义政治民主的发展

（一）政治民主是人类的共同价值

马克思指出："工人革命的第一步就是使无产阶级上升为统治阶级，争得民主。"① 社会主义实现了无产阶级的统治，其民主属性和建立政治民主的必然性是不证自明的。在西方有关政治民主的叙事中，长期且广泛地流传着所谓"民主一次性发生"说。这种学说认为，2500年前的古希腊城邦民主是政治民主唯一的源头，近代民主由此发展而来，其他地区和国家的民主都是西方民主传播的结果。与此相关联的是所谓世界民主"一线单传"观，即认为人类的民主传播途径是单一的：发源于古希腊的城邦民主制和民主思想，在古罗马得到部分传承并向共和制发展；到了中世纪，虽然民主衰微，但在威尼斯、马赛等城市还保有民主遗存；近代以来，伴随着西方工业文明的崛起，西方的民主制度和民主思想得到复兴并达到新的高度；其后，西方近代民主又向世界各地扩散，民主扩散到美国，那里就成了全球民主的顶峰。②

对全球民主"一线单传"的说法，美国政治学家罗伯特·达尔（Robert Alan Dahl）曾提出疑问。他在《论民主》一书中提出了多元主义民主理论，指出不管任何时候，只要存在合适的条件，民主就可以被独立地发明和重新发展出来。③

民主是全人类不懈追求的政治价值和制度，不是某个国家、某个民族、某种文明的专利，每个国家、每个民族、每种文明，都有发展自身各具特色的政治民主的权利。历史上，不同民族、国家和文明在不同时期的国家政治生活中，曾经提出诸如民众参与、人民当家作主、协商、民主集中、公平、共享等主张和原则。这些主张和原则有机结合起来，就构成了人类共同的政治民主价值体系。作为人类共同价值的民主，必然是一个包含多种要素的体系，其中最有意义的要素之一就是人民主权。马克思、恩格斯曾指出："民主是什么呢？它必须具备一定的意义，否则它就不能存在。"④ 因此，全部问题在于确定民主的真正意义。

西方国家往往从程序上定义民主，认为民主就是通过竞争性选举来赢取选票，选举是民主的本质。⑤ 这一判断标准是偏颇的。协商、合作、共享、议行合一、民主集中等民主特质，被西方民主叙事刻意忽略和排斥。作为全人类共同精神和实践财富的民主，其价值是丰富、多元的。如果只突出对某种民主模式和形态有利的价值取向，而将适用于其他民主模式和形态的价值取向屏蔽，本属于全人类共同价值的民主将会变得黯然失色。

---

① 《马克思恩格斯选集》第1卷，北京：人民出版社2012年版，第421页。
② 参见冯天瑜、聂长顺：《三十个关键词的文化史》，北京：中国社会科学出版社2021年版。
③ ［美］罗伯特·A. 达尔：《论民主》，李风华译，北京：中国人民大学出版社2012年版，第150—155页。
④ 《马克思恩格斯全集》第10卷，北京：人民出版社1998年版，第315页。
⑤ 约瑟夫·熊彼特（Joseph Alois Schumpeter）认为，古典民主首先在于人民决定政治议题，其次在于选举代表以贯彻其意志。熊彼特把这两个要素颠倒过来，把选民决定政治问题放在第二位，把选举作出政治决定的人作为最初目标，从竞争政治领导权的角度提出一个新的民主概念：民主是一种用于作出政治决定的制度安排，它要求政客通过争取人民选票来获取权力。参见［美］约瑟夫·熊彼特：《资本主义、社会主义与民主》，吴良健译，北京：商务印书馆1999年版，第395—396页。

（二）民主的多模式与多机制

在民主建构和发展问题上，西方通常将其民主模式、机制和实际操作方式看作是规范和检验其他国家、民族和文明的标准。实际上，民主并不是一种定制的产品，全世界的民主并非都适合一个模式。不同国家、不同民族、不同文明的民主的建构与发展通常与其地理空间、社会形态、文化习俗、历史演变相关。试图“用单一的标尺衡量世界丰富多彩的政治制度，用单调的眼光审视人类五彩缤纷的政治文明，本身就是不民主的”。①

在意识形态传播领域，西方世界垄断了解释民主的话语体系。政治制度、民主模式的好坏，似乎都要以西方为标准，西式民主所宣扬的制度、机制、价值被奉为圭臬。然而，这套关于民主建构和发展的叙事是单方面的，忽视了不同国家民主建构和发展的不同模式、机制和版本的生动叙事。因此，要准确认识和把握民主的共同性和多样性，就需要对全球政治民主的模式、形态和版本进行客观的比较研究。

（三）民主是一个不断演化的过程

人类的民主建构和发展经历了曲折的过程。古希腊历史学家希罗多德在《历史》一书中就使用了民主这一概念。但是，由于受到政治、经济、文化等发展条件和发展程度的限制，直到19世纪，民主才在一些国家从观念向制度、从理念向实践转化。西方民主虽有2500年的历史，但长期受到冷遇，直到近代，才时来运转，被当作“好东西”。②

到了近现代，民主的演化也不是直线式的，而是波浪形的。亨廷顿提出了民主发展的三次浪潮：第一次被称为长波，始于美国革命和法国大革命，从1828年延续到1926年；第二次被称为短波，始于第二次世界大战，从1943年延续到1962年；第三次始于1974年葡萄牙“康乃馨革命”，从1974年延续到20世纪末。③ 当第三波民主化潮流在20世纪末接近尾声时，学者拉里·戴蒙德（Larry Diamond）等预测，第四波民主化的潮流将在中东、北非等地区发生。

西方民主本身存在着特定的缺陷。近年来，人们对西方民主的认识不断加深，对其内在缺陷的认识也在不断深化。

在中国，鸦片战争后，许多仁人志士看到西方列强船坚炮利，越洋考察，上下求索，试图效仿西方以振兴中华。但历史证明，照搬照抄式的全盘西化，不可能使中华民族独立富强。

回顾新中国成立以来特别是近几十年来中国社会变革的历程，就会发现，新时代中国特色社会主义民主是在中国现代化事业发展的基础上，在推进中华民族伟大复兴发展的新的历史起点上生成和完善的。因此，讨论中国特色社会主义民主的发展过程，必须在特定时代背景下进行。

新中国成立后，中国走上了社会主义发展道路，人民当家作主从梦想变为现实。在社会主

① 《习近平谈治国理政》第4卷，北京：外文出版社2022年版，第259页。
② 王绍光：《民主四讲》，北京：生活·读书·新知三联书店2018年版，“前言”第1页。
③ 参见［美］塞缪尔·P. 亨廷顿：《第三波：20世纪后期的民主化浪潮》，欧阳景根译，北京：中国人民大学出版社1991年版。

义革命和建设时期，党领导人民建立和巩固国家政权，对生产资料进行社会主义改造，制定颁布了新中国第一部宪法，确立了人民代表大会制度、中国共产党领导的多党合作和政治协商制度、民族区域自治制度，人民当家作主的政治架构、经济基础、法律原则、制度框架基本确立并不断发展，中国的民主大厦巍然耸立起来。

20世纪70年代末80年代初，党和国家经过拨乱反正，确立了以经济建设为中心的基本路线，实行改革开放，逐步开创了中国特色社会主义新局面。到2010年，中国国内生产总值总量超过日本，成为世界第二大经济体。以经济建设为中心的伟大实践，促进了我国综合国力的迅速提升。广大人民群众在解决了温饱问题后，向着全面小康迈进。但同时，贫富分化问题开始出现并且逐步发展，社会矛盾呈现积聚之势，不稳定因素开始显现。在这一阶段，党领导人民坚定不移推进社会主义民主法治建设，坚持中国特色社会主义政治发展道路，坚持党的领导、人民当家作主、依法治国有机统一，积极稳妥推进政治体制改革，巩固和发展人民代表大会制度，进一步完善中国共产党领导的多党合作和政治协商制度、民族区域自治制度、基层群众自治制度等基本政治制度，民主发展的政治制度保障和社会物质基础更加坚实。

党的十八大以来，中国特色社会主义进入新时代。党和国家敏锐地认识到，社会主要矛盾发生了变化，解决社会公平问题已成为社会发展和深入改革开放的主要议题，由此提出要促进人与人、人与社会、人与自然的协调和谐，消除社会不公平、保障社会正义。以习近平同志为核心的党中央，立足新的历史方位，深刻把握中国社会主要矛盾发生的新变化，积极回应人民对民主的新要求新期盼，充分吸取古今中外治乱兴衰的经验教训，全面总结中国社会主义民主建设取得的显著成就，团结带领人民发展全过程人民民主，中国的民主发展进入历史新时期。在新时代建设人民民主是一个重大命题。面对这一命题，以习近平同志为核心的党中央通过深入的理论思考和实践探索，作出了历史的回答："人民当家作主是社会主义民主政治的本质和核心。人民民主是社会主义的生命。没有民主就没有社会主义，就没有社会主义的现代化，就没有中华民族伟大复兴。""要扩大人民民主，健全民主制度，丰富民主形式，拓宽民主渠道，从各层次各领域扩大公民有序政治参与，发展更加广泛、更加充分、更加健全的人民民主。"①

这种新型的政治民主就是植根于本国的历史文化传统，成长于本国人民的实践探索和智慧创造之中的、实现了过程民主和成果民主、程序民主和实质民主、直接民主和间接民主、人民民主和国家意志相统一，是全链条、全方位、全覆盖的民主；是最广泛、最真实、最管用的与中国式现代化发展相适应的全过程人民民主。

① 习近平：《在庆祝全国人民代表大会成立60周年大会上的讲话》，北京：人民出版社2014年版，第7页。

二、民主模式的功能与民主政治的维度

（一）民主模式的功能

民主模式，就是对特定国家的民主体系、本质特征、机制效能、生成演化的描述。民主模式具有以下功能：首先，构造国家整体形象。在社会实践中，建构和运行的民主政治是分散、零碎和动态的，而民主模式则致力于从本质特征、过程运行、生成演化来揭示一国民主政治的完整框架，从而形成鲜明完整的形象。其次，验证和评判民主状况。现实民主政治传递的信息大多是即时的、变动的，甚至是含糊和不确定的。民主模式由于集中关注一国民主的内在本质、总体特征及其效能，使人们对特定国家民主的情况加以验证并作出准确评价。最后，前瞻和预测政治发展。现实民主展示的通常只是既成的、即时的状态和模样，而民主模式特别强调一国政治民主的生成及演变，有助于人们对某个国家政治的变化加以推断与预测，能够为估算各种不同局面的概率提供基本依据，研究者也可以据此建立其假说。①

（二）民主政治的分析维度

首先，民主过程中人民与国家治理根本利益获得者一致的程度。如果宣称人民主权，而国家的服务对象和最终获益的主体不是人民，而是大大小小的资本家，那么，人民并不是民主的目的，只是工具，这样的国家实际上是“资本主权”，实行的是“资本民主”。而只有拥有主权的人民与国家根本利益的获得者高度一致时，这个国家的民主才是真正的人民民主。

其次，人民主权在不同领域、层次、方面、环节的体现程度。如果一个国家只将民主局限在用选票决出民众代言人和国家工作人员，而且这种票决是通过交易等方式实现的，那么，这种所谓的民主就很难进入社会生活的其他领域，也无法进入公共政策所有环节，因而是狭隘和不全面的民主。相反，如果民主是通过维护和增进公共领域的共同利益展开的，是基于尊重每个个体的诉求，通过平等协商形成共识而实现的，而且这种民主体现在社会生活和国家治理的所有领域、层级、方面和环节，那么，这就是全过程的人民民主。

再次，民主的制度规范转变为民主实务操作的程度。如果一个国家的民主制度只是停留在宪法和法律条文上，不能转变为现实的操作规范，或者缺乏实现人民主权的一系列机制，这个国家的民主就只是形式民主。相反，一国的民主在坚持根本制度、基本制度和重要制度的前提下，既注重遵循各种议事、办事的程序，如选举程序、决策程序、监督程序、问责程序，坚持程序民主，更注重制定、设计和运用配套的具体制度和机制，并且具有评估政治民主成效的标准，有评估后的纠错、整改机制，那么，这种民主就是有效和真实的民主。

最后，民主价值原则的完善和得到坚守的程度。如果一个国家的政治民主将公共生活的原则和制度建立在“个人自由”的基础上，就潜藏着先天不足。这种先天不足或早或晚会导致民

---

① 别红暄：《政治沟通分析：背景、框架与评价》，《社会科学论坛》2010 年第 23 期。

主的制度和原则为政治素人和无良政客所滥用。虽然这种国家的民主还能苟活，但终究是过渡性的，最终必然被更高级的、更有生命力的民主所取代。

三、民主机制的转变

民主的建构和发展，需要解决民主的价值确立、制度安排和实务实效之间的衔接和转化问题。历史证明，再好的民主模式，如果没有适当的运转方式，也只是摆设。能够将民主模式与民主实务实效联结起来的桥梁，就是民主机制。

民主机制，指的是基于不同文化和独特历史环境、民族传统而生成的各具特色的民主运行方式。目前，关于民主机制的研究大多区分为直接民主制和间接民主制，甚至认为从直接民主制到间接民主制，标志着人类民主的发展。这种对民主机制的认知以及对民主实务的窄化，造成了恶性循环：西方民主运行的内容和实务变得日益单调和狭窄，民主内容和实务逐渐萎缩为选举，而选举最终又表现为几年一度的大选；由于少数政客将民主日益引向选举，民众也日益习惯于此，民主机制的理念越来越淡薄乃至消失。

古希腊城邦在议定和实施某些公共事务时，曾流行过直接民主。罗伯特·达尔指出，即便是在被称为平民民主参与典范的雅典城邦，有权参与普尼克斯山公民大会的三四万人中，相当多的平民是无政治热情的个体。因为公民大会的席位只设了 18000 个，有些议题的法定参加人数只限定 6000 人。据记载，为了强制这些无政治热情的个体参加全体公民会议，警察有时甚至用浸过油漆的长绳子将公民赶向普尼克斯山。达尔由此得出结论，在通行直接民主制的民主社会，也存在相当多的政治冷漠者。①

时至今日，在有些国家公共事务的议事过程中，仍然采用直接民主，如某些欧洲国家在国家内部有关重大公共政治事件的裁决、国家联盟体与其成员之间有关重大事件的决策上，都使用某种全民公决的方式。因此，很难说代议制民主是人类政治文明进步的唯一标识。

如果我们以全球视野和多源流观念去考察民主的运转与实现方式，就会发现，在票决民主之外，还有协商民主这一新的政治民主机制。这是在人类政治民主建构和发展的历史演变中，作为民主运转和实现的基本方式的民主机制可能经历的第二次大的转变。

第一次发生在 18—19 世纪之交欧洲新兴资产阶级建立和控制议会的过程中。政治民主机制的转变是由两大因素促成的。一是直接民主制的局限性。直接民主不适合广土众民的国家，因为需要庞大的政治、经济及社会资源来支撑大规模的决策程序。直接民主制之所以首先在古希腊雅典城邦流行，是因为这些城邦规模小，有资格参与公共议事的人数少，一年四季气候温和，适合定期聚众议事。加上当时的城邦还不是现代意义上的国家，至多是国家的雏形，国家

---

① ［美］罗伯特·A. 达尔：《论民主》，第 155—160 页。

治理并不复杂，需要采取直接民主议事决策的事项不多，管理这些事项也不需要特别高深和精专的知识。[①] 现代国家产生后，直接民主运转的条件便不再具备。“既然在面积和人口超过一个小市镇的社会里除公共事务的某些极次要的部分外所有的人亲自参加公共事务是不可能的，从而就可得出结论说，一个完善政府的理想类型一定是代议制政府了。”[②] 另一个因素是日益复杂的国家治理需要具有专业知识和才能的政治精英。约翰·密尔（John Stuart Mill）认为，民主固然需要大众参与，但为了增进“民主参与”的品质，政治参与应当交由专家来决定。[③] 这种由“全体人民或一大部分人民通过他们定期选出的代表行使最后的控制权”的政府，就是代议制政府。在密尔看来，这种借助间接民主机制产生的政府，是“主权或作为最后手段的最高支配权力属于社会整个集体的那种政府”，公民不仅对最终的主权行使发言权，而且，至少是有时，被要求实际参加政府，亲自担任某种地方的或一般的公共职务。[④]

间接民主制虽然能克服直接民主制的弊端，但也潜藏着难以克服的内在矛盾：“第一，议会中的普遍无知和无能，或者说得温和一点，智力条件不充分；第二，有受到和社会普遍福利不同的利益影响的危险。”[⑤] 事实上，代议制民主只是一种实用机制，它注定会被更好的民主机制取代。一种新的、更强大而富有生命力的机制——协商民主机制正在渐渐成长，这也许是人类社会民主的第二次大转变，即从间接民主即代议民主机制向协商民主机制转变。

一些西方学者认为，协商民主只是一种潜能巨大的民主治理形式，作为民主理论的转向，只是协商理念的复兴，而不是创新。[⑥] 实际上，协商民主是对西方民主模式的反抗，在中国民主的建构和发展中逐渐成熟，已经成为政治民主演化的第三种形态。

四、建构中国民主政治的路径

西方民主虽然有特定的制度安排，但是，由于其片面地将民主归结为选举民主，[⑦] 除了为竞争性选举设计了详细繁琐的程序和机制外，缺乏对民主其他方面的具体制度和机制的安排，加上西方民主在竞争性、对抗性的政党制度下运行，过度的交易性、否定性致使西方民主在实施过程中存在很多弊端。首先，政党之间的自由竞争演化为政党恶斗，甚至严重威胁政治的稳定性。如在竞选中公开诋毁、中伤对方，甚至不惜捏造事实、伪造罪名。其次，政策制定过程中存在交易性。公共政策往往成为经济寡头、政治精英以及其他有影响力的利益集团之间相互博弈的产物。在博弈过程中，经济寡头、利益集团与政府权势阶层之间的寻租腐败、权钱交

---

① 韩水法：《直接民主与间接民主》，《天津社会科学》2011 年第 2 期。
② ［英］J. S. 密尔：《代议制政府》，汪瑄译，北京：商务印书馆 1982 年版，第 55 页。
③ 王蒙蒙、刘添才：《论约翰·密尔的代议制民主观及其当代启示》，《湖南省社会主义学院学报》2016 年第 3 期。
④ ［英］J. S. 密尔：《代议制政府》，第 43、68 页。
⑤ ［英］J. S. 密尔：《代议制政府》，第 85 页。
⑥ 陈家刚：《协商民主：概念、要素与价值》，《中共天津市委党校学报》2005 年第 3 期。
⑦ 张飞岸：《论民主的“去社会主义化”——熊彼特“民主”概念的意识形态立场和功能解析》，《政治学研究》2011 年第 5 期。

易和暗箱操作伴随着政策制定过程。最后，以竞争为核心的民主机制在带来社会发展动力的同时，也会严重掣肘公共事务决策。不同意见之间的“争”还往往变成“斗”，严重时甚至导致社会撕裂，以至在选举后也不能弥合。这些都表明，西方民主制度在实践中存在着深刻危机。①

中国共产党自成立之日起就高举起人民民主的旗帜。新民主主义革命的成功和中华人民共和国的建立都证明，党领导的革命根据地政权和新中国的人民政权保证和支持人民当家作主。从本质上讲，这是一种与代表地主和资本家利益的虚假民主相区别的真实民主。当然，这种真实的民主必须找到有效的实现方式，使人民当家作主的渠道不断拓宽、效能不断提高，让人民民主全过程、全方位运转，让社会主义民主的优越性更加充分地发挥出来，这是社会主义中国民主政治建设长期面临的课题。

发展中国特色社会主义民主，可以从两个方面着手：一是完善中国特色社会主义民主模式，二是发展中国特色社会主义民主机制。这两方面是有机统一的。新型的民主模式要求新型的民主机制，而新型的民主机制只有在新型的民主模式下才能充分发挥作用。

（一）坚持党的领导、依法治国和人民当家作主的有机统一

发展中国特色社会主义民主，关键是坚持党的领导、人民当家作主和依法治国的有机统一。党的领导是人民当家作主和依法治国的根本保证，人民当家作主是社会主义民主的本质和核心，依法治国是党领导人民治理国家的基本方式。

中国民主政治的建设与强有力的政党领导密不可分，党是最高政治领导力量。中国共产党的领导是中国特色社会主义最本质的特征，是中国特色社会主义制度最大的优势，是中国特色社会主义民主政治建设的政治前提。要坚持并实现人民主权原则，需要新型政党制度，这就是中国共产党领导的多党合作与政治协商制度。作为执政党，中国共产党始终坚持以人民为中心，全心全意为人民服务，并以党内民主引领社会民主，引领国家民主的建设和发展。因此，在中国，人民主权是党领导下的人民主权，人民民主是党领导下的人民民主。

要坚持人民当家作主，必须贯彻全面依法治国的战略。人民主权，意味着人民既是自己的主人，又是国家的主人。宪法和法律保障人民当家作主，保证人民在党的领导下通过各种途径和形式依法管理国家各项事务。同时，民众在当家作主时，必须依法行使民主权利，其言论和行为不能妨碍和损害别人利益，更不能妨碍和损害国家利益。这种言论和行为的正当性和合理性，只能由体现人民意志的法律来规定。因此，在中国民主政治建设过程中，人民主权是良法善治下的人民主权，人民民主是良法善治下的人民民主。

（二）推进中国特色社会主义民主政治建设

早在抗日战争胜利前夕，面对黄炎培提出的“历史周期率”问题，毛泽东就郑重地回答：“我们已经找到新路，我们能跳出这周期率。这条新路，就是民主。只有让人民来监督政府，

① 吕普生:《西方交易民主反思：民主异化与当代危机》,《社会科学研究》2017年第4期。

政府才不敢松懈。只有人人起来负责，才不会人亡政息。”[①] 在中国共产党成立 28 周年之际，毛泽东发表《论人民民主专政》一文，对人民民主专政的性质、意义、任务、领导力量、依靠力量和团结力量进行了系统论述，在中华人民共和国成立前夕对我国社会主义民主建设提出了战略性规划和前瞻性设想。[②] 这些都为党在现代国家治理中的新型政治民主建构和发展奠定了坚实的理论基础。改革开放以来，党清醒地认识到，走向现代化，必须进一步建设和发展政治民主。1979 年 3 月，邓小平在党的理论工作务虚会上的讲话中指出：“没有民主就没有社会主义，就没有社会主义的现代化。当然，民主化和现代化一样，也要一步一步地前进。社会主义愈发展，民主也愈发展。这是确定无疑的。”[③] 中国特色社会主义民主的建设和发展并非轻而易举，而是一项需要许多代人持续努力才能结出硕果的伟大工程。中国特色社会主义民主的价值体系、制度载体、机制程序已经形成。但是，在全面建设社会主义现代化国家的实践中，人民民主还需要进一步深化发展。

第一，最大程度地贯彻以人民为中心的原则。只有坚持以人民为中心，全心全意为人民服务，社会发展的成果为人民所共享，人民当家作主才是真实的，这样的民主才是真正的人民民主。

第二，建设对人民负责的责任型政府。建设全心全意为人民服务的服务型政府，对确保人民主权至关重要。在现代国家治理中，执政党的执政理念和宗旨是通过政府的活动体现的。只有全面深化政府职能改革，坚定不移地建设责任型政府、服务型政府，才能确保党的意志、国家利益与人民主权高度一致。

第三，人民主权体现在治国理政的所有领域、层次、方面和环节。在现代社会，一国政治已成为高度组织的公共生活系统，要建设和发展人民民主，需要从以下三个方面着手：一是人民主权要体现在社会生活的各领域。人民主权只有体现为经济民主、社会民主、文化民主和生态民主，政治民主才能获得其他领域民主的支撑、支持而获得成长和发展。二是人民主权要体现在国家治理的各层级和各方面。为了国家治理有序有效，需要依据国情、历史和现实，将国家治理区分为中央、地方和基层若干层级。在每个层级，治理又分成行政、立法、司法、监察等方面。要实现人民民主，就需要在不同层级上贯彻人民主权的原则和观念，形成统一协调的民主政治。与此同时，人民主权的原则和观念还应该体现在每个层级的不同方面，形成行政民主、立法民主、司法民主、监察民主等。三是要将人民主权的原则和观念贯彻到国家治理的所有环节。国家治理是通过具体的公共事务管理来实现的。每一项公共事务管理都有相互联系、相互作用的环节。要保证在公共事务管理中体现人民民主，就需要在每个环节遵循人民主权原则。

第四，政治民主的制度安排能够顺畅地指导和推进民主实务操作的机制和方法，形成可检验的实效。人民民主的效用性，在于将政治民主转化为名副其实的“制度之治”。为此，要

---

① 《毛泽东年谱（1893—1949）（修订本）》（中），北京：中央文献出版社 2013 年版，第 611 页。
② 《毛泽东选集》第 4 卷，北京：人民出版社 1991 年版，第 1468—1481 页。
③ 《邓小平文选》第 2 卷，北京：人民出版社 1994 年版，第 168 页。

加强制度建设，充分发挥制度的优势：一是完善和发展民主政治制度。人民代表大会制度是实现人民民主的根本政治制度，要充分保证人民依法行使选举权利，充分保证人民的知情权、参与权、表达权、监督权，通过民主选举产生的人大代表的要求能够体现在人大工作各方面各环节，并贯穿全过程；要充分保证党和国家在决策、执行、监督等各个环节上听到来自人民的声音。进一步建设和完善中国共产党领导的多党合作和政治协商制度、民族区域自治制度和基层群众自治制度，使之在政治民主的实践中不断发展。二是注重制度应用的有效性和程序性，努力把形式的、程序的成效与内容的、实质的成效结合起来，建设真实可行、完整有效的人民民主。三是把制度规定与制度运行机制相关联，制定验证民主运行绩效的考评制度。评判一个国家的政治生活的民主程度，主要评判和考核的指标及维度应当包括以下方面：国家领导层能否依法有序更替，全体人民能否依法管理国家和社会事务、管理经济和文化事业，人民群众能否畅通表达利益要求，社会各方面能否有效参与国家政治生活，国家决策能否实现科学化、民主化，各方面人才能否通过公平竞争进入国家领导和管理体系，执政党能否依照宪法法律规定实现对国家事务的领导，权力运用能否得到有效制约和监督。

第五，民主价值原则得到坚守，人民民主制度在坚持和发展中不断完善。中国新型民主的基础是马克思主义、中华优秀传统文化和中国共产党团结带领人民的政治实践。如果说中华优秀传统文化是底色，党在长期的革命、建设、改革和治理中的民主建设实践是基色，那么，党对现代新型政治民主的探索，就是在底色基色基础上形成的特色。

五、社会主义协商民主的制度化与法治化

新中国成立后，中国共产党第一代领导集体在治国理政中贯彻有事好商量的原则。1956年12月，毛泽东在同工商界人士谈话中就形象地说："我们政府的性格，你们也都摸熟了，是跟人民商量办事的"，① "可以叫它是个商量政府"。② 新时代以来，协商制政治民主机制日臻完善。商以求同，协以成事。习近平指出："在中国社会主义制度下，有事好商量、众人的事情由众人商量，找到全社会意愿和要求的最大公约数，是人民民主的真谛。""我们坚持有事多商量，遇事多商量，做事多商量，商量得越多越深入越好，就是要通过商量出办法、出共识、出感情、出团结。" ③

协商民主体现在国家治理的多个方面。从政党协商、人大协商、政府协商、政协协商、人民团体协商、基层协商到社会组织协商，形成了程序合理、环节完整的民主机制，并且与全过程人民民主相配套。协商民主可以通过完善机制和形成制度发挥作用。在国家治理中，"完

① 《毛泽东文集》第7卷，北京：人民出版社1999年版，第178页。
② 《毛泽东文集》第7卷，第178页。
③ 《习近平关于社会主义政治建设论述摘编》，北京：中央文献出版社2017年版，第73、65页。

善协商于决策之前和决策实施之中的落实机制，丰富有事好商量、众人的事情由众人商量的制度化实践”。[①]

协商民主是由一系列要素构成的行动体系。第一个要素也是核心要素是商谈。商谈不仅是谈话，更重要的是平等的参与者之间诚恳的沟通、建设性交流。依据程序规范，参与者认真倾听、响应，或批评或接纳他人的观点，最终将个别偏好转化为共识。第二个要素是协商的参与者。作为全过程人民民主的协商参与者，是自愿的、具体的、现实的、合法的、理性的个体和群体。其中包括多元利益格局、多元文化格局中的个体、群体，还有国家治理中作为公共权力和权威机构的政党组织和政府部门。第三个要素是偏好，即协商参与者基于自身利益和诉求对国家治理的目标对象的倾向性和选择性。协商参与者的偏好是变化的，他们在协商中会根据环境的限制和他人利益偏好和诉求来调整自己的利益偏好和诉求。

在协商民主体系中，公共利益是权衡准绳。它是指与协商参与者的利益相关、相对于具体的公共事务、一定区域、一定层次上的公民的整体和长远利益。协商民主设置的是公共论坛，而不是竞争性市场，保护弱势群体的利益诉求，而不是强者的特权和优先权。

协商的目的是努力运用公共理性来寻求最大限度地满足公民愿望的公共事务治理方案。达成共识是协商民主的主要目标。公众的共识为公共事务治理的合法性提供了基础，共识是协商的结果，共识是就具体的公共事务治理达成的某种一致性。这种一致性并不是所有人认知和选择的完全一致，而是承诺在公共治理中持续的合作和妥协。协商共识不是简单地依靠投票计算结果或形成决定，它远比以多数原则计算选票来得困难，但却具有更多的合法性和合理性。[②]

显然，要建构和运作协商民主，必须具备一定条件。这些条件大体可分为两个方面。一是国家制度方面的条件。协商民主是实践全过程人民民主的重要形式，全面推进协商民主，党和国家需要制定和落实倡导和鼓励公民参与国家治理协商的制度、途径、程序和规范，在全社会有序扩大政治参与和政治协商。同时，需要展开多种形式和渠道的协商的权利与义务、方法和技巧的教育和培训，让普通公民成为民主协商的专家和能手。二是个体和群体行为的条件。除了道德素养，还需要培养公民参与公共事务治理协商的责任心。将自愿积极参与协商视为自己的权利，同时也要意识到是自己的义务。不仅认识到自己有责任在国家治理中提出积极的建议，也要认识到自己有责任阐明相关偏好，有责任在交流中为达成共识而改变这些偏好，还要认识到有责任了解其他协商参与者的偏好，并且接纳或改变其偏好。同时，参与民主协商的个体或群体，还需要养成坚持公共理性的习惯，坚持民主集中的原则。对于协商民主来说，坚持公共理性具有至关重要的意义。代议制民主是以选民的个体理性和对个人利益的追求为前提设置的，协商民主则强调公共理性以及个人利益与公共利益的协调。在比较理想的协商过程

① 《中共中央关于坚持和完善中国特色社会主义制度 推进国家治理体系和治理能力现代化若干重大问题的决定》，北京：人民出版社 2019 年版，第 11—12 页。

② 陈家刚：《协商民主：概念、要素与价值》。

中，人们会逐渐超越个体理性和纯粹私利的考虑，学会用公共理性思维，并以公共理由为依据，为自己的主张辩护，进而达成更具合理性、更符合公共利益的政策共识。

对协商民主而言，坚持民主集中原则具有举足轻重的意义。代议制民主是以分散的意见通过竞争聚合作出决定的，协商民主则是以分散的意见与集中的共识之间的多次往返为原则的。在深思熟虑的商谈、富有建设性的交流中，分散的个人偏好逐步形成集中的共识，在后续的更为深入的商谈和交流中，对照初步的集中共识，又形成新的分散的偏好，再次形成新的集中的共识。如此循环往复，最终产生出更为合理、合法、科学、有效的公共事务治理的良法善策。

中国特色社会主义协商民主与中国特色社会主义民主模式具有内在的有机联系。不过，在实践中，真正让协商民主机制有效运行，还需要更多的理论探索和实践创新。第一，中国特色社会主义民主模式必须与中国特色社会主义协商民主机制相结合。中国特色社会主义民主是全过程人民民主，公共事务的管理应当由民众的共识来决策和实施。这种共识是全社会意愿和要求的最大公约数，它不是简单地来自某些政治精英或治理机构成员的个人独断，不是来自所有人的鼓掌和欢呼，而是通过众人平等公开的对话、沟通、商谈、协议产生的。这种众人的事情由众人共同协商的民主才是人民民主的真谛。第二，作为政治民主机制的协商民主，只有在全过程人民民主的模式下才能发挥作用。政治民主中的协商因素在古希腊的城邦政治中就存在，在近代和现代的西方政治中也存在。这种民主因素在中华文明的传统中具有更加深厚的根基，在当代又被中国共产党创造性转化和创新性发展，并且与全过程人民民主有机结合，最终升华为独特的崭新的民主机制。

六、小结

综上所述，民主并非单一线性发展，相反，在不同国家、不同历史文化下，可以发展出不同的民主。民主既是一种制度，也是一种文化。在全面建设社会主义现代化国家的历史进程中，党团结带领人民不畏艰险、踔厉前行，形成了中国特色的协商民主。它既是党领导人民当家作主的必然要求，也是建设全过程人民民主的重要路径。随着中国式现代化的不断推进，中国的协商民主也会在实践中不断发展，逐步形成中国特色协商民主体系。与此同时，广泛多层制度化发展的协商民主也必将推动中国民主模式获得越来越多的认可，成为中国对于人类民主事业的重要贡献。

（责任编辑　陈霄元）

Democratic Construction and Consultative Democracy under Socialism with Chinese Characteristics in the New Era

Yan Qiang[1] Hu Yue[1] Hu Ningsheng[2]

(1. Nanjing University, Nanjing 210093, China; 2. Nanjing Audit University, Nanjing 211815, China)

Abstract: Democracy is a constantly evolving process with multiple modes and mechanisms. A democratic model that can adapt to the trend of historical development, ensure the manifestation of democratic values, establishment of complete systems, and optimization of mechanisms will gain an edge in democratic systems and culture. The mechanism of democracy is the way democracy operates in different cultural traditions and historical contexts. It is a bridge that connects the mode of democracy with its practical effectiveness. The mechanism of democracy has evolved from direct democracy to indirect democracy, and a newer, stronger, and more vibrant mechanism, namely consultative democracy, is growing and facilitating a shift from indirect democracy to consultative democracy. Since the beginning of the new era, the Party has led Chinese people to continuously improve their capacity for innovation in democratic practice, resulting in consultative democracy with Chinese characteristics. It is both an inevitable requirement for the Party to lead the people to be masters of their own affairs and an important path for building a whole-process people's democracy.

Key Words: Democratic Mode; Democratic Mechanism; Whole-Process People's Democracy; Consultative Democracy

政策分析视角下的共同富裕研究

雷 明[1] 罗 瑞[2] 郭文强[1]
(1. 新疆财经大学，乌鲁木齐 830012；2. 新疆维吾尔自治区地震局，乌鲁木齐 830011)

摘　要：共同富裕是社会主义的本质要求。梳理和分析共同富裕相关政策，对理解和推进共同富裕实质性发展，具有重要意义。文章基于 61 份有效政策文件样本，运用内容分析法对共同富裕相关政策文本进行分析，构建政策工具—政策目标二维分析框架。研究发现，在当前乡村振兴进程中，人们对政策工具的选择趋向多元，但也存在使用比例失衡、内部结构不够协调的问题；政策目标单元基本覆盖，但乡村振兴目标与工具关系互不相嵌，关联性较弱。未来政策优化应当集中关注政策工具的组合配置调整及均衡目标覆盖，并适当增强乡村振兴目标与政策工具之间的二维关联。

关键词：共同富裕；政策工具；文本分析；乡村振兴

中图分类号：F124.7　　**文献标识码：**A　　**文章编号：**2097-1249（2024）06-0066-11

党的二十届三中全会审议通过的《中共中央关于进一步全面深化改革、推进中国式现代化的决定》，总结运用改革开放以来特别是新时代全面深化改革的经验，深入分析中国式现代化面临的新情况新问题，科学谋划了围绕中国式现代化进一步全面深化改革的总体部署，确定了进一步全面深化改革的总目标：继续完善和发展中国特色社会主义制度，推进国家治理体系和治理能力现代化。

党的二十大报告指出："中国式现代化是全体人民共同富裕的现代化。"① 共同富裕是中国特色社会主义的本质要求，也是一个长期的历史过程。实际上，共同富裕一直是一个不断发展的概念，马克思在《政治经济学批判（1857—1858 年手稿）》中指出，在未来的社会主义社会，"社会生产力的发展将如此迅速"，"生产将以所有的人富裕为目的"。② 邓小平指出："社会主义最大的优越性就是共同富裕，这是体现社会主义本质的一个东西。"③ 不同历史背景和不同发展阶段决定了共同富裕的内涵和要求有所不同，从农民的富裕到全体人民富裕，从同步富裕到先富带动后富，从效率优先兼顾公平到强调以人为本更加注重公平，共同富裕的目标也在不断

作者简介：雷明，新疆财经大学信息管理学院天池特聘教授，北京大学乡村振兴研究院、光华管理学院教授，爱丁堡大学荣誉教授；罗瑞，新疆维吾尔自治区地震局；郭文强，新疆财经大学信息管理学院教授。

① 习近平：《高举中国特色社会主义伟大旗帜 为全面建设社会主义现代化国家而团结奋斗——在中国共产党第二十次全国代表大会上的报告》，北京：人民出版社 2022 年版，第 22 页。

② 《马克思恩格斯选集》第 2 卷，北京：人民出版社 2012 年版，第 786—787 页。

③ 《邓小平文选》第 3 卷，北京：人民出版社 1993 年版，第 364 页。

更新完善。党的十八大以来，以习近平同志为核心的党中央高度重视人民的共同富裕并采取了一系列有效措施，从全面小康到脱贫攻坚再到乡村振兴，每一步都在扎实推进共同富裕。习近平指出："按照马克思、恩格斯的构想，共产主义社会将彻底消除阶级之间、城乡之间、脑力劳动和体力劳动之间的对立和差别，实行各尽所能、按需分配，真正实现社会共享、实现每个人自由而全面的发展。"[①]"全面建成小康社会，一个也不能少；共同富裕路上，一个也不能掉队。"[②]如今，站在向第二个百年奋斗目标前进的新起点上，"我们坚持把实现人民对美好生活的向往作为现代化建设的出发点和落脚点，着力维护和促进社会公平正义，着力促进全体人民共同富裕，坚决防止两极分化"。[③]推进共同富裕需要各方面的共同努力，政府作为主导力量，其政策制定在朝着共同富裕目标前进的道路上发挥着重要作用。

一、文献综述

长期以来，共同富裕问题一直是国内社会科学研究的重点之一，尤其是在当前国家大力推动共同富裕的背景下，与其密切相关的政策文件和学术文献数量也迅速增加。

新时代以来，学者们站在新的起点和视角，从不同方面对共同富裕问题进行了深入探讨，包括对共同富裕的概念和内涵做出诸多解读。例如，李实将共同富裕分为"富裕"和"共享"两个维度，认为共同富裕是共享的富裕，也是富裕的共享；富裕包括物质富裕和精神富裕，在此基础上进行有差别的、合理的分享。[④]郁建兴等认为共同富裕需要体现发展性、共享性和可持续性的统一；共同富裕通过补偿和矫正某些制度性因素导致的不平等，让全体人民有机会、有能力均等地参与高质量经济社会发展，并共享经济社会发展的成果。[⑤]李军鹏概括了共同富裕的四个重要特征，即社会整体进入富裕社会、全体人民都富裕、全面富裕、消除了两极分化但存在合理差距的普遍富裕。[⑥]张占斌认为，在中国式现代化的语境下，共同富裕还有一些特殊内涵：从时间上看具有非同步性，从程度上看具有非同等性，从实现手段上看具有非剥夺性，从来源上看具有非享受性。[⑦]周文等认为新阶段共同富裕的内涵特征包括全民性与全面性、共创性与共享性、渐进性、差异性，以及对福利国家模式的超越性。[⑧]张光先等认为，中国式现代化的共同富裕是以人民为中心、共同富裕和人的全面发展的有机统一，表现为以人民为中心推进共同富裕以实现人的全面发展。[⑨]

---

① 《习近平谈治国理政》第 2 卷，北京：外文出版社 2017 年版，第 214 页。
② 《习近平谈治国理政》第 3 卷，北京：外文出版社 2020 年版，第 66 页。
③ 习近平：《高举中国特色社会主义伟大旗帜 为全面建设社会主义现代化国家而团结奋斗——在中国共产党第二十次全国代表大会上的报告》，第 22 页。
④ 李实：《共同富裕的目标和实现路径选择》，《经济研究》2021 年第 11 期。
⑤ 郁建兴、任杰：《共同富裕的理论内涵与政策议程》，《政治学研究》2021 年第 3 期。
⑥ 李军鹏：《共同富裕：概念辨析、百年探索与现代化目标》，《改革》2021 年第 10 期。
⑦ 张占斌：《中国式现代化的共同富裕：内涵、理论与路径》，《当代世界与社会主义》2021 年第 6 期。
⑧ 周文、施炫伶：《共同富裕的内涵特征与实践路径》，《政治经济学评论》2022 年第 3 期。
⑨ 张光先、钟晓敏：《中国式现代化共同富裕的理论内涵、内在逻辑和实践进路》，《财经论丛》2023 年第 12 期。

当前，我国发展不平衡不充分问题仍然突出，各地推进共同富裕的基础和条件不尽相同。在政策领域，各级政府出台的一系列相关文件，既体现了国家推进共同富裕的总体战略和目标，也体现了不同区域和部门的不同要求以及实现共同富裕的阶段性。例如，2021年，中共中央、国务院出台《关于支持浙江高质量发展建设共同富裕示范区的意见》，农业农村部、浙江省人民政府发布《高质量创建乡村振兴示范省推进共同富裕示范区建设行动方案（2021—2025年）》，文化和旅游部、浙江省人民政府印发《关于高质量打造新时代文化高地推进共同富裕示范区建设行动方案（2021—2025年）》；2022年，科技部、浙江省人民政府联合印发《推动高质量发展建设共同富裕示范区科技创新行动方案》，等等。部分学者针对共同富裕的政策文件进行了研究。例如，王昉等基于新中国70年反贫困政策文件，研究了反贫困思想的逻辑架构与演进路径，指出共同富裕是各个时期反贫困思想的主线，但不同发展阶段被赋予的内涵不同。① 张建国等基于政策工具、政策目标、政策主题等维度，分析了22份浙江省共同富裕示范区建设的政策文本内容，深入剖析了当前共同富裕示范区政策文本的特点与存在的问题，并提出了相应的政策建议。② 孙群等基于PMC指数模型，对浙江省共同富裕政策文本进行量化评价，找出当前不足，提出相关建议。③ 郁建兴等对浙江省11个市的共同富裕建设实施方案进行文本研究，归纳出浙江省共同富裕示范区建设的目标定位与路径选择。④

从已有文献看，当前对共同富裕政策文件的研究并不充分，政策文件的选取多集中于浙江省。关于我国共同富裕政策体系的现状、当前政策关注的重点、政府对于政策工具的选择、政策目标的实现等问题，还没有较为系统的梳理和分析。为此，本文对共同富裕领域的政策文件进行收集整理，运用内容分析法对政策条款进行量化统计，分析政策现状，找出不足，并提出相关优化建议，以为后续政策出台提供有益参考。

二、研究设计

（一）样本选择及处理

为了研究的全面性和准确性，本文选取政策文件的范围涵盖中央、省、地市三个层面，所选政策文件主要源自“北大法宝”数据库，并将各地政府官网作为补充平台，按标题精准检索共同富裕相关政策文件。经过剔除非正式文件、相关度不高的文件，最终得到61份有效政策文件样本。其中，中央层面政策文件7份，地方层面政策文件54份。因篇幅限制，表1仅展示部分具有代表性的政策文件样本。

① 王昉、王晓博：《新中国70年反贫困思想的演进路径与逻辑架构——基于政策文件的文本对比研究》，《经济学家》2020年第2期。
② 张建国、王浩毅：《基于多维度分析的浙江共同富裕示范区建设政策文本研究》，《湖州师范学院学报》2024年第3期。
③ 孙群、程晓梦、赵晓春：《基于PMC指数模型的浙江共同富裕政策量化评价》，《淮南师范学院学报》2024年第2期。
④ 郁建兴、黄飚、江亚洲：《共同富裕示范区建设的目标定位与路径选择——基于浙江省11市〈实施方案〉的文本研究》，《治理研究》2022年第4期。

表1　共同富裕政策文件样本（部分）

发文主体	文件名称	发文时间
中共中央、国务院	中共中央、国务院《关于支持浙江高质量发展建设共同富裕示范区的意见》	2021 年 5 月
农业农村部、浙江省人民政府	农业农村部、浙江省人民政府关于印发《高质量创建乡村振兴示范省推进共同富裕示范区建设行动方案 (2021—2025 年)》的通知	2021 年 8 月
文化和旅游部、浙江省人民政府	文化和旅游部、浙江省人民政府关于印发《关于高质量打造新时代文化高地推进共同富裕示范区建设行动方案 (2021—2025 年)》的通知	2021 年 11 月
财政部	财政部关于印发《支持浙江省探索创新打造财政推动共同富裕省域范例的实施方案》的通知	2021 年 11 月
浙江省人民政府	浙江省人民政府办公厅《关于深化环境准入制度改革助推高质量发展建设共同富裕示范区的指导意见》	2021 年 12 月
山西晋城银保监分局	山西晋城银保监分局《关于银行业保险业支持晋城全方位推进高质量发展 建设共同富裕新晋城的指导意见》	2021 年 12 月
中国人民银行、中国银行保险监督管理委员会、中国证券监督管理委员会、国家外汇管理局、浙江省人民政府	中国人民银行、中国银行保险监督管理委员会、中国证券监督管理委员会、国家外汇管理局、浙江省人民政府《关于金融支持浙江高质量发展建设共同富裕示范区的意见》	2022 年 3 月
绍兴市越城区人民政府	绍兴市越城区人民政府办公室关于印发《越城区防范因病致贫返贫助力共同富裕实施意见》的通知	2022 年 3 月
最高人民检察院	最高人民检察院《关于支持和服务保障浙江高质量发展建设共同富裕示范区的意见》	2022 年 4 月
杭州市人民政府	杭州市人民政府办公厅《关于优化创新耕地保护机制促进全市共同富裕的实施意见》	2022 年 11 月
江苏省人民政府	江苏省人民政府办公厅关于印发《关于支持革命老区相对薄弱乡镇振兴发展促进共同富裕若干措施》的通知	2022 年 11 月
河南省科学技术厅	河南省科学技术厅关于印发《关于支持许昌高质量建设城乡融合共同富裕先行试验区的若干措施》的通知	2022 年 12 月

（二）分析框架构建

X 维度：政策工具维度。政策工具理论是政策研究的重要主题，为政府制定政策作出贡献。政策工具可以影响和改变决策行为，对政策工具的深入研究可以帮助政策设计者设计更合理的政策。有学者对政策工具进行了定义，如欧文 · 修斯（Owen E. Hughes）认为，政策工具是政府实现政策目标的行为方式。① 政策工具的分类方式有多种，其中应用较为广泛的是供给、需求和环境三种基础类型。② 麦克唐纳尔（Lorraine M. McDonnell）和埃尔莫尔（Richard F. Elmore）提出命令型、激励型、能力建设型、系统变革型的分类方法。③ 施耐德（Anne Schneider）、英格拉姆（Helen Ingram）的分类包括权威型、激励型、能力建设型、符号和劝诫型、学习型五种类型。④

① 参见［澳］欧文 · E. 修斯：《公共管理导论》，张成福、马子博等译，北京：中国人民大学出版社 2015 年版。

② Roy Rothwell, Walter Zegveld, “An Assessment of Government Innovation Policies”, *Review of Policy Research*, Vol.3, Issue 3-4, 1984, pp.436-444.

③ Lorraine M. McDonnell, Richard F. Elmore, “Getting the Job Done: Alternative Policy Instruments”, *Educational Evaluation and Policy Analysis*, Vol.9, No.2, 1987, pp.133-152.

④ Anne Schneider, Helen Ingram, “Behavioral Assumptions of Policy Tools”, *Journal of Politics*, Vol.52, No.2, 1990, pp.510-529.

也有学者将政策工具定义为决策者或者实践者实际采用或在潜在意义上可能采用来实现一个以上目标的任何东西。① 相形之下，关于政策工具的分类研究起步较晚，但在吸收借鉴相关理论并且结合实际发展的过程中，研究也已具备一定规模。经济学和公共管理学基于各自学科特点，分别对政策工具种类进行了不同角度的划分。陈振明将政策工具分为市场化工具、社会化手段和工商管理技术。② 陶学荣将政策工具划分为经济性、行政性、管理性、政治性、社会性五大类。③ 目前关于政策工具的分类标准有很多，根据收集到的共同富裕政策文本内容和已有文献中关于政策工具的选择，本文拟选用将两种常见分类标准结合起来的方式，即以权威型、激励型、能力建设型、系统变革型、劝诫型组成新的分类标准作为 X 维度，不仅可以充分认识到政府在推进共同富裕中扮演的角色和政策目标的实现，还能发挥政策工具自身条件的最佳使用情况。各种工具类型的项目详细内容如表 2 所示。

Y 维度：政策目标维度。政策工具维度主要是从手段措施的角度对共同富裕政策进行分析，并不能充分体现政策文本的内容，还需要结合政策内容对文本进行全面分析。实现共同富裕，重点难点在农村。中国共产党始终将"三农"问题作为建设的首要问题，乡村振兴战略是解决当前农村问题的重要战略，也是实现共同富裕的必由之路。乡村振兴与共同富裕的背景与远景目标一致，决定了二者是相辅相成、紧密联系、互相促进的良性循环关系。④ 因此，笔者将乡村振兴目标设置为共同富裕政策目标研究的重点，对文本内容进行分析，具体分为产业振兴、人才振兴、文化振兴、生态振兴和组织振兴五个方面（详见表 3）。

二维分析框架：通过对政策工具理论和政策内容进行梳理，构建了共同富裕政策文本的二维分析框架（见图 1）。

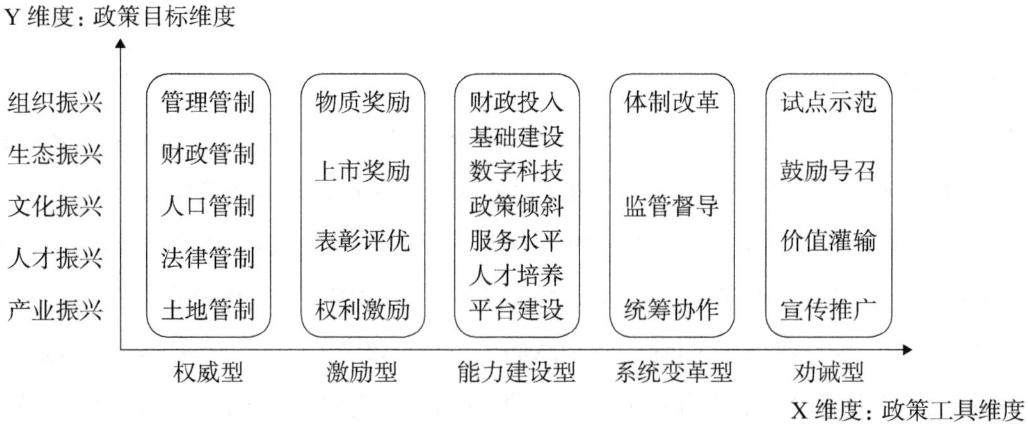

图1 共同富裕政策二维分析框架图

---

① 顾建光、吴明华：《公共政策工具论视角述论》，《科学学研究》2007 年第 1 期。
② 陈振明：《政府工具研究与政府管理方式改进——论作为公共管理学新分支的政府工具研究的兴起、主题和意义》，《中国行政管理》2004 年第 6 期。
③ 参见陶学荣：《公共政策学》，大连：东北财经大学出版社 2012 年版。
④ 杨涛：《共同富裕目标下全面推进乡村振兴的逻辑机理、现实挑战与实践进路》，《西安财经大学学报》2023 年第 3 期。

表2　政策工具分类及详情

工具类型	项目名称	详情
权威型	管理管制	对企业、医疗、市场等各部分进行管理控制
	财政管制	对用于实现共同富裕目标的资金进行管制，包括对分配制度和专项资金的使用管理
	人口管制	对农村人口、贫困人口等进行市民化管理
	法律管制	构建完善的法律体系，依法履职，加快法治建设
	土地管制	管理土地经营权流转，土地综合整治，规范区划地名等
激励型	物质奖励	对符合要求的企业、平台、个人进行物质奖励
	上市奖励	对境外上市企业进行境内上市奖励
	表彰评优	对工作落实效果显著的地方、单位和先进个人进行评优表彰等精神奖励
	权力激励	部分管理权力下放，如给予科研机构和高校更大的经费分配使用权等
能力建设型	财政投入	提供资金或补贴，包括对发展各产业提供专项资金和项目补助等
	基础建设	支持完善交通、水利、电网、城乡基础设施等建设
	数字科技	利用数字信息和互联网等高科技加快高质量发展，驱动共同富裕
	政策倾斜	为贫困地区、工业园区、企业、困难人群等提供帮扶、低保等政策支持
	服务水平	提高便民服务水平，包括公共服务、基础服务、金融保险服务、医疗救助服务等
	人才培养	提供培训进修机会，包括青年人才及技能人才、金融人才等各行业人才培养
	平台建设	加强平台建设，包括综合服务平台、文化艺术交流平台、电商平台、产业平台等
系统变革型	体制改革	通过制度改革、资源整合等途径推动共同富裕
	监管督导	强化监督管理，构建合理的评价体系，完善考核机制
	统筹协作	强化统筹协调，加强协作联动，共同推动共同富裕
劝诫型	试点示范	通过推动共同富裕示范点建设，如生态试点、普惠金融试点等推广先进经验
	鼓励号召	通过鼓励引导的形式号召更多元主体共同参与推动共同富裕
	价值灌输	坚持党的领导，以社会主义核心价值观引领共同富裕
	宣传推广	通过多种手段宣传政策、弘扬优秀传统文化、倡导慈善互助等

表3　政策目标分类及详情

政策目标	详情
产业振兴	加快构建现代农业产业体系、生产体系、经营体系，推进农业由增产导向转向提质导向
人才振兴	运用政策、机制、机会等多种方式，真正实现吸引人才到农村
文化振兴	以社会主义核心价值观为引领，深化中国特色社会主义与中国梦的宣传教育，大力弘扬民族精神与时代精神
生态振兴	坚持人与自然和谐共生，走乡村绿色发展之路，让良好生态成为乡村振兴的支撑点
组织振兴	培养造就一批坚强的农村基层党组织和优秀的农村基层党组织书记，建立更加有效、充满活力的乡村治理新机制

三、实证分析

（一）政策工具维度分析

将政策文件中的文本内容提取并整理成文本文档，将文档导入 Nvivo12 质性分析软件，对政策条款按照“政策序号—条款序号”进行编码，形成政策内容基本单元，分别将 X 维度和 Y 维度的一级二级指标设置为父节点和子节点，将编码后的单元归纳到各节点之下，对节点编码进行统计，共得到 1046 个政策单元，绘制政策工具使用比例统计图（见图 2）。整体来看，在共同富裕政策中，五种工具类型均有涉及，说明当前政策内容是较为多元和丰富的，并未出现某种政策工具使用缺失现象。然而，对每个工具类型使用的频率差异较大，有明显的侧重，即明显偏向于能力建设型，使用比例为 48.37%，占比接近一半；对系统变革型（25.24%）和劝诫型（17.78%）也给予了一定的重视；对权威型和激励型工具使用明显不足，占比仅分别为 5.35% 和 3.25%。这说明政策制定者更注重对推动共同富裕能力的提升，而对权威型和激励型工具的使用重视不够。总体来说，对政策工具的使用较为全面，但结构尚待完善。

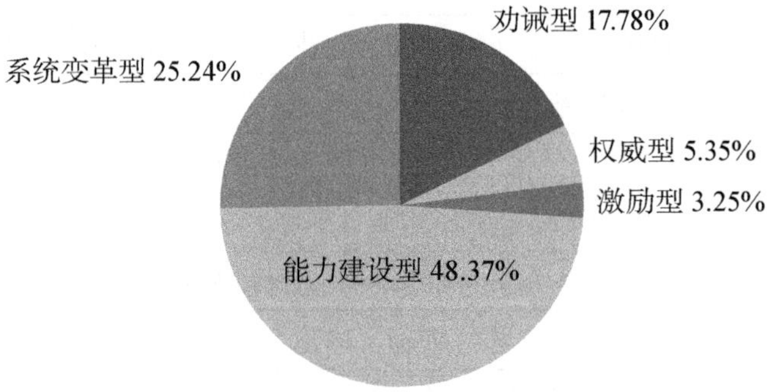

图2　政策工具使用情况

对每种政策工具类型的二级项目进行统计（见表 4），可以看到，共同富裕政策对每个项目都有涉及，但内部比例有所偏向。权威型工具依靠强制手段对共同富裕工作做出硬性要求，其目的是目标群体对政策的服从和执行，它是推动共同富裕的有力保障，能够提供权力支持。具体而言，权威型工具中法律管制、财政管制和土地管制的使用频率较高，管理管制和人口管制的使用频率较低。

激励型工具注重短期内注入动力，通过物质或精神奖励激发目标群体的内在动力。数据表明，当前激励型工具中使用最频繁的是物质奖励，通过直接实际奖励鼓励各主体参与推动共同富裕建设，对精神奖励和权力奖励使用较少。

能力建设型工具更注重长期效益，提升各主体自我建设能力，激发内生动力。可以看到，当前政策重点内容集中在能力建设上面，其中财政投入占比最高，可见政府更倾向于通过直接投入资金来实现共同富裕的目标。此外，政策倾斜、数字科技、服务水平和基础设施建设使用频率也较高，而人才培养和平台建设使用较少。

表4 政策工具使用比例统计

工具类型	项目名称	频数	占比	总频数
权威型	管理管制	5	8.93%	56
	财政管制	16	28.57%	
	人口管制	5	8.93%	
	法律管制	17	30.36%	
	土地管制	13	23.21%	
激励型	物质奖励	29	85.29%	34
	上市奖励	1	2.94%	
	表彰评优	3	8.82%	
	权力激励	1	2.94%	
能力建设型	财政投入	125	27.70%	506
	基础建设	72	14.23%	
	数字科技	85	16.80%	
	政策倾斜	91	17.98%	
	服务水平	81	16.01%	
	人才培养	35	6.92%	
	平台建设	17	3.36%	
系统变革型	体制改革	73	27.65%	264
	监管督导	73	27.65%	
	统筹协作	118	44.70%	
劝诫型	试点示范	62	33.33%	186
	鼓励号召	38	20.43%	
	价值灌输	45	24.19%	
	宣传推广	41	22.04%	

系统变革型工具重视改革，提升改革动力。共同富裕需要多元协同，因此，系统变革工具的使用是非常必要的。数据表明，系统变革型中使用频率最高的项目是统筹协作，占比为44.7%，体制改革和监管督导占比相当，说明系统变革型工具内部使用情况较为合理。

劝诫型工具执行成本较低且实行起来较为容易，但效力较低且不够持久，因此，对劝诫型工具的使用不宜过多。工具内部比例较为协调，其中试点示范占比最高，为 33.33%，其余项目（鼓励号召、价值灌输、宣传推广）占比较为均衡。总体来说，政策工具内部项目使用较为丰富，部分工具内部存在比例失衡。

（二）政策工具—政策目标二维交叉分析

在对政策文本进行政策工具维度分析的基础上，加入乡村振兴目标维度进行二维交叉统计分析，得到 X—Y 二维交叉统计表（见表 5）。

可以看到，政策文本单元编码分布于五个振兴领域，且各个领域振兴分布差异较大，分别为产业振兴 47.01%、人才振兴 7.62%、文化振兴 13.91%、生态振兴 16.23%、组织振兴15.23%。由此可见，当前政策在乡村振兴方面更加偏向对产业振兴的关注，对人才振兴的关注稍弱，其余较为平均。

表5　X—Y交叉统计表

Y 维度	X 维度					
	权威型	激励型	能力建设型	系统变革型	劝诫型	总计
产业振兴	10	9	78	26	19	142
人才振兴	0	2	15	2	4	23
文化振兴	1	0	6	1	34	42
生态振兴	5	1	20	9	14	49
组织振兴	7	0	12	23	4	46
总计	23	12	131	61	75	302

如图 3 所示，乡村振兴目标的五个方面基本都涉及了各类政策工具，说明五个振兴的覆盖较为全面。除了各个振兴均较多使用能力建设型工具外，还存在一些差异。例如，产业振兴和组织振兴更多使用系统变革型工具，因为无论是发展经济还是培育组织，深化改革都是非常重要的，因此产业振兴和组织振兴对系统变革工具的使用频率较高；文化振兴和生态振兴则更多选择劝诫型工具，因为需要通过宣传推广弘扬优秀传统文化、通过价值灌输确立绿色发展理念，说明乡村振兴目标在各个维度的工具选择和使用上是有一定考量的。但是，也存在一些不合理的地方，比如人才振兴中并未使用权威型工具，文化振兴中未使用激励型工具，组织振兴中未使用激励型工具，等等。实际上，对于文化工作和组织变革做得好的单位应当给予适当奖励，这样才能激发参与主体的热情；而人才缺失对于乡村发展振兴来说是一个重点难点问题，适当使用强制手段也是必要的。

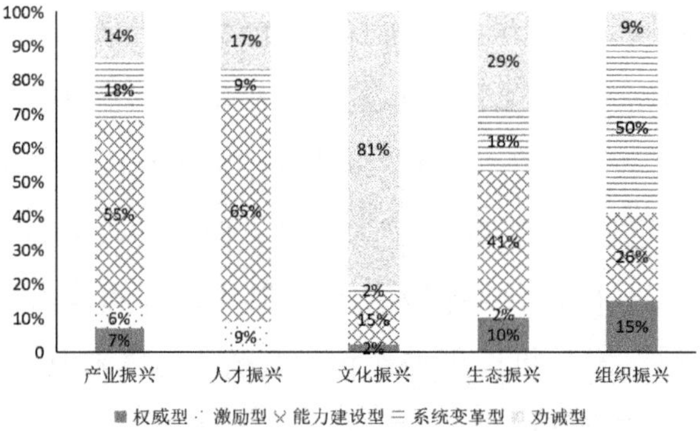

图3　二维交叉分布图

四、结论与建议

共同富裕作为社会主义的本质要求始终贯穿于党和国家的发展目标之中，实现中国式现代化，扎实推进共同富裕更是一项重要战略。

（一）研究结论

第一，部分政策工具使用比例不协调。共同富裕政策文本在对政策工具的选择上较为多元，涉及五种类型的工具，但是存在使用比例失衡的问题。统计数据表明，当前共同富裕政策更偏向于使用能力建设型政策工具，对系统变革型和劝诫型工具的使用频率较为合理，对权威型和激励型工具的使用明显不足。同时，政策工具内部结构也存在一些问题，如权威型工具中对人口管制和管理管制使用不足，激励型工具中对精神奖励涉及较少，能力建设型忽略了人才培养和平台建设。总体而言，无论是整体使用情况还是工具内部比例，都有进一步优化的空间。

第二，振兴目标与政策工具关系互不相嵌。研究发现，共同富裕政策文件中与振兴目标维度有关的内容单元基本上覆盖了各个类型的政策工具，但在人才振兴中没有使用权威型工具、在文化振兴和组织振兴中没有使用激励型工具，这种缺失导致了政策工具与振兴目标的二维关系不能完全互嵌。而产业振兴中对激励型和权威型工具使用不足、人才振兴中对激励型工具使用不足、文化振兴中对劝诫型之外的其他工具都使用不足、生态振兴对激励型工具使用不足以及组织振兴中对劝诫型工具使用不足，反映出政策工具与振兴目标维度之间的弱关联性，说明共同富裕政策中关于振兴目标实现的部分还有待完善。

（二）政策建议

第一，合理规划工具分布。首先，从统计数据来看，当前政策对权威型工具使用频率较低，造成这种现象的原因可能是考虑到权威型工具具有一定的强制性，实施起来需要自上而下逐级进行，很有可能层层加码导致执行成本过高，或可能产生矛盾和利益冲突。然而，权威型工具同时具有效率高的优点，尤其是在共同富裕示范区建设初期，使用权威型工具可以高效地帮助实现示范目标，高效率发挥国家运用财政、人口、土地等管理措施在共同富裕工作中的规划、制约、监督的效用，保证政策供给稳定与执行机制有效。在建设好共同富裕示范区，为其他地区的建设提供宝贵经验后，再减少权威型工具的使用，发挥其他主体在推动共同富裕中的作用，减少政府供给负担。因此，基于各个政策工具类型自身的特点和共同富裕的目标，应该加大对权威型工具的使用力度。其次，当前政策对激励型工具的使用较少，不利于当地政府、企业发挥自己的能力推动共同富裕发展。激励型工具的优点在于可以调动参与主体的积极性，采用以荣誉、物质奖励为具体措施的正向激励，具有明显的短期效益。示范区的建设是有时间规划的，基本都是需要在五年之内完成的短期目标，因此适合多使用激励型工具，鼓励差异行为，合理利用激励措施激发政府与市场相协同的内生动力。但同时也要注意，在一定范围内规范限制对经费的使用，避免专项经费成为筹集绩效工资的手段，失去激励型工具原本的意义。再次，能力建设型工具更注重长期效益，通过提高目标群体的能力提高应对风险的能力，但是需要投入大量的时间和资金成本，不确定性也很高，这也是当前政策对该工具使用较少的原因。但共同富裕是一个长期目标，应当放远目光，多注重使用此类工具，以获得更长远的回报。最后，劝诫型工具能够调动目标主体的主观能动性，成本较低，但缺点是政策效力较弱，如果过度使用，会面临被操控的风险。当前政策对劝诫型工具使用比例略高，以后应当做出相应调整。

第二，适当增强二维关联。振兴目标五个方面的侧重点不同，需要完成的子目标也不同，因此对政策工具的选择有所偏向是合理的，但不应缺失，结构比例也不宜差距过大，应当增强目标与工具二者的关联性，选择合适的组合配置，最大程度发挥政策作用，进而实现政策目标。当前政策文件在人才振兴目标中没有使用权威型工具，在文化振兴目标和组织振兴目标中没有使用激励型工具，导致政策工具与振兴目标的二维关系不能完全互嵌。人才振兴主要针对欠发达地区。这些地方普遍存在基础设施建设不齐全，产业、企业小弱散，人才引进困难等问题，因此需要一定的权威型工具，从政策层面营造良好环境，提升各项待遇，激励人才。文化振兴和组织振兴需要上下合力，涉及的人员多、范围广，因此需要更多的激励手段。以乡村振兴促进共同富裕是实现中国式现代化的必然选择，但在实践中存在诸多羁绊，只有不断探索更加高效的实现路径，合理利用政策工具，强化政府宏观调控，才能真正助推乡村振兴，实现共同富裕。

（责任编辑　陈霄元）

Research on Common Prosperity from the Perspective of Policy Analysis

Lei Ming[1]　Luo Rui[2]　Guo Wenqiang[1]

(1. Xinjiang University of Finance and Economics, Urumqi 830012, China; 2. Earthquake Agency of Xinjiang Uygur Autonomous Region, Urumqi 830011, China)

Abstract: Common prosperity is an essential requirement of socialism, and analyzing the related policy documents are important for understanding and promoting the substantive development of common prosperity. Based on 61 valid policy document samples, this article analyzes the content of the related policy documents on common prosperity and constructs a two-dimensional analytical framework of policy tools and goals. In rural revitalization, the current trend shows that the choice of policy tools is diversified, but there are problems of imbalanced proportion and insufficient internal coordination. The policy goal units cover a wide range, but the relationship between rural revitalization goals and tools is not interwoven, and the correlation is relatively weak. In the future, policy optimization should focus on the adjustment and balanced coverage of policy tool combinations and target units, and appropriately enhance the two-dimensional correlation between rural revitalization goals and tools.

Key Words: Common Prosperity; Policy Tools; Textual Analysis; Rural Revitalization

扩大中等收入群体的内涵、对策与意义

孔 涛[1] 陈少波[2]

（1. 北京大学，北京 100871；2. 中国财政科学研究院，北京 100142）

摘 要：扩大中等收入群体是我国收入分配政策的重要目标。新时代以来，我国居民收入分布结构正在由金字塔型逐渐向橄榄型变化，中等收入群体占比不断增长。但我国大部分人口仍为低收入群体，橄榄形社会结构尚未完全形成。扩大中等收入群体是促进国民经济发展、扩大消费的重要途径，是优化社会结构、促进社会稳定的必要环节，是保证机会公平、促进教育公平的应有之义。扩大中等收入群体是一个动态过程，“提低”和“稳中”是两个关键着力点，同时需要针对不同的重点群体分群施策。扩大中等收入群体，体现了协调和共享新发展理念的理论内涵，是民族复兴、强国建设的必然要求。

关键词：中等收入群体；共同富裕；“提低”；“稳中”；分群施策

中图分类号：F124.7　　**文献标识码：**A　　**文章编号：**2097-1249（2024）06-0077-13

一、引言

中等收入群体是实现共同富裕的“基本盘”。在消除绝对贫困和解决相对贫困的过程中，中等收入群体的规模不断增长，逐渐成为社会成员的主体，社会结构由金字塔型向橄榄型转化，从而实现共同富裕。2002 年，党的十六大提出“扩大中等收入者比重”的任务，党的十七大、十八大均对扩大中等收入群体提出了明确目标。2016 年，在中央财经领导小组第十三次会议上，习近平指出，扩大中等收入群体，关系全面建成小康社会目标的实现，是转方式调结构的必然要求，是维护社会和谐稳定、国家长治久安的必然要求。《中华人民共和国国民经济和社会发展第十四个五年规划和 2035 年远景目标纲要》明确将高校和职业院校毕业生、技能型劳动者、农民工、小微创业者及个体工商户、高素质农民、灵活就业人员等群体作为扩大中等收入群体的重点人群。党的二十大报告指出，“坚持多劳多得，鼓励勤劳致富，促进机会公平，增加低收入者收入，扩大中等收入群体”，并且明确到 2035 年实现“中等收入

作者简介：孔涛，北京大学中国社会科学调查中心副研究员；陈少波，中国财政科学研究院博士研究生。

群体比重明显提高”的目标任务，强调促进全体人民共同富裕。[①]2024年7月，党的二十届三中全会指出，完善收入分配制度应“形成有效增加低收入群体收入、稳步扩大中等收入群体规模、合理调节过高收入的制度体系”。[②]

二、扩大中等收入群体的基本内涵

把扩大中等收入群体作为重要战略目标，是因为中等收入群体是当代中国社会的中坚力量，在中国经济社会发展中发挥着不可替代的作用。因此，明确扩大中等收入群体的基本内涵，有助于解决当下经济和社会中的现实问题，并从长远促进国家经济社会的发展。

（一）扩大中等收入群体是增强消费能力、促进经济发展的重要途径

改革开放以来，我国中等收入群体规模实现了从无到有、从小到大、从弱到强的显著增长。如今，在构建“新发展格局”背景下，我国经济发展模式已由高速增长转向高质量发展，经济增长动力也由过去的投资和出口主导转变为消费、投资和出口三者共同驱动。考虑到国内有效需求不足、经济内循环中存在阻碍等问题，我们必须重视扩大中等收入群体对提升整体消费水平和扩大内需的关键作用。

持续扩大中等收入群体，对内需的扩大和消费市场的繁荣至关重要。2017年12月，中央经济工作会议指出：“我国形成了世界上人口最多的中等收入群体。”中等收入群体具有较强的消费需求和消费潜力，对优质产品和服务有着较高诉求。在消费行为的边际效应下，随着收入的增加，个人的边际消费倾向会逐渐降低。低收入群体尽管边际消费倾向高，但实际消费能力相对较弱；高收入群体消费能力强，但边际消费倾向较低且人数有限，对整体消费市场的贡献有限。[③]中等收入群体通常工作稳定、收入可观，是消费市场的主力军。这不仅体现在日常生活用品上，在教育、医疗、旅游等领域更是如此。随着中等收入群体规模的不断扩大，其整体消费能力将得到显著提升，能够为我国内需的持续增长提供强有力的支撑。展望未来一段时期，国内市场主导国民经济循环特征会更加明显，消费已成为我国经济增长的主拉动力，居民消费优化升级同现代科技和生产方式相结合，我国这一全球最有潜力的消费市场还将不断成长壮大。[④]

扩大中等收入群体与消费能力增强之间存在良性循环：可支配收入的增加推动了中等收入群体的扩大，增强了他们的消费能力，推动了总产出的提升，再次带动可支配收入的增加。这一循环不仅显示了宏观经济稳定高效发展的重要性，更是遏制贫富差距扩大的关键。它不仅为中等收入群体提供了更为坚实的物质基础，还为他们带来了更高匹配度、更高技能要求以及更高收入的

---

① 习近平：《高举中国特色社会主义伟大旗帜 为全面建设社会主义现代化国家而团结奋斗——在中国共产党第二十次全国代表大会上的报告》，北京：人民出版社2022年版，第47、24页。

② 《中共中央关于进一步全面深化改革 推进中国式现代化的决定》，北京：人民出版社2024年版，第35页。

③ 陈少波：《基于扩大中等收入群体的个人所得税优化研究》，硕士学位论文，中国财政科学研究院，2021年。

④ 《中共中央 国务院印发〈扩大内需战略规划纲要（2022—2035年）〉》，中国政府网，https://www.gov.cn/gongbao/content/2023/content_5736706.htm，2024年10月25日。

就业机会。随着新机会和新行业的不断涌现，中等收入群体的人力资源价值得到了更充分的展现。

（二）扩大中等收入群体是优化社会结构、促进社会稳定的必要环节

在构建健康稳定的社会结构方面，“中间大、两头小”的橄榄型社会结构发挥着举足轻重的作用，它是实现社会和谐与经济持续增长的重要基石。随着全面建成小康社会，农村贫困人口全面脱贫，弱势群体的社会保障体系也在逐步完善。这些积极因素共同推动了低收入群体收入的快速增长，预示着未来我国中等收入群体将进一步扩大，为社会稳定和经济发展注入更多活力。作为社会的重要组成部分和中坚力量，中等收入群体的扩大可体现低收入群体与中等收入群体之间、中等收入群体内部的动态流动，避免阶层固化，有利于逐步实现居民收入结构由“金字塔型”向“橄榄型”的转变。中等收入群体的存在也为社会阶层流动提供了可能，使得更多人有机会通过自己的努力进入更高收入的社会阶层。

扩大中等收入群体也通过影响代际传承促进阶层流动。代际传承通过资源积累、社会资本和教育等机制影响着阶层流动性：高收入群体能够将财富和资源传递给下一代，为子女提供更多的经济支持和机会，如更好的教育、更好的健康照顾和更多的创业机会；而低收入家庭的子女则更难有机会提升自己的收入阶层。当中等收入群体持续扩大时，财富差距将趋于减弱，财富代际传承的影响将不断弱化，由财富继承导致的阶层固化现象将有所缓解。

中等收入群体作为社会发展的“中坚力量”和“稳定器”，直接关系到社会的和谐与稳定。中等收入群体的扩大，意味着在经济可持续增长的基础上，社会公平发展到新的高度，实际上是在缩小贫富差距，使更多的人能够共享经济发展的成果，促进社会和谐稳定及国家长治久安。同时，中等收入群体的扩大意味着更多的人有机会获得稳定的收入和提高生活水平，社会的整体安全感和凝聚力增强，各阶层之间的互动和合作得到促进。

（三）扩大中等收入群体是保证机会平等、促进教育公平的必然要求

中等收入群体的扩大伴随着经济增长和就业机会的增加，每个人都有平等的机会获取教育、医疗等社会资源，有助于破除贫富两极分化的现象。

让更多人有机会获得教育、职业发展等资源，能够提高社会整体的教育水平，减少教育差距，实现深层次的社会公平。中等收入群体通常对教育和技能培训有着更高的追求，他们的子女往往能够接受更好的教育，也愿意在职业生涯中不断学习和进修。这种对教育的重视和投资，不仅提升了他们自身的竞争力，也为整个社会积累了宝贵的人力资本。此外，随着知识和技能的提升，这部分群体也更容易产生创新思维，为社会的进步和技术革新做出贡献。

在教育水平相对较高的国家和地区，中等收入群体的比例通常也较高，而这些地区往往也是技术创新和经济发展的前沿。这说明，中等收入群体与人力资本积累、技术创新之间存在着紧密的联系。扩大中等收入群体不仅有助于优化收入分配，更是推动经济增长、促进社会和谐、积累人力资本和形成良性收入分配格局的关键所在。因此，应当高度重视中等收入群体的培养和发展，为他们提供更多的机会和资源，从而实现社会的全面进步和繁荣。

三、我国中等收入群体的测算与占比情况

（一）中等收入群体的定义与标准

改革开放以来，我国市场经济快速发展，但居民的收入增长速度及消费水平提高并不同步，社会学领域的学者基于社会分层理论[①]最先开始关注我国社会结构的变化。中等收入群体是我国特有的概念，近似于欧美国家的“中产阶级（Middle Class）”概念，但与中产阶级不同，有关中等收入群体的讨论主要集中在我国经济社会发展的语境内，着重探讨收入分配、经济增长和社会公平等维度，较少关注职业、身份认同、政治倾向和意识形态等因素。[②]

既有研究对于中等收入群体的测度和识别尚未形成共识。2002年，党的十六大明确提出“中等收入者”的概念后，在研究初期，学者倾向于通过单一的收入水平衡量中等收入群体，[③]但随着关于扩大中等收入群体规模的研究和讨论的深入，越来越多的学者认为，不应该简单地将中等收入群体局限于收入概念，要综合考虑收入、资产、消费、生活品质等因素，即中等收入群体指收入保持在中等水平、生活水平达到小康且相对稳定的居民群体。[④]在经济体制改革过程中，政府研究机构也对中等收入群体的概念给出了一些界定。政策研究者一般认为，中等收入群体是指一定时期内收入保持在中等且生活水平相对稳定的群体。[⑤]2019年1月，时任国家统计局局长宁吉喆在2018年国民经济运行情况发布会上表示，以中国典型的三口之家年收入在人民币10万元至50万元之间来算，中国有4亿人、1.4亿个家庭为中等收入群体。[⑥]

出于数据可获得性和指标应用便利性的考虑，以收入为单一维度的测度标准最为普遍。[⑦]收入标准分为绝对收入标准和相对收入标准。绝对收入标准以收入的绝对水平数值范围来衡量，如可使用家庭收入、[⑧]人均可支配收入、[⑨]人日均收入[⑩]等。中等收入群体的绝对收入标准背后隐藏着一个关键问题，即中等收入的测度标准应该以家庭收入、个人收入还是人均收入作为基准？若以家庭收入作为标准，则人口尤其是劳动人口较多的家庭很容易计入中等收入群体，但其人均收入可能较低，在人均收入标准下不能计入中等收入群体。若以人均收入作为标

① 社会分层是指社会成员、社会群体因社会资源占有不同而产生的层化或差异现象，尤其是指建立在法律、法规基础上的制度化的社会差异体系。

② 杨宜勇：《扩大中等收入者队伍是未来收入分配改革的重点之一》，《中国党政干部论坛》2010年第6期。

③ 陶冶：《扩大中等收入群体比重的有效途径——对市场经济条件下“扩中”的探讨》，《上海经济研究》2006年第9期。

④ 李培林、朱迪：《努力形成橄榄型分配格局——基于2006—2013年中国社会状况调查数据的分析》，《中国社会科学》2015年第1期；李强、徐玲：《怎样界定中等收入群体？》，《北京社会科学》2017年第7期。

⑤ 宏观经济研究院经济和社会发展研究所课题组：《中等收入者的概念和划分标准》，《宏观经济研究》2004年第5期；国家发改委社会发展研究所课题组、常兴华、李伟：《扩大中等收入者比重的实证分析和政策建议》，《经济学动态》2012年第5期。

⑥ 《国家统计局局长就2018年国民经济运行情况答记者问》，国家统计局网站，2019年1月21日，https://www.stats.gov.cn/sj/sjjd/202302/t20230202_1896129.html，2024年10月25日。

⑦ 孔涛、吴琼、陈少波：《我国中等收入群体的界定标准及测度研究——基于生活质量法》，《经济学家》2023年第6期。

⑧ 国家统计局城调总队课题组：《6万—50万元：中国城市中等收入群体探究》，《数据》2005年第6期。

⑨ 李波：《“精准扩中”路径研究》，博士学位论文，上海财经大学经济学院，2019年；任昊、秦敏：《我国人口结构对消费的影响：需求侧视角下多维度社会人口结构的再考量》，《商业经济研究》2021年第23期。

⑩ 李春玲：《中等收入群体的构成特征与新时代“精准扩中”策略》，《统一战线学研究》2018年第1期。

准，则单口之家、两口之家易达到中等收入标准，但其家庭收入较低，在家庭收入标准下难以达到中等收入标准。

对比而言，相对收入标准多基于收入分布中的某个相对的区间来界定中等收入群体，避免了绝对收入标准因物价随时间变化而适用性变差的问题。一些学者使用了收入中位数的 67%—200%，[①] 有的学者则选取收入中位数的 75%—125%，[②] 还有学者分别以收入中位数的 75%—125%、75%—150%、50%—150% 进行测算；[③] 李培林、张翼以中国非农业户籍人口的平均收入线作为参照基准，把平均线以上到平均线的 2.5 倍的人群定义为“中等收入层”。[④]

综合来看，无论绝对收入标准还是相对收入标准，不同学者拟定的中等收入区间差异极大，覆盖范围和涉及人群并不相同。本研究按照国家统计局局长就 2018 年国民经济运行情况答记者问时公布的标准，将家庭年收入处于 10 万元—50 万元之间的视为中等收入群体，10 万元以下的视为低收入群体，超过 50 万元的则视为高收入群体。当然，不同年份的中等收入群体标准也有所不同。梳理资料可以发现，国家统计局的中等收入标准在 2010 年为家庭可支配收入 8 万—40 万元，[⑤]2015 年为 9 万—45 万元，[⑥]2018 年这一标准为 10 万—50 万元。[⑦]

（二）中等收入群体占比及规模的测算

依据上述标准，使用北京大学中国家庭追踪调查（China Family Panel Studies，CFPS）[⑧] 历年数据测算可见，我国居民收入分布结构正在由金字塔型逐渐向橄榄型变化（见图 1）。2010 年，我国居民收入分布呈现出明显的“小塔尖”“大底座”的金字塔型，绝大部分家庭年收入低于 8 万元，以低收入群体为主。2010—2020 年，可以明显观察到低收入群体的收入不断增长，居民收入分布的底座变小、中间变粗，呈现出由金字塔型逐渐向橄榄型变化的趋势。十年之间，尽管中等收入的下限标准有所提高，但仍然有大量低收入群体成为中等收入群体，或成为接近中等收入的低收入群体，中等收入群体不断增长。同时，可以看出，由于居民收入的整体上涨和收入分配的优化，无论采用何种标准，中等收入群体占比提高的基本结论不会改变。

对比 2010 和 2020 年，我国中等收入群体占比提高了 29.8 个百分点（见图 2）。十年之间，我国中等收入群体占比由 7.9% 增长至 37.7%，年均增长 3 个百分点，人口规模从 1.1 亿人增长至 5.3 亿人，平均每年增长 4200 万人。其中，2014—2016 年，中等收入群体占比增长了 8.5 个百分点，为中等收入群体占比增长最快的两年；2012—2014 年，中等收入群体占比增长了 3.6 个百分点，占比增长较慢。分城乡来看，2010—2020 年，城镇中等收入群体占比由 11.7%

① 杨修娜、万海远、李实：《我国中等收入群体比重及其特征》，《北京工商大学学报（社会科学版）》2018 年第 6 期；阮敬、王继田、刘雅楠：《中等收入群体与橄榄型收入格局的结构演化——基于推动共同富裕的研究背景》，《统计学报》2021 年第 1 期。
② 吴鹏、常远：《中等收入群体的测算与现状研究——基于 CHNS 与 CHIP 数据》，《社会科学研究》2018 年第 2 期。
③ 龙莹：《中国中等收入群体规模动态变迁与收入两极分化：统计描述与测算》，《财贸研究》2012 年第 2 期。
④ 李培林、张翼：《中国中产阶级的规模、认同和社会态度》，《社会》2008 年第 2 期。
⑤ 张林江、赵卫华：《中产阶层壮大、扩大内需与经济转型》，《中国党政干部论坛》2016 年第 9 期。
⑥ 李培林等：《当代中国阶级阶层变动（1978—2018）》，北京：社会科学文献出版社 2018 年版，第 14 页。
⑦ 《国家统计局局长就 2018 年国民经济运行情况答记者问》。
⑧ 除非另有说明，后续分析使用的数据均来自 CFPS。相关调查问卷和数据可通过网站 http://www.isss.pku.edu.cn/cfps/en/index.htm 获取。

增长至 46.3%，农村中等收入群体占比由 4.9% 增长至 25.8%，城镇中等收入群体的占比增长快于农村。①

2010—2020 年，低收入群体占比由 91.9% 降至 60%，年均降低 3.2 个百分点，人口规模由 12.3 亿人减少至 8.5 亿人，平均每年减少 3800 万人。可以看出，中等收入群体占比提高的主要推动力来自低收入群体进入中等收入群体的向上流动。我国低收入群体占比的快速下降与我国脱贫攻坚战略的推进及完成有直接关系：到 2020 年年底，现行标准下 9899 万农村贫困人口全部脱贫，绝对贫困得以消除。但不可否认，目前，我国大部分人口仍为低收入群体，橄榄形社会结构尚未完全形成，相对贫困是未来社会结构调整及扩大中等收入群体需要解决的重要问题。

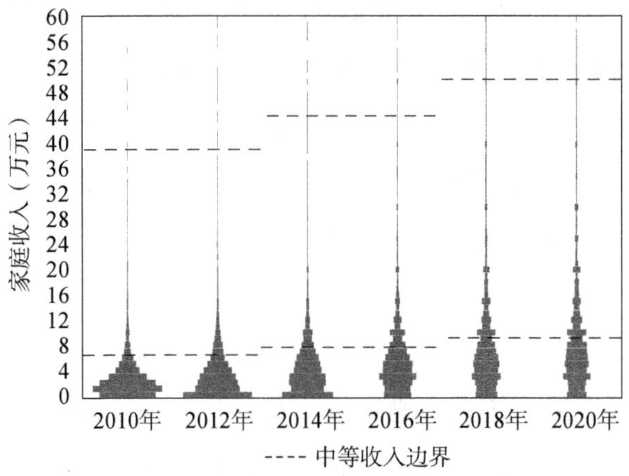

图1　2010—2020年家庭收入分布情况

数据来源：中国家庭追踪调查（CFPS）。

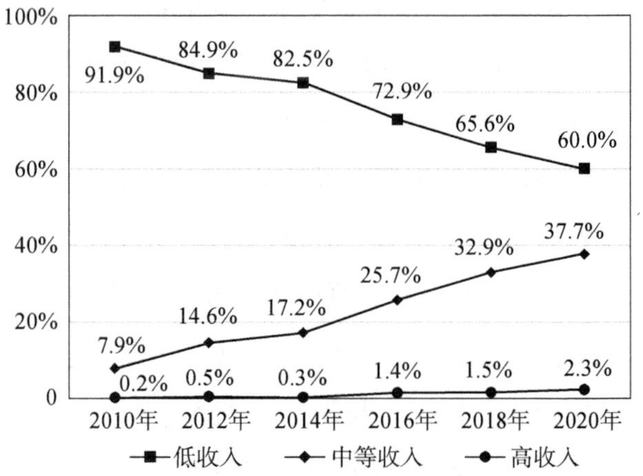

图2　2010—2020年中等收入群体占比情况

数据来源：中国家庭追踪调查（CFPS）。

四、扩大中等收入群体的对策："提低""稳中"与分群施策

居民收入的波动很可能带来其收入阶层向上或向下的变化，因此，扩大中等收入群体是一个动态过程，特别是中等收入群体和低收入群体之间的流动性较强，中等收入群体规模的变化既可能源于低收入群体通过稳定工作、积累财富、提升收入等方式，逐步迈入中等收入群体行列的情况。同时，也有部分中等收入群体由于各种因素（如经济波动、职业变迁、家庭结构变动等）导致收入水平下降，进而滑落至低收入群体的现象。②不同收入群体之间的流动性体现了社会经济的活力和韧性，也反映了社会结构在适应经济变化中的自我调整能力。但是，在扩大中等收入群体目标的背景下，从净效果的角度来看，只有当收入提升后的新增中等收入群体人口高于从中等收入群体中滑出者时，中等收入群体的规模才能实现扩大。

中国家庭追踪调查微观数据测算的结果显示，"提低"和"稳中"是扩大中等收入群体的关键。其中，"提低"是指低收入家庭在收入阶层上实现向上流动，加入并有效扩大中等收入

① 根据 CFPS2010 年、2020 年数据计算分析所得，限于篇幅未展示计算过程。

② 由于高收入群体本身占比较低，流动性也不高，本文不展开讨论。

群体；“稳中”是指现有中等收入群体家庭稳固保持其地位，没有下滑退出中等收入群体。以2018—2020 年间我国居民收入阶层流动状况为例，12.2% 的家庭成功实现了从低收入群体进入中等收入群体的跃迁，56.8% 的家庭仍然为低收入群体；20% 的家庭保持稳定的中等收入水平，但同时有 8% 的家庭由中等收入群体滑落至低收入群体。由此可见，尽管中等收入群体实现扩大，但提低和稳中两者均应成为扩大中等收入群体的着力点。需要注意的是，提低和稳中在扩大中等收入群体不同阶段的重要性不一：在低收入群体占比极高、中等收入群体占比较低时，扩大中等收入群体的关键在于提低；随着中等收入群体的逐渐扩大，低收入群体占比仍然较高但中等收入群体也具备一定规模，扩大中等收入群体需要兼顾提低和稳中；当收入分配结构不断优化，中等收入群体占比较高时，扩大中等收入群体的主要任务则转变为稳中。我国目前正处于第二阶段。

分群施策是扩大中等收入群体的重要实践方法。2016 年，中央财经领导小组第十三次会议提出在发展中不断扩大中等收入群体，并强调“六个必须”[①]，为扩大中等收入群体指明了方向。《中华人民共和国国民经济和社会发展第十四个五年规划和 2035 年远景目标纲要》提出，以技能型劳动者、农民工等为重点，不断提高中等收入群体比重。习近平指出：“要抓住重点、精准施策，推动更多低收入人群迈入中等收入行列。”[②] 进城农民工、技术工人、中小企业主及个体工商户、高校毕业生、国有单位基层职工被视为扩大中等收入群体的重点群体。

2020 年，在五类重点群体中，中小企业主及个体工商户、高校毕业生、国有单位基层职工的中等收入群体的占比分别为 52.4%、52.6%、53.9%，均超过 50%。技术工人的中等收入群体占比为 41.4%，进城农民工的中等收入群体占比最低，为 36.4%（见表 1）。因此，重点群体不仅是中等收入群体的重要组成部分，也是扩大中等收入群体的重要来源。

表1　2020年中等收入重点群体的不同收入群体占比

	低收入	中等收入	高收入	合计
进城农民工	61.8%	36.4%	1.8%	100%
技术工人	56.8%	41.4%	1.8%	100%
中小企业主及个体工商户	41.2%	52.4%	6.4%	100%
高校毕业生	44.6%	52.6%	2.8%	100%
国有单位基层职工	43.9%	53.9%	2.2%	100%

数据来源：中国家庭追踪调查（CFPS）。

对中等收入重点群体的流动性分析也进一步显示，稳中和提低是扩大中等收入群体的关键。以 2018—2020 年为例，27.9% 的高校毕业生家庭实现提低，另有 22.4% 的国有单位基层

① “六个必须”指“扩大中等收入群体，必须坚持有质量有效益的发展、必须弘扬勤劳致富精神、必须完善收入分配制度、必须强化人力资本、必须发挥好企业家作用、必须加强产权保护”。

② 《习近平谈治国理政》第 4 卷，北京：外文出版社 2022 年版，第 144 页。

职工家庭、17.5% 的中小企业主及个体工商户家庭、16.1% 的技术工人家庭、14.6% 的进城农民工家庭均实现了提低；61.9% 的国有单位基层职工家庭实现了稳中，另有 59.8% 的高校毕业生家庭、53.4% 的技术工人家庭、51.9% 的中小企业主及个体工商户家庭、50.7% 的进城农民工家庭实现了稳中。①

不同的重点群体之间存在差异，“一刀切”政策无法有针对性地实现扩大中等收入群体，只有通过分群施策才能瞄准各重点群体，提高政策的精准度和有效性。同时，分群施策有助于政府更有效地利用公共资源，将有限的政策支持给予最需要的群体，提高政策的执行效率，避免政策资源的浪费和不公平现象的产生，促进社会和谐稳定。

具体而言，进城农民工是中等收入群体的新生力量，是未来扩大中等收入群体需要着力关注的重点人群。第一，推进进城农民工有序市民化。降低农民工进城落户门槛，加强保障性住房、医疗服务、随迁人口教育等公共服务。明确流入地政府属地责任，加大基本公共服务供给，消除农民工获取公共服务的制度性障碍。第二，促进农民工高质量就业。通过政府职业培训项目或企业培训计划加强农民工群体的全生命周期职业技能培训。设立就业服务中心，积极为农民工提供就业咨询、岗位匹配和就业等服务。加强劳动合同签订和执行，保障农民工的劳动权益、社会保险和福利待遇。第三，鼓励农民工创新创业。政府可通过提供创业培训、资金支持和孵化场地支持等措施，营造良好的创业环境，激励农民工创业致富。

让技术工人成为中等收入群体的重要组成部分：第一，构建完善的职业技能培训体系。加快建设职业技术大学，建立技术交流和技能展示平台，探索技能人才与工程技术人才职业发展的衔接途径，实现职业资格证书和学历证书、职称证书的互通互认，促进技术工人高质量就业。第二，提高技术工人工资福利待遇。完善激励机制，提高技术工人的工资水平，建立健全工资合理增长与分配调节机制，积极引导上市公司开展高级技术工人股权激励，以吸引更多高素质人才加入技术工人队伍。第三，大力营造尊重技能人才的社会环境。通过媒体宣传，提升社会对工匠精神的认同和尊重程度，引导社会形成尊重劳动、重视技艺的价值观念。逐步扭转社会对职业教育、技能培训的偏见，增强职业教育、技能培训的吸引力。

促进高校毕业生成为中等收入群体：第一，要确保教育成效与专业技能的精进。以提升高等教育质量为核心，革新人才培养模式，强化实践教学环节，促使理论知识有效转化为职业技能，从而精准对接社会发展的多元化需求。第二，完善就业指导服务体系。构建更为精准高效的就业信息交流平台，搭建集职业指导、职业技能培训、就业实习为一体的公共服务网络，积极发掘并整合各类就业资源，创新构建校企合作的新模式，优化并实施一系列激励措施，以吸引并促进高校毕业生向中小企业流动。第三，对高校毕业生职业生涯初期给予政策支持，减轻初期经济负担。通过增加城市人才公寓、青年驿站等居住服务供给，以及实施教育贷款利

---

① 根据 CFPS2018 年、2020 年数据计算分析所得，限于篇幅未展示计算过程。

息减免等优惠政策，确保其收入水平能够稳步上升，逐步成为中等收入群体的新成员。

中小企业主和个体工商户本身内在的发展动力较强，但需要政府部门创造更加良好的创业致富条件。第一，继续健全市场机制。通过市场创新和竞争，增强创业创新活力，在进一步增加市场主体数量的同时，提高中小企业和个体工商户的经营效率，以市场主体高质量发展推动壮大中等收入群体规模。第二，优化普惠金融服务。积极利用数字普惠金融，围绕小微企业的全生命周期需求，通过数字技术的变革来推动金融服务模式的转型，增强金融服务对小微企业需求的适配性。第三，优化营商环境。营商环境显著影响着中小企业主和个体工商户的创业和经营成本，优化营商环境可以从减轻税费负担、手续办理“一站化”“一条龙”、数字化服务等方面入手，帮助中小企业主和个体工商户稳定经营、持续增收。

适当提高公务员特别是基层一线公务员及国有企事业单位基层职工工资待遇，可提高我国中等收入群体占比。第一，建立科学合理的薪酬制度。对公务员和国有企事业单位基层职工的工作进行评估，根据工作的性质、责任、风险等，建立科学的薪酬体系。同时，可以考虑引入绩效工资制度，根据工作绩效给予相应的奖励，激励公务员和基层职工提高工作质量和效率。第二，加强社会保障和福利待遇。除了提高基本工资外，还可以通过提高社会保障和福利待遇来增加公务员和基层职工的实际收入。第三，增加职业培训和晋升机会。通过加强职业培训和技能提升，提高工作能力和竞争力，从而获得更高的工资待遇。同时，建立公平的晋升机制，确保每个人都有公平的晋升机会，从而激励公务员和基层职工提高自身素质和能力。

五、扩大中等收入群体的重要意义

扩大中等收入群体作为国家经济社会发展的战略目标，不仅需要从经济社会范畴考量，也需要从学理的高度阐明其重要意义。在我国跨越“中等收入陷阱”、向“高收入国家”迈进的历史关口，扩大中等收入群体的探索和实践不仅推动了马克思主义理论的丰富和发展，贯彻了协调和共享的新发展理念，更对全面建设社会主义现代化国家、实现中华民族伟大复兴有重要而深远的影响。

（一）扩大中等收入群体有助于推动马克思主义理论的丰富和发展

扩大中等收入群体是将马克思主义基本原理同中国具体实际相结合的创造性应用和探索性发展，是对马克思主义人民立场、分配正义思想和发展观的继承、创新与发展。

首先，扩大中等收入群体坚持和贯彻了马克思主义的人民立场。人民立场是马克思主义的政治立场，它强调以无产阶级和全人类的解放为己任，强调以人民为中心、一切为了人民、一切依靠人民、发展成果由人民共享。中国共产党坚持以人民为中心的发展思想，致力于提高人民生活水平，增强人民的获得感、幸福感和安全感。扩大中等收入群体可以使更多的人享受到经济发展的成果，提高全社会的生活质量。换言之，中等收入群体的扩大意味着更多的人能够拥有稳定的收入、良好的教育和医疗保障以及更高的生活水平。这不仅有助于缩小贫富差距，促进社会的公平正义，还能够维护社会的和谐稳定。

其次，扩大中等收入群体坚持和发展了马克思主义的分配正义思想。马克思主义分配正义的本质是对现实具体的分配活动、分配原则和分配结果之合理性反思和合目的性审思。马克思主义认为，分配正义的起点是生产资料的所有制形式及其相互地位。分配取决于生产，分配状况取决于生产状况。生产的结构、规模和速度决定了分配的结构、规模和速度。所以，分配正义与否的问题实质上是生产正义与否的问题，即生产资料是否由全社会成员共同享有。分配正义的原则是依据生产力水平，在消费资料的分配中遵循按劳分配与按需分配的基本原则。分配正义的结果并非局限于物质层面的正义性与公平性，而是以实现全社会成员自由全面发展为特征的全体性正义。马克思主义的分配正义是扩大中等收入群体的价值取向。改革开放以来，我国通过调整分配制度，不断提高中低收入者收入，完善社会保障制度，确保社会成员能够分享社会发展成果，使更多的人进入中等收入群体。党的十八大以来，以习近平同志为核心的党中央以促进社会公平正义、增进人民福祉为出发点和落脚点，深化收入分配制度改革并将其上升为基本经济制度。同时，新增土地、数据等生产要素参与收入分配，重申扩大中等收入群体，强调重视发挥第三次分配的作用。因此，扩大中等收入群体不仅是贯彻马克思主义分配正义思想的重要途径，也是分配正义思想在新时代的重要体现。

最后，扩大中等收入群体坚持和发展了马克思主义的发展观。马克思主义强调生产力是社会发展的根本动力和现实的物质基础，由此揭示了人类社会生活的本质、发展动力和运动规律。[①] 从本质上讲，扩大中等收入群体是生产力发展的直接结果。一方面，生产力的提高意味着技术进步、劳动生产率的提升和经济总量的扩张，这为扩大中等收入群体提供了基本条件。随着生产力的提高，社会创造的财富总量也会随之增多，能够为更多劳动者提供较高的收入和更高的生活水平。另一方面，通过扩大中等收入群体，更多的人能够获得较高的收入水平，提升消费能力，进而扩大市场需求，刺激生产力的发展。新的市场需求不断推动技术进步和产业升级。中等收入群体往往对商品和服务有着更高品质的需求，而这种需求推动了科技创新、产业升级，进而推动生产力的提高。因此，扩大中等收入群体体现了对马克思主义关于生产力与生产关系的辩证关系理论的继承与发展。

（二）扩大中等收入群体有助于落实协调和共享新发展理念的内涵

2015年，习近平在党的十八届五中全会上提出“创新、协调、绿色、开放、共享”的新发展理念。扩大中等收入群体体现了新发展理念中“协调”和“共享”的深刻内涵。“协调”包括对社会主要矛盾中不平衡和不充分问题的矫正；“共享”包括对经济社会发展中有悖社会公平正义问题的矫正。

---

① 《马克思恩格斯选集》第1卷，北京：人民出版社2012年版，第160—163页；《马克思恩格斯选集》第2卷，北京：人民出版社2012年版，第1—5页。

中等收入群体比重和规模的扩大体现了协调发展的内涵。党的十八大以来，党中央在深刻总结经济社会发生新变化的基础上，明确提出“我国社会主要矛盾已经转化为人民日益增长的美好生活需要和不平衡不充分的发展之间的矛盾”。[①] 党的十九大报告着重强调了“更加突出的问题是发展不平衡不充分”[②] 的问题。这种不平衡不充分在我国经济社会发展的结构性问题中尤为凸显，具体表现在产业结构、收入分配结构、城乡与区域结构以及总需求结构等多方面失衡。其中，收入分配结构失衡问题尤为关键，它不仅是其他结构性失衡的根源，也是关系到全体人民共同富裕能否实现的重要问题。具体来说，收入分配结构的失衡往往导致中等收入群体规模相对较小、收入水平普遍偏低，而中等收入群体在消费市场中扮演着重要角色，是消费市场的核心力量。因此，这种失衡会削弱一个经济体的消费能力，即消费率（消费支出总额占 GDP 的比例）偏低，从而对服务业的需求减弱，最终引发总需求结构与产业结构的失衡。为此，党中央提出要“提低、扩中、调高、取非”，并强调到 2035 年基本实现社会主义现代化时，“居民人均可支配收入再上新台阶，中等收入群体比重明显提高”。[③] 这一战略目标的提出，实质是注重解决收入分配结构失衡的问题，在发展中促进收入分配结构的相对平衡，不断形成“橄榄型”收入分配结构，体现了新发展理念中协调发展的理论内涵。

中等收入群体比重和规模的扩大体现了共享发展的理论内涵。改革开放初期，我国经济基础相对薄弱，党的核心任务是团结带领全体人民迅速走出贫困，实现经济繁荣。在党的领导下，经过不懈的奋斗和探索，我们逐步确立了社会主义市场经济的发展道路，并在实践中不断优化和完善。这种经济体制的效率在实践中得到了充分的展现，经过三十多年的迅猛发展，我国经济实现了质的飞跃，于 2010 年跃升为世界第二大经济体，并跻身中高收入国家之列，人民的生活品质得到了显著提升。然而，随着中国式现代化的持续推进，单纯追求效率的增长模式也带来了收入分配不均的问题。如果继续过度强调效率优先，可能会导致中低收入群体的收入提升受阻，甚至低收入群体的规模进一步扩大，不利于国内消费水平的提升，也对经济的稳定和可持续发展构成威胁。进入新时代，党中央坚定贯彻以人民为中心的共享发展理念，打赢了脱贫攻坚战，全面建成了小康社会，将我国的贫困问题从“绝对贫困”转变为“相对贫困”。如果说提高低收入群体收入解决的是“绝对贫困”问题，那么扩大中等收入群体解决的就是“相对贫困”问题。因此，优化收入分配结构、扩大中等收入群体既是解决“相对贫困”问题的重要任务，也是避免经济倒退和陷入“中等收入陷阱”的关键所在。

（三）扩大中等收入群体有助于全面建设社会主义现代化国家、实现中华民族伟大复兴

作为全球经济社会变革和文明跃升的重要标志，实现现代化已成为世界各国的共同追求。中国共产党经过百年的不懈探索与实践，带领中国人民成功走出一条具有中国特色的现代化

① 《习近平谈治国理政》第 3 卷，北京：外文出版社 2020 年版，第 9 页。

② 《习近平谈治国理政》第 3 卷，第 9 页。

③ 习近平：《高举中国特色社会主义伟大旗帜 为全面建设社会主义现代化国家而团结奋斗——在中国共产党第二十次全国代表大会上的报告》，第 24 页。

发展道路，即中国式现代化道路。中国式现代化是在中国共产党的领导下，基于社会主义的理念，充分发挥中国特色社会主义制度的显著优势，面向庞大的人口规模，致力于实现全体人民共同富裕的现代化。

自工业革命以来，在人类迈向现代化的过程中，西方国家长期占据优势地位，但这一过程也暴露出一些问题，比如富者愈富、贫者愈贫的两极分化现象。从理论角度而言，人均收入与收入分配差距之间存在库兹涅茨“倒 U 形”关系，即当人均收入低于特定阈值时，经济发展倾向于效率提升，收入差距随之扩大；超过此阈值后，经济发展则转向公平，收入差距随之缩小。实际上，全球范围内的收入不平等问题正在加剧。从 20 世纪 80 年代开始，发达国家的收入分配不均现象愈发严重。特别是美国，前 1% 高收入群体的收入在国民总收入中的占比，从 20 世纪 70 年代的 8.5% 显著跃升至 2018 年的 19.8%。欧洲的情况也类似，同期高收入群体占比从 7.5% 增长到了 10.4%。俄罗斯前 1% 高收入群体的收入在国民总收入中的占比，从 20 世纪 80 年代的 4% 飙升至 21 世纪的 20% 以上。[①] 这些变化清晰地揭示了全球范围内收入不平等的严峻形势。从国际经验来看，中等收入群体的壮大是实现现代化的关键。根据瑞士信贷银行数据，成功实现现代化的韩国和日本，其中等收入群体在总人口中的占比分别达到 45% 和 60%。相较之下，那些陷入“中等收入陷阱”且未能实现现代化的国家，如巴西和俄罗斯，其中等收入群体的占比则不超过 10%。[②] 虽然中国中等收入群体规模 2018 年已突破 4 亿人，[③] 显示出巨大的发展潜力，但其在总人口中的占比仍有待进一步提升，以实现更为均衡的社会发展和现代化进程。因此，在我国社会主义现代化建设的征途中，扩大中等收入群体不仅有利于提升居民收入水平，增强经济社会发展的全面性和韧性；同时，也有助于推动经济社会发展的均衡性，确保在全面且均衡的发展进程中，人民日益增长的美好生活需要得到持续满足，进而为社会主义现代化国家的建设提供坚实保障。

中国共产党自成立之日起，就肩负起实现中华民族伟大复兴的历史使命。实现中华民族伟大复兴，不仅是我们党矢志不渝的奋斗目标，也是近代以来中国人民的共同梦想。实现中华民族的伟大复兴，其本质就是实现国家富强、民族振兴和人民幸福。只有当中等收入群体在社会总人口中占绝大多数时，中华民族的伟大复兴才能落地生根、夯实基础。因此，提高低收入者收入，稳固和扩大中等收入群体，不断提高人民的获得感、幸福感和安全感，有助于形成推动实现中华民族伟大复兴的强大力量。

（责任编辑　陈霄元）

① 张占斌：《中国式现代化进程中围绕“两个倍增”扎实推进共同富裕探析》，《马克思主义研究》2023 年第 4 期。
② 刘伟、陈彦斌：《“两个一百年”奋斗目标之间的经济发展：任务、挑战与应对方略》，《中国社会科学》2021 年第 3 期。
③ 《国家统计局局长就 2018 年国民经济运行情况答记者问》。

The Connotation, Measures and Significance of Expanding Middle-Income Population

Kong Tao[1] Chen Shaobo[2]

(1. Peking University, Beijing 100871, China; 2. Chinese Academy of Fiscal Sciences, Beijing 100142, China)

Abstract: Expanding the middle-income population is an important goal for income distribution policy in China. Since the beginning of the new era, China's income distribution structure has gradually changed from a pyramid to an olive shape, with the proportion of the middle-income population increasing. Undeniably, however, the majority of China's population is still in the lower income bracket, and an olive-shaped social structure has not yet been fully formed. Expanding the middle-income population remains significant as ever, and is an important way to promote the development of the national economy and boost consumption. It is a necessary way to optimize the social structure and promote social stability, and is also indispensable to ensuring equal opportunities and promoting equal access to education. Given that it is a dynamic process, the balance between "raising those in the lower income bracket" and "maintaining those in the middle income bracket" needs to be taken into consideration, which means carrying out bracket-specific measures in order to make the policies more precise and effective. In the new era, expanding the middle-income population embodies coordination and sharing that is part of the new development philosophy, and is an inevitable requirement for building China into a great modern socialist country in all respects and realizing the great rejuvenation of the Chinese nation.

Key Words: Middle-Income Population; Common Prosperity; Raising Those in the Lower Income Bracket; Maintaining Those in the Middle Bracket; Bracket-Specific Measures

中华民族共同体理论建设研究

王延中

（中国社会科学院，北京 100732）

摘　要：习近平总书记在二十届中央政治局第九次集体学习时指出，要“加快形成中国自主的中华民族共同体史料体系、话语体系、理论体系”。本文围绕如何推进中华民族共同体理论研究和体系建设，从必要性、紧迫性、建设内容及主要举措等方面展开阐述，并就此提出相关建议。

关键词：中华民族共同体；史料体系；话语体系；理论体系；学科建设

中图分类号：D633　　**文献标识码**：A　　**文章编号**：2097-1249（2024）06-0090-15

党的十八大以来，习近平根据民族工作面临的新形势，鲜明提出把铸牢中华民族共同体意识作为新时代党的民族工作的主线、民族地区各项工作的主线，形成关于加强和改进民族工作的重要论述。在这一重要论述指引下，我国民族工作发生了重大转变，取得了新的历史性成就：推动民族地区同全国其他地区一道打赢脱贫攻坚战、全面建成小康社会，迈上全面建设社会主义现代化国家新征程。但在深入贯彻落实以铸牢中华民族共同体意识为主线的实际工作中，民族工作在宣传教育、政策法规、理论宣传等方面的重大调整还面临不少困难、挑战甚至思想认识困惑，特别是在民族理论方面，深受西方民族理论观点和话语体系的影响，缺乏中国自主民族理论话语，更没有科学完备的中华民族共同体理论体系。适应新时代民族工作转型要求、推进民族工作健康发展，迫切需要摆脱传统的理论束缚和话语陷阱。加快建构科学完备的中华民族共同体史料体系、话语体系、理论体系是用我们自主的理论体系更好地应对国内外各种风险挑战的迫切需要，也是构建中国特色哲学社会科学体系的重要任务。

目前，学术界对建构中国自主的民族学知识体系和建构中华民族共同体理论体系等进行了有益探索。从研究的重要议题和核心概念看，郝亚明等认为，铸牢中华民族共同体意识作为党和国家新时代民族工作的重大战略部署，与实现中国式现代化这一国家总体战略具有协同推进关系。[①] 石硕从“世界之中国”角度对中华民族概念产生的时代环境、传播机制进行了讨论，指出近代“中华民族”概念的产生代表着中国人整体“民族意识”的觉醒，认为在构建人类命

作者简介：王延中，中国社会科学院大学教授，中国社会科学院民族学与人类学研究所研究员。

① 郝亚明、秦玉莹：《中国式现代化与中华民族共同体建设的协同推进逻辑》，《中南民族大学学报（人文社会科学版）》2023 年第 2 期。

运共同体的今天，不能将“中华民族共同体”与“人类命运共同体”对立起来，提出了考察中华民族概念的“世界”和“中国”两个维度。[①]从学科体系看，何明认为，作为现代学科意义上的中国民族学之知识生产，主要经历了现代民族学知识体系的建构、马克思主义民族理论中国化的初步形成、民族学知识生产全球化、民族学自主知识体系的自觉建构等不同历史发展阶段，形成了独特的演进脉络与内在逻辑。[②]周平等则从政治学学科视角出发，基于国家民族的研究立场创立了中国民族政治学的知识体系。[③]从中华民族共同体理论体系的要素内容看，金炳镐等认为，“中华民族共同体意识话语体系，需要从理论来源、思想渊源和学理基础等角度对其进行基础考察，构建包括政策性话语、学术性话语和生活化话语为基本内容的话语体系框架”。[④]高永久等就构建中华民族共同体理论体系的价值意蕴、核心要义和路径等作了专门研究。[⑤]整体来看，学术界对于中华民族共同体等议题的认识在提升，研究在深化，自主性在增强，但仍然存在问题意识不够强，原创性概念和创新性成果比较少的现象，亟须提高研究深度和广度，扩大影响力，讲好中华民族共同体故事。笔者基于上述研究，进一步系统讨论构建中华民族共同体史料体系、话语体系和理论体系的相关议题，旨在引起更广泛的讨论和更多创新性自主性研究。

一、传统民族理论及话语表述中的突出问题

（一）中国“民族”概念中的认识问题

虽然中国古代就有“民”及“族”甚至“民族”的表述，却没有现代意义上的“民族”概念。学术界一般认为中国现代意义的“民族”概念是梁启超最早使用的。他于 1899 年从日语翻译了这一概念，可以说是舶来品。1902 年 3 月，梁启超在《新民丛报》发表的《论中国学术思想变迁之大势》一文中，最早使用了“中华民族”这一概念，还提出应当区分“大民族主义”和“小民族主义”，即包含全部中国民众的“民族”是“大民族主义”，如“中华民族”；作为中国内部各个不同群体称谓的“民族”是“小民族主义”，如“汉族”“满族”“苗族”“瑶族”等。[⑥]

正是因为作为“大民族主义”的“中华民族”与作为“小民族主义”的“各民族”都使用了“民族”的概念，同时又因为在中国，“中华民族”往往与“中华”“华夏”甚至“汉族”相提并论，这就使中文中的“中华民族”与“汉族”之间产生了联系密切甚至意义相同的解释。但是，一旦把“中华民族”与“汉族”等同起来使用，一定程度上存在把中国境内不属于“汉族”

---

① 石硕：《从“世界之中国”认识“中华民族”概念》，《中华民族共同体研究》2023 年第 6 期。
② 何明：《中国民族学自主知识体系建构的原则与方法初探》，《中国民族》2024 年第 7 期。
③ 周平、孙保全：《民族政治学的理论体系》，《政治学评论》2023 年第 2 期。
④ 马晓军、金炳镐：《中华民族共同体意识话语体系构建研究》，《广西民族大学学报（哲学社会科学版）》2023 年第 4 期。
⑤ 高永久、杨龙文：《构建中华民族共同体理论体系：价值意蕴、核心要义与路径依循》，《民族教育研究》2024 年第 3 期。
⑥ 龚志祥、刘一橦：《从民族定义看马克思主义民族理论的中国化时代化》，《中南民族大学学报（人文社会科学版）》2024 年第 4 期。

的其他“小民族主义”的群体排除在“中华民族”之外的风险或问题。这也是“民族”概念传入中国并将“中华民族”理解为包含“单一汉族”（中国境内的绝大多数人口）与“中华民族”（全体人口）两层意思的概念之后，一直困扰中国民族学尤其是民族理论研究乃至中国学术界、思想界的一个难题。难点或症结的关键是“汉族”内涵的界定，即汉族到底属于“大民族主义”的民族还是属于“小民族主义”的民族，还是两层涵义兼而有之。另一个难点是中国境内的“小民族主义”的“民族”（也就是中国境内的非汉族群体，或者说少数民族），是属于“汉族”的一部分还是属于“中华民族”的一部分，就成为一个不得不解决的重大理论甚至政策问题。在近代以来“民族平等”的话语体系下，如果把“中华民族”等同“汉族”，非汉族的各少数民族就无法成为具有与汉族一样平等地位的“民族”，只能对其民族地位作变通处理，但又不符合“民族平等”原则；如果承认各个“小民族主义”的群体都是“民族”，认定哪些“小民族主义”群体是“民族”以及如何认识这些“民族”与“汉族”以及“大民族主义”的“中华民族”的关系，又是一个非常复杂敏感的理论难题。

（二）民族与国家、民族与民族的关系以及国家民族的性质问题

前述两种不同类型的民族观对如何看待国家与民族以及民族与民族关系有直接影响。基于一个国家内存在着多个不同的“民族”群体的民族观，可以把民族与国家的关系视为“包容”关系，也就是多个民族共处一个国家，一个国家包含多个民族。这也是长期以来我国一直占据主导地位的“民族观”，表述为中国自古以来就是“统一的多民族国家”。这是对各民族“共创中华”的历史与现实状况的一个概括。如果把“民族”的内涵上升到近现代主权国家的“国民”层次上，上述“民族”观显然无法概括一个国家疆域内的“全体国民”。如果坚持按照西方“民族国家”的角度定义国家的主权归属，就应当将“民族”上升为“国家民族”。然而，受西方民族国家理论的影响，加上中文中对两种不同性质的“民族”都使用一个相同的概念，一些试图把“群体”性质的“民族”与“国民”性质的“民族”混同起来的做法，就把不同性质的“民族观”上升到“国家观”层面的分歧乃至对立。

如果把“民族”仅仅理解为现代国家的“国民”，坚持“民族”与“国家”的相同性或一致性，就无法理解“统一的多民族国家”。因为按照“一个民族、一个国家”的所谓“经典”西方民族国家理论,“统一的多民族国家”是不可能存在的。要么认可“统一的国家”只存在一个民族，要么把“统一的多民族国家”解构为各个“单一民族”的国家。在这样的民族国家话语下，是无法理解为什么中国自古就是“统一的多民族国家”的。一些西方学者对此只能说“中国”是伪装成国家的“文明”。[①] 近来，有中国学者用“天下”指代“统一的中国”，就是希望避免用“民族”就是“国家”的民族国家理论。然而，以为放弃“民族”概念就能解决“民族”与“国家”的混淆、形成对民族与国家关系的准确把握的观点，有待商榷。近代以来，伴随封建帝制或王

① “中国是一个伪装成国家的文明”是美国政治学家白鲁恂（Lucian Pye）在1968年的《中国政治的精髓》一书中提出的观点。塞缪尔·亨廷顿（Samuel P. Huntington）在1996年出版的《文明的冲突和世界秩序的重建》一书中进一步深化了这个说法。进入21世纪，英国学者马丁·雅克（Martin Jacques）多次重申并强化这一观点，产生了很大影响。

权被取代，人民（国民、公民）主权被确立为现代国家的立国之本。在一个国家内的所有国民或人民就成为现代主权国家的主人，把具有相同政治及法律地位的国民确立为“一个民族”是历史发展的趋势。不论国民（公民）个体的语言、文化、生产生活方式乃至文化习俗、宗教信仰如何，他们在一个国家内都是权利义务平等的国民（公民）。从这个意义上看，由具有相同国民（公民）身份的全体成员构成的共同体，就是一个国家，也是共同享有这个国家主权的同一个“民族”，只不过这个“民族”已经从“群体”层面上升到“国家”层面，这样的民族就是现代意义上的“国家民族”。以国家命名或自认为是“单一民族”国家的民族，都可以说是这种类型的“民族”，如“法兰西民族”“美利坚民族”“大和民族”等。梁启超提出的“中华民族”概念，也应具有相似的性质。一些专家认为，梁启超“中华民族”的内涵在清朝末年（1908年前后）发生了重要转变，从“汉族”转换为“中国大地上各民族的整体”。当然，不论是梁启超本人还是中国学界的一些专家，甚至是境内外的一些思想家，也在有意无意之间时常把“中华民族”与历史悠久的“华夏”“中华”“汉族”混同起来，增添了理解现代中华民族的难度。这也就是说，作为“国家民族”意义上的“中华民族”与历史上的“华夏”“中华”“汉族”等概念并不完全是一个意义。

“中华民族”概念的混用，既是不同“民族观”下对“民族”内涵的不同理解，也体现了不同时空条件下对“民族”与“国家”历史的“历史观”的差异。本来，站在统一国家的立场上研究阐释一个国家的历史，对于疆域等重大问题的看法总体上应是一致的。然而，如果仅仅站在“民族”的角度研究国家的整体历史或者国家不同区域和不同群体的历史，在历史观方面往往会出现分歧。因为近现代以来“民族”与“国家”等同的概念和内涵，并不能简单地应用于古代王朝史的阐释与叙述。不论是大一统王朝的统一时期或多个政权并存的分裂时期，当时的“疆域”与国家主权意义上的现代国家疆域不同，当时建立统一王朝或各自政权的“民族”与现代意义上的民族也不同。由于对不同时期“民族”“国家”“疆域”“政权”等基本概念的不同内涵缺乏必要的辨析，混同使用就会出现思想认识上的问题，进而引发历史观、国家观、民族观、文化观等方面的混乱，甚至出现政治立场与理论导向方面的偏差。

（三）传统民族研究的研究对象“窄化”和研究短板问题

长期以来，我们的民族研究受西方民族学、人类学理论的影响，过分强调民族差异性和多样性。从研究对象上看，我国的民族学主要研究少数民族和民族地区，甚至仅仅研究单一少数民族的历史与现状。这就导致对各民族之间的差异性、独特性研究多，对中华民族的形成发展史、各民族的交往交流交融状况和综合性的比较研究比较少，各民族之间的边界越来越清楚，各民族的民族意识不断强化，中华民族共同体的意识弱化，一些地区、一些群体的国家意识、公民意识、法治意识亟待加强。这些问题的根源则是在民族观等方面出现偏差。

（四）构建中华民族共同体自主知识体系的迫切性问题

从西方引进的民族学在中国传播了近一个世纪，一代代学人在推进外来民族学与中国实际相结合、探索民族理论中国化时代化方面付出了巨大的努力，做出了卓越的贡献。但是，不论是民族学的研究还是民族理论的探索，还面临着转型转向的压力。一些不利于铸牢中华民族共同体意识与推进中华民族共同体建设的理论观点和政策主张，并没有得到认真分析和系统梳理。在实践中还存在一些不符合增进共同性方向、尊重和包容差异性原则的做法。由于民族理论与话语体系等方面存在的诸多问题，使民族工作的一些领域和局部地区存在着思想认识上的混乱，正确的国家观、民族观、文化观、历史观、宗教观等“五观”教育比较薄弱。因此，必须加快构建新时代推进中华民族共同体建设的理论体系，为在思想理论建设、教书育人、国际舆论斗争等方面的工作提供强有力的理论支撑，更好助力新时代民族工作的高质量发展。推进中华民族大团结，凝聚各民族强国建设、民族复兴的磅礴伟力，不仅需要传统的民族学关于加强民族团结进步的相关知识，还需要用各学科的普遍性知识、用中国特色的话语体系、用我们自己的理论方法，“讲好中华民族共同体故事，讲清楚中国共产党领导和社会主义制度是我国各民族共同发展进步的可靠保障，讲清楚中华民族是具有强大认同度和凝聚力的命运共同体，讲清楚中国特色解决民族问题的正确道路所具有的明显优越性”。①

二、积极推进中华民族共同体史料体系建设

（一）高度重视史料体系建设的基础性作用

构建科学完备的中华民族共同体理论体系，必须依靠充分翔实的中华民族共同体史料体系来支撑。要想把一个国家、地区以及群体的历史发展过程及其演进特点说清楚，扎实的史料是基础和根本。围绕中华民族共同体理论体系建设，必须大力推进中华民族共同体史料体系建设。这不仅是为话语体系、理论体系建设提供基础资料的问题，而且是深化中华民族共同体重大问题学理性阐释和科学化分析的重要思想源泉。

在中华大地上，各民族的先民在漫长的历史长河中交往交流交融，留下了十分丰富的证据和史料。作为世界上唯一以国家形态发展至今没有中断的文明古国，中国不仅留下了世界上记录最详细、最完整、最精确的各种各样的历史书籍和文献资料，成为记录中国历史乃至周边国家历史的丰富文献宝库，而且借助现代考古学的发展，发掘出分布面积广、历史跨度长、体系类型全、资料信息丰富的考古实物、历史遗存和文物遗产。在进入西方主导的近代国际体系之后，西方列强的侵略压迫剥削，使中华民族遭受了前所未有的劫难。但是，不屈不挠的中国人民在与外国列强的抗争中不仅实现了民族自觉，留下了无数彰显爱国主义精神的名人故居、历史遗迹、文物实物等丰富的文化遗产；在中国从传统农业社会向现代工业社会转换的过程中，大量厂矿企业旧址、机器设备产品、商品技术贸易交流史料等，充分证明近代以来中华民族与世界各国的密切联系。近现代历史资料具有现实性强、内容包罗万象、题材契合中华

---

① 习近平:《铸牢中华民族共同体意识 推进新时代党的民族工作高质量发展》,《求是》2024年第3期。

民族伟大复兴主题等特点，既是记录中华民族共同体从自在到自觉转变的鲜活资料，也是中华民族推进现代化建设、积极主动建设现代文明的生动体现。

中华民族共同体史料体系建设既要重视古代史料的挖掘整理与研究阐释，也要重视近现代文史资料和实物资料的整理和挖掘，注重发挥各种类型的博物馆及文物文化场所的作用。每个时期、每个地区都发生着各民族间互帮互助的生活实践，特别是在近代以来抵御外侮、防止分裂、维护统一的进程中，各族人民空前团结、同仇敌忾，书写了中华民族艰苦卓绝、气壮山河的伟大史诗，涌现了大量可歌可泣的典型事迹，留下了丰富的历史文化材料、文献资料和文物实物资料。新中国成立后，在中国共产党的领导下，我国确立了民族区域自治制度，进行了民主改革和社会主义改造，引领各族人民走上社会主义道路，建立了平等、团结、互助、和谐的社会主义民族关系；改革开放以来，实施了西部大开发战略，进行对口支援和扶贫协作等针对民族地区和少数民族的多项优惠扶持政策，促进了各民族共同团结奋斗、共同繁荣发展；进入新时代，脱贫攻坚战的胜利使全国消除了区域性的整体贫困，全面建成小康社会并开启了强国建设、民族复兴的新征程。新中国 56 个民族共同团结奋斗、共同繁荣发展的历史过程，不仅展现了中华民族从站起来、富起来到强起来的历史性转变，而且涌现了难以计数的各民族守望相助、团结发展的典型案例。

（二）充分挖掘历史典籍中记载的各民族共创中华的历史事实

作为四大文明古国之一，中国产生了多种语言、不同形式的历史典籍，记载了“五个共同”[①] 的生动历程，展现了中华民族共同体形成和发展的历史事实。中国自周代共和元年确定明确的历史纪年，历史典籍记载连续而清晰。特别是秦朝建立统一的多民族国家之后，历朝历代都有严格的官方机构进行历史记录。“二十四史”作为官方记录的王朝历史，从政治经济到社会民俗，记载翔实，资料丰富，成为记载中华民族发展史最主要的典籍资料。

《史记》将中华各族视为一个整体进行书写，开创了为少数民族著书立传的传统，此后历代延续，形成了包括《汉书》《后汉书》《宋史》等在内的二十四史。这些历史典籍绝大多数都包含了少数民族与汉族的交往情况。《史记》以黄帝、颛顼、帝喾、尧、舜的世系为起点，具体记载了十二本纪、十表、八书、三十世家和七十二列传，明确了华夏族群与匈奴、南越、西南夷等各民族之间的亲缘关系，将秦、楚、越、匈奴、西南夷等民族的祖先一同纳入华夏的五帝的世系中，提出圣王同祖、华夷共祖的观念，并以黄帝为华夏第一帝王。“秦之先，帝颛顼之苗裔孙曰女脩。”[②]“楚之先祖出自帝颛顼高阳。高阳者，黄帝之孙，昌意之子也。”[③]“越王勾践，其先禹之苗裔，而夏后帝少康之庶子也。封于会稽，以奉守禹之祀。”[④]“匈奴，其先

① “五个共同”即各民族共同开拓了祖国的辽阔疆域，共同缔造了统一的多民族国家，共同书写了辉煌的中国历史，共同创造了灿烂的中华文化，共同培育了伟大的民族精神。《推进中华民族共同体建设 巩固发展中华民族大团结》，《人民日报》2024 年 9 月 28 日第 1 版。

② 司马迁:《史记 · 秦本纪》，北京：中华书局 1982 年版，第 163 页。

③ 司马迁:《史记 · 楚世家》，北京：中华书局 1982 年版，第 1689 页。

④ 司马迁:《史记 · 越王勾践世家》，北京：中华书局 1982 年版，第 1739 页。

祖夏后氏之苗裔也，曰淳维。”① 这些记载表明了先秦、秦汉时期黄河流域、长江中上游民族之间的亲缘关系，“华夷共祖”的文化认同已深入人心。《汉书》《晋书》《旧唐书》《新唐书》《明史》等记载了各民族在政治、经济方面的广泛交往，如唐蕃之间的数次会盟，明朝时期的边疆招抚政策，茶马互市等。

秦朝实行“书同文”政策，在广阔的疆域内实现了“文字”的统一，为此后历代“大一统”国家的发展奠定了重要基础。与此同时，中华大一统并不是“一刀切”，而是多元并存，经济上相互依存，文化上兼收并蓄、兼容并包。在正史之外，还保留了用多种语言文字记载的丰富史料，包含边疆民族史、文化史等丰富内容。此外，全国很多地方都留存下来不少地方史志资料，包括地方志、会要、笔记、谱牒及文学作品等。如清代彝文古籍《西南彝志》，汉文、满文、蒙古文3种文字版本的《孟子》《御制满汉合璧易经》，最早的双语教科书西夏文汉文字典《番汉合时掌中珠》，藏文和蒙古文大藏经《甘珠尔》《宋会要》，托忒文的《西游记》等。这些内容揭示了中华民族发展的整体性和内在联系，描绘了各民族共创中华的多彩画卷。

（三）高度重视考古资料在中华民族共同体史料体系建设中的作用

作为历史文化大国，点多面广量大的考古资料无疑是实证中华民族多元一体格局和各民族自古就是不可分割的中华民族共同体的物证资料。我国的文献资料固然丰富翔实，但是要充分说明中华民族的形成发展史，仅仅依靠文献记载是不够的，尤其是文字形成之前的历史更需要依靠考古资料来弥补不足。对考古资料的充分挖掘使用，可以用实物资料证实中华民族的先民们在中华大地上繁衍生息的悠久历史，对相关文献资料的叙述可以起到弥补、矫正（证实或证伪）、拓展等多方面的作用，更可充分利用文物和考古遗址，讲好各民族交往交流的历史故事。

“我国考古发现展现了中华民族起源与发展的历史脉络，我国考古发现的重大成就实证了我国百万年的人类史、一万年的文化史、五千多年的文明史。”② 当代考古科学的发展，对深化中华文明的起源及中华文明各个不同阶段发展演进特点的研究，发挥着越来越重要的支撑作用。考古学家基于对我国大量考古资料的深入研究，已经突破了关于文明起源发展的西方话语和西方叙事模式。很多考古遗址，极大地弥补了文献记载的缺失，有些发现甚至填补了文献记载的空白。内蒙古哈民遗址的史前人类聚落、乌兰察布大窑遗址的“大窑人”、萨拉乌苏遗址的“河套人”、扎赉诺尔遗址的“扎赉诺尔人”等古人类遗存，基本厘清了旧石器时代中国北方草原文明的发展序列。新石器时代，西辽河流域出现的红山文化、兴隆洼文化、小河沿文化、夏家店文化，黄河中上游地区出现的仰韶文化，长江流域出现的良渚文化、三星堆文化等，已经充分证实了游牧文化、农耕文化、海洋文化之间在远古时期的相互联系与密切关系，建构起了中华古代文明叙事的完整体系。

考古资料非常形象地展示了我国建立统一多民族国家以来各民族交往交流交融的历史。在

① 司马迁：《史记·匈奴列传》，北京：中华书局1982年版，第2879页。

② 习近平：《建设中国特色中国风格中国气派的考古学 更好认识源远流长博大精深的中华文明》，《求是》2020年第23期。

宁夏同心县倒墩子（西汉时期）匈奴墓地中，出土了来自中原的陶器、漆器、铁器。① 陕西神木县的东汉画像石墓葬群中既出现了具有草原文化特征的狩猎画像砖，也出现了带有儒家礼制的家族墓地、合葬形制，充分表明了匈奴家庭结构的汉化趋势。② 倒墩子遗址、东汉画像石墓葬群中出现的五铢钱、半两钱等古代货币，表明游牧民族与中原农耕民族之间密切的经济往来。和林格尔墓出土的以北壁乐舞百戏图、农耕图为主题的壁画，尼雅遗址出土的印有蛟龙纹和菩萨像的蜡染棉织品，新疆尉犁县营盘墓地、洛浦县山普拉墓地及阿斯塔那等墓葬中出现的各时代的鸡鸣枕等葬品，生动体现了中原文化在民族地区的传播情况。黑水城遗址出土的西夏文献、文物中包含了大量描述基层社会生活的文书，其中户籍帐的存在证实了各民族的通婚现象，西夏文和汉文的《杂字》分别记录了西夏的“番姓”和“汉姓”，显示出各民族之间在交往中形成的深层交融。

（四）充分认识并发挥文化遗产特别是非物质文化遗产资料对中华民族共同体史料体系建设的作用

有形的物质文化遗产和无形的非物质文化遗产是各民族在历史中交往交流交融积淀的结果，也是充分展示各民族发展历史与民族间交往交流交融的实物例证。物质文化遗产所表征的知识信息蕴藏着具体的历史情景，实证性和客观性体现得更加充分。对反映各民族交往交流交融的文化遗产进行系统梳理，构建中华民族发展史的代表性文化遗产谱系，不断丰富“五个共同”和各民族交往交流交融史的内容，实现“物”“史”互证，完成基于“物”的中华民族共同体历史叙事。以物质文化遗产为载体，深入挖掘其中蕴含的中华优秀传统文化精髓，可以更好地树立和突出各民族共有共享的中华文化符号和中华民族形象。文化遗产中具有历史、艺术、科学价值的古文化遗址、古墓葬、古建筑、石窟寺、石刻、壁画、近现代史迹，以及能够反映历史上各时代各民族生产生活、社会制度的代表性实物等都应被纳入史料体系之中。秦始皇兵马俑不仅形象地展示了秦朝的军事力量，也充分证实了在中华大地各个不同区域最终走向统一、建立起统一多民族国家的历史进程。集结了汉族、藏族及其他民族建筑风格的布达拉宫，见证了各民族之间友好往来的历史。故宫不仅与安徽凤阳的明中都、南京的明故宫遗址有着直接的沿袭关系，其形制甚至可以追溯至夏代以降的历代都城，是中华文化一脉相承的重要符号。云冈石窟的二佛并坐造像的兴盛，是北魏借助佛教彰显中原正统、王权神授的结果，敦煌石窟和麦积山石窟的二佛并坐造像可以看作是云冈模式的西传。③

以各地的民俗文化为主要代表的非物质文化遗产深嵌于各族人民的日常生活之中。非物质文化遗产的史料建设主要以中华文化为主干，以各民族非物质文化遗产为枝叶，搜集、挖掘、保护各类保留多民族交融历史与中华文化基因的文字、歌曲、舞蹈等不同形式的口述史资料、

① 乌恩、钟侃、李进增:《宁夏同心倒墩子匈奴墓地》,《考古学报》1988 年第 3 期。
② 肖健一、康宁武、程根荣等:《陕西神木大保当东汉画像石墓》,《文物》2011 年第 12 期。
③ 王江:《云冈石窟释迦多宝二佛并坐研究》,《云冈研究》2022 年第 3 期。

档案资料、数字资料等，构筑各民族共有精神家园。如传唱于西北地区的民间音乐花儿，不仅散见于宁夏、青海、新疆等地，其传唱之人更是跨越了民族界限，实现了汉族、回族、东乡族、保安族等多民族文化共享。壮族的嘹歌、土家族的摆手舞、藏区的锅庄舞、湘西的傩戏、民族史诗《格萨尔》《江格尔》《玛纳斯》等均孕育于各民族相互融通的日常生活实践中，成为各民族共享的中华符号，生动展现了中华文化兼收并蓄的特点。①

三、努力打造中华民族共同体话语体系

（一）充分认识"话语权"的重要性

"话语产生的权力是国家软实力的重要组成部分。"②"一个国家国际话语权大小直接影响和体现着国家软实力的强弱。"③西方世界把近代以来形成的政治价值观念体系提炼成所谓的"普世价值"，通过经济、军事、技术霸权和发达的传播手段，占据了国际话语制高点。为了加紧打压与遏制中国的发展势头，他们既充分运用其军事、科技、金融等硬实力，更擅长运用长期主导国际话语权的软实力，为打压中国的发展与国际合作不断制造舆论甚至不惜造谣污蔑，丑化和抹黑中国的形象。有学者甚至认为，当今美西方世界的霸权"在某种程度上是靠政治话语霸权来确立和维持的"④。由此可见，为中国发展创造良好的国际舆论环境，迫切需要提高我国的国际话语权和传播力，尤其是提升我国哲学社会科学的国际影响力。

（二）中国迫切需要自主的哲学社会科学话语体系

2016年，习近平在哲学社会科学工作座谈会上指出："在解读中国实践、构建中国理论上，我们应该最有发言权，但实际上我国哲学社会科学在国际上的声音还比较小"，进而提出了"要注意加强话语体系建设"的号召，并把它作为加强哲学社会科学体系建设的三大任务之一。⑤"坚持和发展中国特色社会主义，需要不断在实践上和理论上进行探索，用发展着的理论指导发展着的实践，哲学社会科学具有不可替代的重要地位。"⑥哲学社会科学的发展水平，在一定程度上决定了一个国家的发展水平。构建中国哲学社会科学体系、繁荣发展哲学社会科学的根本目的，是为了促进中国特色社会主义事业的顺利发展。作为认识世界、改造世界的重要工具，社会科学需要不断进行理论创新、话语创新。

（三）中国自主的民族话语体系建设刻不容缓

回顾国外特别是西方民族理论进入中国的历史，西方话语体系从基本概念、研究范式到基本

① 参见中国民族博物馆编纂、郑茜主编：《何以中华：一百件文物中的中华民族共同体历史记忆》，成都：四川民族出版社2024年版。
② 郭可：《国际传播学导论》，上海：复旦大学出版社2004年版，第4页。
③ 陈正良：《国际话语权对国家软实力影响效用探赜》，《观察与思考》2017年第1期。
④ 戴亚琴：《中国特色哲学社会科学话语体系建设研究综述》，《党政论坛》2019年第8期。
⑤ 习近平：《在哲学社会科学工作座谈会上的讲话》，北京：人民出版社2016年版，第24页。
⑥ 习近平：《在哲学社会科学工作座谈会上的讲话》，第2页。

观点、理论体系在我国民族学、人类学的教学科研乃至我国民族理论和政策法规实践中，都产生了非常大的影响。这使中国产生了现代意义上的“民族学”学科体系，但也使产生于西方土壤之上的理论变成了认识我国历史与现实的理论方法和话语体系。比如，我们长期使用舶来的“民族”概念而忽略了作为 56 个民族整体的“中华民族”概念，在理论研究和实际工作中注重强调各个民族之间的差异，忽略了各民族之间的联系和交往交流交融，对各民族共创中华历史和中华民族共同性强调不够。关于“民族”的话语多而强，关于中华民族的话语少而弱，而且在研究阐释上存在一定偏差。有些研究甚至把来自西方学界的理论观点作为阐释中华民族发展史和看待我国民族关系的标准。在涉及民族与国家的关系问题上，用西方民族国家的话语体系和理论框架研究阐释本属“族群”层次的“民族”，没有看到中国大一统的历史与现实。持不同观点和意见的学者，经常由于民族概念内涵的不一致而产生争论。这虽然在一定程度上有助于深化对民族现象的认识，但在一个时期带来的导向分歧甚至理论混乱也是客观存在的。如果不从话语体系着手，就很难真正建构起立足我国实际、具有科学性和解释力的中华民族共同体理论体系。

（四）坚持文化自信和中华文化主体性

加快构建中国特色哲学社会科学话语体系及中国自主的中华民族共同体话语体系，需要坚持并不断增强理论界对中华文化的文化自信。近代以来，西方文明和西方强势文化的冲击，导致不少人动摇乃至丧失了对中华文化的信心。在中国共产党领导下，中国人民和中华民族以马克思主义为指导，开启了实现中华民族伟大复兴的艰辛探索。改革开放以来，伴随中国式现代化的持续推进与巨大成就，党和人民对中国特色社会主义的道路自信、理论自信、制度自信不断增强。党的十八大以来，习近平在多个场合、多次讲话中强调“文化自信”，将“三个自信”变成“四个自信”。“坚定中国特色社会主义道路自信、理论自信、制度自信，说到底是要坚定文化自信。”① “自信才能自强。有文化自信的民族，才能立得住、站得稳、行得远”。②

坚定文化自信，根源在于坚持“两个结合”。在几千年的历史发展中，中华民族之所以能够历经磨难而坚韧向前，一个很重要的原因就是世世代代的中华儿女培育和发展了独具特色、博大精深的中华文化，为中华民族克服困难、生生不息提供了强大精神支撑。中国特色社会主义“具有深厚的历史渊源”,“是在对中华民族 5000 多年悠久文明的传承中走出来的”。③ “只有立足波澜壮阔的中华五千多年文明史，才能真正理解中国道路的历史必然、文化内涵与独特优势。”④ 博大精深的中华文化和连绵不绝的中华文明之所以长存于世，归根结底源自中华民族的悠久历史，源自中华民族对自身文化主体性的坚守。“有了文化主体性，就有了文化意义上坚定的自我，文化自信就有了根本依托，中国共产党就有了引领时代的强大文化力量，中华民族和中国人民就有了国家认同的坚实文化基础，中华文明就有了和世界其他文明交流互

① 习近平:《在哲学社会科学工作座谈会上的讲话》，第 17 页。
② 习近平:《在文化传承发展座谈会上的讲话》，北京：人民出版社 2023 年版，第 16 页。
③ 肖伟光:《廓清关于文化自信的三个常见模糊认识》,《宁夏社会科学》2024 年第 2 期。
④ 习近平:《在文化传承发展座谈会上的讲话》，第 5 页。

鉴的鲜明文化特性。”[①] 在现代化进程中坚持中华文化的主体性，中国就必须用自己的话语体系把中华民族的历史与现实表达清楚。正如方块汉字数千年来作为中国语言文字的典型样态一样，关于当代中国和中国人自己的话语体系，也一定带有中国历史文化的深刻烙印。只要站在中华民族的立场上，用“五个共同”的整体史观研究中国和中华民族的形成发展史，研究中华民族的多元一体格局，研究中华民族在中国共产党的领导下实现站起来、富起来到强起来的历史事实和发展趋势，就一定能够形成属于我们自己和属于我们这个时代的自主话语体系，为中华民族共同体理论体系建设发挥好支撑作用。

（五）推动民族学研究的范式转换

推进民族理论政策话语体系创新，要突破民族学传统固化的思维方式。民族学研究的是民族现象。新中国成立70多年来，我们已经形成了一整套民族学的概念与话语体系，但是这套体系主要运用于“少数民族”相关的领域中。在某种程度上，以往的“民族学”变成“少数民族学”，“民族理论政策”主要成为针对少数民族的理论政策，“民族区域自治”过多强调了地方的自治性，而没有准确把握民族区域自治与维护国家统一的关系。民族现象是全局性、系统性现象，仅仅靠民族学单一学科的知识是无法阐释清楚的，应在传统的民族学研究中借鉴其他学科的理论方法，也需要其他学科从不同角度广泛关注并参与民族问题的研究。从民族学学科发展史可以看出，人类学、社会学、政治学、历史学等很多学科都可以在中华民族共同体学术研究中发挥积极作用，都可以为民族理论政策的发展提供新的研究视角、做出各自的贡献。

四、积极推进中华民族共同体理论体系建设

（一）理论建设要充分体现中国化时代化原则

“社会大变革时代，一定是哲学社会科学大发展的时代。当代中国正经历着我国历史上最为广泛而深刻的社会变革，也正在进行着人类历史上最为宏大而独特的实践创新。”[②] “这种前无古人的伟大实践，必将给理论创造、学术繁荣提供强大动力和广阔空间。”[③] 梳理中国共产党成立以来带领中国人民和中华民族艰辛探索的百年历程，总结新中国成立70多年来推进中国式现代化的丰富实践，特别是改革开放40余年来经济高速发展和社会持续稳定的辉煌成就，比较中国特色解决民族问题的正确道路与世界各国处理本国民族问题的经验教训，是新形势下民族学转型发展的客观需要，更是建构科学完备的中华民族共同体理论体系的重要依据。

（二）研究中华民族共同体形成与发展的基本逻辑

从历史逻辑上看，中华民族共同体是历史发展的结果。现实是历史的延伸和发展，历史是

---

① 习近平:《在文化传承发展座谈会上的讲话》，第9页。
② 《习近平著作选读》第1卷，北京：人民出版社2023年版，第478—489页。
③ 《习近平著作选读》第1卷，第478—489页。

现实的前提和基础。为什么中华大地上的各民族在历史的长河中能够从多元走向一体？为什么中国能够从分散林立的众多部族方国最终发展成大一统的多民族国家？为什么大大小小的各种多元群体最终发展成世界上独一无二的“中华民族共同体”这样一个超级的民族实体？这些现象从西方民族学和相关学科中无法找到科学解释和准确答案，需要学术界从中华民族诞育、形成和发展史中寻求理论答案。中华民族共同体能够把分散的各民族凝聚成幅员辽阔、人口众多的广土巨族，这是由中华文明的根本特性决定的，也是由中华民族在漫长的历史进程中各民族内向凝聚、坚持和平发展的独特道路决定的。要看清中华民族的现状和未来发展方向，必须从历史中寻找线索，从历史逻辑中寻找答案。从历史发展逻辑中构建中华民族共同体理论体系，必须阐明各民族在中华大地上长期共同生活、生产中共同性不断增强、中华民族共同体不断发展壮大的主流趋势，阐明虽然近代以来才出现“中华民族”这个名称，但在历史长河中，“中华民族”作为多元一体、相互离不开的民族实体已经长期存在的历史事实。

从理论逻辑上看，习近平曾用三个“相互”阐发了中华民族共同体形成与发展的内生动力：“一部中国史，就是一部各民族交融汇聚成多元一体中华民族的历史，就是各民族共同缔造、发展、巩固统一的伟大祖国的历史。各民族之所以团结融合，多元之所以聚为一体，源自各民族文化上的兼收并蓄、经济上的相互依存、情感上的相互亲近，源自中华民族追求团结统一的内生动力。”[①]2024 年 9 月，习近平在全国民族团结进步表彰大会上用五个“相”阐发了中华民族共同体形成与发展的内生联系：各民族血脉相融，是中华民族共同体形成和发展的历史根基；各民族信念相同，是中华民族缔造统一的多民族国家的内生动力；各民族文化相通，是中华民族铸就多元一体文明格局的文化基因；各民族经济相依，是中华民族构建统一经济体的强大力量；各民族情感相亲，是中华民族一家亲的坚强纽带。[②]这些论述充分揭示了中华民族共同体的发展规律和建设路径，其背后的学理阐释、实证研究还需要理论界不懈的努力。

（三）加强中华民族共同体学科建设

加强学科建设、优化学科结构是构建中华民族共同体理论体系的重要条件。要改变只有民族学、人类学关于“民族”的理论才是“民族理论”的旧思维，形成多学科共同参与研究关于民族与民族、民族与国家、民族自身发展规律和趋势的新格局。这就需要按照习近平在哲学社会科学工作座谈会上的讲话要求，贯彻习近平关于加强和改进民族工作的重要论述，推进新时代的民族研究和中华民族共同体学科建设，以铸牢中华民族共同体意识为引领、以增进共同性为导向推进学科优化，加快学科建设。

铸牢中华民族共同体意识、构建中华民族共同体理论迫切需要民族学学科转型转向。有一段时间，我们的民族学从概念到基本理论观点主要来自国外，并且形成了西方民族学（或人种学、人类学）和苏联民族理论两个学术传统。两者在解释中国悠久复杂的民族现象和引导民族

① 习近平：《在全国民族团结进步表彰大会上的讲话》，北京：人民出版社 2019 年版，第 7 页。
② 习近平：《在全国民族团结进步表彰大会上的讲话》，北京：人民出版社 2024 年版，第 4—6 页。

工作实践中虽然发挥了一些积极作用，但也存在不少偏差。因为两者往往把“民族”概念等同于“少数民族”，很少研究经过长期交往交流交融形成发展起来、占全国人口绝大多数的“汉族”，基本不研究代表全体国民的“中华民族”。这也导致民族学一般只研究各民族之间的差异性，忽略各民族的共同性；只强调各少数民族的特殊性，忽视各民族的交往交流交融；只强调各民族的单一发展史，忽略了各民族共创中华的整体发展史。新时代党的民族理论、政策、实践工作的创新发展，对加快构建符合我国国情、具有中国特色的中华民族共同体理论体系提出了迫切要求，也为推进新时代民族学的转型发展指明了方向、提供了遵循。

推进中华民族共同体理论体系建设是对我国哲学社会科学各相关学科提出的共同任务。研究中华民族的悠久历史，需要考古学、历史学、语言学、文字文献学等基础学科投入力量，加大学科建设力度。研究包括马克思主义民族理论在内的马克思主义同中国具体实际、同中华优秀传统文化“两个结合”的科学内涵与实践路径，需要马克思主义、党史党建、哲学、政治学、政治经济学、科学社会主义等学科的介入与引领，只有这样才能真正理解马克思主义为什么能够在中华大地上扎根发展，为中国广大民众所接受，中国共产党为什么能作为中国人民的先锋队和中华民族的先锋队，带领中华民族获得独立解放、实现站起来富起来强起来的历史使命。研究中华民族发展史，必然要放到世界范围内，从人类社会发展史的角度去考察，这就需要国际政治、世界经济、区域国别等学科的介入，从国际比较的视角分析古今中外民族事务治理或者处理民族问题的不同类型及其利弊得失；从民族事务治理成效的多学科研究分析中更好地理解中华民族共同体的中国特色和民族特色，为世界各国治理民族问题提供中国智慧、中国方案，以中国特色的民族理论和中华民族共同体理论体系为构建人类命运共同体做出中国贡献。鼓励打破学科界限和学术壁垒，积极开展跨部门、跨领域、跨专业的联合调查研究，组织跨学科论坛，开展多学科对话，促进学术交流。

构建中华民族共同体理论体系需要民族学与各相关学科共同努力，也需要加快形成中华民族共同体研究的专业化学科支撑，发挥好各级各类铸牢中华民族共同体意识研究基地、教学基地、实践基地的引领和载体作用。目前，中央统战部等四部委已经确立了28家专门研究基地，国家民族事务委员会和民族地区也建立了一大批研究基地或教学科研机构，但重大创新性科研成果还不多，引领学术理论体系建设的精品力作相对匮乏，精准阐释铸牢中华民族共同体意识、有效服务国家和各地民族工作实践的人才队伍还较薄弱。要进一步加强对各类研究基地、教学实践基地的指导，不断提升其专业素质和能力水平。要建立更加有效的激励约束机制，鼓励各相关机构把准研究方向，围绕中华民族共同体重大基础性问题联合攻关、融合发展。

（四）始终坚持正确的立场、观点和方法

推进中华民族共同体理论研究，必须站稳马克思主义立场、站稳中国立场、站稳时代立场，必须坚持以习近平新时代中国特色社会主义思想为指导。“持续推进实践基础上的理论创新，首先要把握新时代中国特色社会主义思想的世界观和方法论，坚持好、运用好贯穿其中的立场观点方法。”[①]“六个必须坚持”[②]是对习近平新时代中国特色社会主义思想的世界观和方法论的集中概括，必须贯穿中华民族共同体理论体系建设全过程。人民至上是马克思主义的基本立场，必须树立好为人民做学问的理念。站稳中国立场和时代立场就是要坚持古为今用、洋为中用。民族理论政策研究包括中华民族共同体学科建设，必须坚持一切从实际出发、从中国国情出发、从现实需要出发、从实地调查出发的基本原则，坚持一切理论尤其是外来理论必须与中国历史和现实相结合的研究路径，坚持民族学、人类学、宗教学及相关哲学社会科学的中国立场与时代化发展方向。

推进理论创新，必须处理好民族研究政治立场与学术观点的关系。民族研究的各相关学科都具有很强的政治性与意识形态属性。坚持政治性与加强学术性并不矛盾。在坚持民族研究正确政治立场的前提下，必须努力提升理论政策研究的科学性、学术性、专业性。既要防止把民族研究变成失去现实关照的所谓“纯学术”，又要坚持立足田野、实地调查、从实求知的研究方法，把研究结论建立在扎扎实实的科学研究基础之上。对于民族研究领域的重大争议问题，要理性分析与客观对待，既不能把政治立场问题当成一般的学术问题对待，把“民族学”当成没有政治性的学科，也不能把一般性的学术问题简单地当成政治问题上纲上线。按照民族工作“是什么问题就按什么问题处理”的基本原则，对民族学的学科建设问题、学术理论问题、学术研究工作，多一份理解与支持，鼓励学者们潜心研究，为其走进田野、深入民间多提供一些支持，多创造有利条件。

（五）营造有利于理论发展的良好环境

推进中华民族共同体理论建设和民族理论政策研究，需要创造良好的学术环境、舆论氛围和创新空间。民族工作在党和国家工作全局中具有战略地位，做好民族领域实际工作既敏感复杂，又存在各种各样的新情况新问题，对待那些在实践探索中尚没有定论的新领域新问题，要做出全面、科学、精准的判断委实不易，推动哲学社会科学各学科的理论创新，尤其是推进民族领域的理论观点创新、话语体系创新面临着很多困难和压力。学者的研究需要通过出版发表科研成果来体现，学术发展繁荣也需要交流平台的支持。由于民族理论政策调整往往涉及立场观点、切身利益、民族情感，在一些问题上达成共识比较困难，需要加强正确的舆论引导。要加强民族理论知识和法律政策的普及宣传，鼓励相关领域专家学者和工作人员多发声，用正面、理性的声音引导舆论，防止杂音、噪音干扰社会稳定、民族团结和民族工作大局。学术研究的创新是话语体系创新的基础和前提，没有学术创新，话语创新是无源之水、无本之木。

（六）大力推进专业人才队伍建设

推动新时代民族理论政策研究走向深入，必须把人才队伍建设放在基础地位。这方面工作的重要性毋庸多言，问题是如何形成民族学“人才辈出”“大师云集”的体制机制。一方面

---

① 《习近平著作选读》第 1 卷，第 16 页。

② “六个必须坚持”即必须坚持人民至上、必须坚持自信自立、必须坚持守正创新、必须坚持问题导向、必须坚持系统观念、必须坚持胸怀天下。《习近平著作选读》第 1 卷，第 16—18 页。

靠外部环境改善与增加支持、激励，另一方面则需要不断提升民族研究工作者的责任心和奉献精神。外部条件具备了，内因就是决定性因素。囿于多种因素的影响，青年专家学者受传统民族学话语体系和理论观点的影响相对较少，当代知识体系和研究方法手段训练得比较充分，转型发展的潜力和动能更强。要大力加强人才队伍建设尤其是各学科青年专家学者的培养，为他们创造更多的机会，提供更大的舞台，克服成果出版发表方面的制约障碍，鼓励他们潜心钻研、厚积薄发，产出更多立足中国历史、解读中国实践、回答中国问题、助推改革发展的原创性成果，为形成科学完备的中华民族共同体理论体系添砖加瓦、厚植根基。

在面对“百年未有之大变局”的新时代，在全面推进强国建设、民族复兴伟业的新征程中，民族学等相关学科要充分利用学科优势，围绕“铸牢中华民族共同体意识”这个新时代民族工作的主线和民族地区各项工作的主线，认真学习研究和贯彻落实中央民族工作会议精神、习近平文化思想、习近平在二十届中央政治局第九次集体学习及在全国民族团结进步表彰大会上的重要讲话精神，大力推进中华民族共同体理论体系建设。实践是理论的基础，推进中国特色哲学社会科学各学科发展尤其是中华民族共同体理论体系建设，也必须立足实践，扎实开展调查研究，从党领导各民族人民推进中华民族共同体建设的伟大实践中进行理论总结。只有这样，才能得出既符合中国实际、又能够指导实践的研究成果。只有深入研究当代中国现代化建设进程中的重大理论和现实问题，才能更好地推动民族理论政策史料体系、话语体系和理论观点的创新发展，才能为建设中华文明和推进中华民族共同体建设做出更大的贡献。

（责任编辑　范春莉）

Research on Theories of Cultivating a Sense of Community for the Chinese Nation

Wang Yanzhong

(Chinese Academy of Social Sciences, Beijing 100732, China)

Abstract: General Secretary Xi Jinping pointed out during the 9th collective study session of the Political Bureau of the 20th Communist Party of China (CPC) Central Committee that it is necessary to accelerate the formation of China's independent historical, discourse, and theoretical system for strengthening a sense of Chinese identity. This article focuses on how to promote the theoretical research and system construction of cultivating a sense of community for the Chinese nation, the necessity and urgency, content and main measures of which are discussed, and based on which relevant suggestions are proposed.

Key Words: Sense of Community for Chinese Nation; Historical Data System; Discourse System; Theoretical System; Discipline Development

黄河文化的内在价值和实践进路

——铸牢中华民族共同体意识的视角

王 成　齐舒瑜

（山东大学，青岛 266200）

摘　要：铸牢中华民族共同体意识是全面建设社会主义现代化强国的重要任务。黄河文化作为中华民族共享的文化符号，凝结着各民族共同的悠久历史，见证了各民族共同的文化交融，塑造出各民族共同的集体记忆，指引着各民族共同的生活实践，其内蕴的独特“共同性”价值与铸牢中华民族共同体意识之间高度契合，对构筑中华民族共有精神家园意义深远。在新时代新征程上，应积极探索传承黄河文化、传播黄河文化、保护黄河文化、发展黄河文化的实践路径，实现黄河文化的创造性转化和创新性发展，助力各族人民持续铸牢中华民族共同体意识。

关键词：黄河文化；铸牢中华民族共同体意识；内在价值；实践进路

中图分类号：G12　　**文献标识码：**A　　**文章编号：**2097-1249（2024）06-0105-11

中华优秀传统文化是铸牢中华民族共同体意识的重要精神支撑和不竭能量来源。习近平强调，“只有全面深入了解中华文明的历史，才能更有效地推动中华优秀传统文化创造性转化、创新性发展，更有力地推进中国特色社会主义文化建设”，[①] “不断构筑中华民族共有精神家园，为铸牢中华民族共同体意识奠定坚实的精神和文化基础”[②]。黄河文化作为中华优秀传统文化的重要组成部分，是黄河流域中华儿女共同谱写的文化样态集合，内蕴各民族互动交融、精神相依的历史事实，为形塑各族人民的中华文化认同感和归属感提供了磅礴的内生动力，对新时代铸牢中华民族共同体意识有重要意义。鉴于此，本文力图系统阐释黄河文化的深刻内涵，从黄河文化蕴含的“共同性”价值出发，深入分析黄河文化与中华民族共同体意识之间高度契合的内在耦合性，揭示黄河文化的蓬勃生命力，探索黄河文化铸牢中华民族共同体意识的实践进路。

作者简介：王成，山东大学政治学与公共管理学院教授；齐舒瑜，山东大学政治学与公共管理学院博士研究生。

基金项目：教育部人文社会科学研究规划基金项目“黄河文化融入中华民族共同体意识教育的内在机理和实践进路研究”（项目编号：24YJA710044）。

① 习近平：《在文化传承发展座谈会上的讲话》，北京：人民出版社 2023 年版，第 5 页。

② 习近平：《铸牢中华民族共同体意识 推进新时代党的民族工作高质量发展》，《求是》2024 年第 3 期。

一、黄河文化与铸牢中华民族共同体意识

黄河作为中华民族的母亲河，不仅连接了流经地域的地理和社会空间，而且在漫长的历史进程中积累、衍生和融合出以黄河文化为表现形式的精神符号，其连绵不绝的磅礴生机滋养了中华民族延续数千年的历史文化根脉，不断推进各族人民铸牢中华民族共同体意识的进程。

（一）黄河与黄河文化

黄河流域自然地理条件优越，黄河水系流经多个省区，孕育和沉积出最适合先民生存的冲积平原地带，加之中下游得天独厚的温暖湿润气候和肥沃土壤，使得黄河流域成为中国历史上农业发展较快的地区。经济的繁荣发展为多元文化的交流汇聚营造出适宜生长的温床，黄河流域逐渐衍生出灿烂辉煌的黄河文化体系，为中华文明的连续传承和发展壮大提供了丰厚的文化滋养。毫不夸张地说，黄河和黄河文化是中华民族赖以生存和发展的物质和精神基础。

历史的发展演进总是与河流密切相关。作为古今中国的见证者，“黄河”最初并不是这条大河的名称。《说文解字》以“河”指代黄河。《山海经 · 西山经》提到“河水出焉，而东南流注于无达”，① 这里的“河水”也指黄河。中国最早的地理著作之一《尚书·禹贡》记载“导河积石，至于龙门；南至于华阴，东至于底柱；又东至于孟津；东过洛汭，至于大伾，北过降水，至于大陆；又北播为九河，同为逆河，入于海”②，不仅以“九河”泛指古兖州境内黄河下游的诸多河道，并且以“导水”详细描述黄河的河流走向。直至西汉时期，“黄河”这一名称出现在汉高祖刘邦封功臣的誓文之中。《汉书》中记载：“使黄河如带，泰山若厉，国以永存，爰及苗裔。”③ 自此，“黄河”这一名称开始使用，直到唐初正式成为这条河流的名称，沿用至今。黄河称谓的历史演变不仅展现出古人对这条河流的直观描述，还蕴含着人们对黄河的深厚情感，使得黄河衍生为连接华夏大地与中华儿女的具有情感性与精神性的文化生命。④

鉴古而知今，临黄河而知中国，由黄河文化而知中华文明，故而，如何详细阐释黄河文化内涵并传承弘扬黄河文化，是非常值得深究的话题。20 世纪 80 年代，国内学界开启了对黄河文化的探索。1985 年，王化云发表《大家来研究“黄学”》一文，阐述了专门建立研究“黄学”的必要性，⑤ 呼吁学界关注黄河文化的重要意义。1994 年，侯仁之主编的《黄河文化》面世，这是我国第一部全面探究黄河文化的著作，此书详细论述了黄河文化作为“一个自强不息的伟大生命”⑥ 如何萌芽、形成和不断发展的演进过程。进入 21 世纪，学者更加关注黄河变迁与现代人类社会发展的关系、黄河文化遗产开发保护等研究热点，《黄河文化史》《黄河文明的历史变迁丛书》等著作相继推出，黄河文化研究迈入快速发展期。

---

① 《山海经》，周明初校注，杭州：浙江古籍出版社 2010 年版，第 27 页。
② 《尚书》，顾迁译注，北京：中华书局 2016 年版，第 77 页。
③ ［汉］班固撰：《汉书》，北京：中华书局 2007 年版，第 98 页。
④ 田宝祥：《黄河文化论纲：以农业伦理为视角》，《河北农业大学学报（社会科学版）》2024 年第 5 期。
⑤ 王化云：《大家来研究“黄学”》，《人民黄河》1985 年第 6 期。
⑥ 侯仁之主编：《黄河文化》，北京：华艺出版社 1994 年版，第 1 页。

2019 年 9 月，习近平在黄河流域生态保护和高质量发展座谈会上发表重要讲话，指出“要深入挖掘黄河文化蕴含的时代价值，讲好‘黄河故事’，延续历史文脉，坚定文化自信，为实现中华民族伟大复兴的中国梦凝聚精神力量。”① 自此之后，黄河文化研究成果呈指数级增长，并出现两类趋向：一是聚焦黄河文化与中华文明的关系，探索黄河文化的核心内涵。葛剑雄在《黄河与中华文明》一书中，通过详尽的史料和事实分析，解释黄河流域成为中华文明起源地的缘由，辩证地认识了黄河、黄河文化和中华文明之间的共性。② 二是关注黄河文化的地域性阐释，延展黄河文化的多维意义。黄进等从黄河河源文化视角、王舒等立足黄河上游宁夏文化、李庚香以“中原学”为中心，展开对黄河文化的地缘性解读，推进黄河文化的保护和传播。③ 时至今日，黄河文化研究方兴未艾，进一步加强黄河文化研究是时代发展的必然诉求。笔者认为，有效续写黄河文化的时代篇章最重要的前提在于正确辨析学界对黄河文化概念、特征、范围的纷杂阐释，厘清黄河文化的内涵和外延，夯实黄河文化研究的基石。

黄河文化是黄河流域中华儿女共同创造和发展的囊括物质资料、制度实践、思想精神等在内的复合型文化共同体。就其内涵来讲，黄河文化是吸纳蓝田文化、河套文化、仰韶文化、马家窑文化、大汶口文化、龙山文化等新旧石器文化的精华理念，有机融合农耕文化、游牧文化、王朝文化、地域文化的精髓要义，以儒家文化蕴含的“大一统”“天人合一”“和而不同”等核心概念为思想内核，通过凝结中华民族集体记忆、形塑中华民族精神和构建中华民族身份认同的文化演进过程，④ 达成铸牢中华民族共同体意识目标的精神文化样态集合。就其外延来讲，黄河文化还包含体现黄河元素和符号的一系列物质文化样态集合，表现为黄河流域遗留和传承的无数论著、人物、学派、艺术、习俗、信仰、文书、典籍、书法、音乐、舞蹈、民谣、杂技、园林、学堂、宗祠、道路、饮食、服饰等具象形式。

（二）铸牢中华民族共同体意识的文化属性

2014 年 5 月，习近平在第二次中央新疆工作座谈会上首次提出“中华民族共同体意识”的概念。2017 年 10 月，党的十九大报告着重强调了“铸牢中华民族共同体意识”的重要意义。2022 年 10 月，党的二十大报告明确指出要“以铸牢中华民族共同体意识为主线，坚定不移走中国特色解决民族问题的正确道路”。⑤ 铸牢中华民族共同体意识是党中央民族话语体系的重要组成部分，关系强国建设、民族复兴、文化繁荣大局。围绕习近平在多次讲话中提出的一系列民族工作重大理念，当前学界构建出包含中华民族共同体本体理论、铸牢中华民族共同体

---

① 《习近平谈治国理政》第 3 卷，北京：外文出版社 2020 年版，第 379 页。
② 参见葛剑雄：《黄河与中华文明》，北京：中华书局 2020 年版。
③ 黄进、李后强、廖冲绪：《中华民族共同体视域下的黄河河源文化》，《西华大学学报（哲学社会科学版）》2022 年第 2 期；王舒、杨文笔：《论宁夏黄河文化的历史价值》，《宁夏社会科学》2023 年第 6 期；李庚香：《中原学离新时代中国学、世界中国学还有多远》，《黄河科技学院学报》2024 年第 1 期。
④ 贾文山、石俊：《黄河文明的理论思考与战略构想》，《西北大学学报（哲学社会科学版）》2022 年第 1 期。
⑤ 习近平：《高举中国特色社会主义伟大旗帜 为全面建设社会主义现代化国家而团结奋斗——在中国共产党第二十次全国代表大会上的报告》，北京：人民出版社 2022 年版，第 39 页。

意识理论和中华民族共同体建设理论等在内的中华民族共同体理论体系，[①]形成了囊括铸牢中华民族共同体意识的理论内涵、文化认同、历史追溯、培育机制、田野实践等在内的研究热点，为进一步厘清铸牢中华民族共同体意识的核心要点提供了重要借鉴。

"铸牢"是蕴含地位变化的能动词汇，"中华民族共同体"是客观存在的实然本体，"意识"代表上层建筑层面，三者有机结合为"铸牢中华民族共同体意识"，显出其内涵的复合样态。一方面，铸牢中华民族共同体意识着重探索各民族共同交融奋进的精神动因，主要涉及认知、观念、文化等思想层面，是中华民族共同体在意识形态领域的延展。另一方面，铸牢中华民族共同体意识内蕴的文化价值，需要借助文化符号实现文化认同、身份认同、政治认同和国家认同等在内的认同整合。由此可见，铸牢中华民族共同体意识话语具备深层的文化属性，最根本的是要引导各族人民牢固树立休戚与共、荣辱与共、生死与共、命运与共的共同体理念，[②]核心在于推进中华民族共有精神家园建设，促进各民族树立正确的中华民族历史观。[③]

中华优秀传统文化是中华民族永续发展的精神之源，黄河文化作为中华优秀传统文化的重要代表，彰显了中华文明的突出特性，深度契合铸牢中华民族共同体意识的文化需求。自黄河流域在距今5800年前后出现文明迹象开始，黄河文化从未中断，蓬勃旺盛的生命力印证了中华文明的连续性；黄河文化在中华大地积淀传承，在中外文化互动交流中不断革故鼎新，其互学互鉴的精神特质体现了中华文明的创新性；黄河文化历经3000多年王朝迭代的洗礼，深刻的"大一统"烙印推动了中华民族的一体化进程，其政治一统的凝聚力表现出中华文明的统一性；黄河文化作为多种文化形态共存融合的产物，其多元一体的整合格局展现了中华文明的包容性；黄河文化凝结了中华民族的伟大民族精神，蕴含着处理人与人、人与社会、人与自然关系的哲学智慧，其协和万邦的处世之道折射出中华文明的和平性。

除此之外，黄河文化内蕴各民族文化荟萃之精华，是凝聚各民族力量团结奋斗的思想基础，具备铸牢中华民族共同体意识的天然优势。黄河流域有"汉、回、藏、蒙古、东乡、土、撒拉、保安等民族，其中少数民族占10%左右"，[④]是典型的多民族聚居地区，依河分布的"大杂居、小聚居"地理结构，天然地拉近了各民族之间的空间距离。各族人民在共同治理黄河的过程中不断模糊族群之间的居住分界，在交往交流交融中逐渐形成互联互通的多民族互嵌格局，深度推进多民族文化的融合，凝结为体现中华民族共同历史记忆与价值理念的黄河文化。九曲黄河就是在奔腾不息的历史过程中，不断拉近各族人民的生理和心理距离，自然而然孕育出相互依存、密不可分的中华民族共同体意识。

黄河文化有着巨大的内在潜力，亟待我们激发其现代生命力，为铸牢中华民族共同体意识提供精神支撑。既有研究更多关注黄河文化的概念特征、历史演进、时代价值和保护传承弘

① 严庆、郭雨晨：《关于中华民族共同体理论体系构建的思考》，《西北民族研究》2024年第2期。
② 习近平：《铸牢中华民族共同体意识 推进新时代党的民族工作高质量发展》。
③ 严庆、郭雨晨：《关于中华民族共同体理论体系构建的思考》。
④ 习近平：《在黄河流域生态保护和高质量发展座谈会上的讲话》，《求是》2019年第20期。

扬等内容，其中对铸牢中华民族共同体意识略有涉及。[①]它们大都聚焦黄河文化与铸牢中华民族共同体意识，或者从历史维度探寻两者之间的内在关联，[②]或者选取中华民族共同体建设视角，[③]或者关注黄河文化的现代传播方式，探索黄河国家文化公园等载体铸牢中华民族共同体意识的实践路径，[④]而从理论与实践的结合上将黄河文化与铸牢中华民族共同体意识有效衔接的整体性分析和阐述并不多。学术研究的这种状况，为深耕黄河文化的"共同性"特质，进而探寻铸牢中华民族共同体意识的实践进路，提供了空间。

二、黄河文化铸牢中华民族共同体意识的内在价值

黄河文化是中华民族共有的价值符号，承载着各民族共同的历史记忆，形成了各民族共同的民族精神，塑造出各民族共同的情感归属，彰显出独特的"共同性"，这成为促进中华民族共同体意识形成和发展的重要精神基因。在新时代，认知、传承和挖掘黄河文化的深层意涵，探究黄河文化和铸牢中华民族共同体意识之间的内在耦合性，对推进各族人民对铸牢中华民族共同体意识的认同，增强凝聚力具有广泛而深远的意义。

（一）共同的悠久历史形塑"大一统"认同

习近平指出："一部中国史，就是一部各民族交融汇聚成多元一体中华民族的历史，就是各民族共同缔造、发展、巩固统一的伟大祖国的历史。"[⑤]绵延不绝的黄河自西向东缓缓流淌，将几千年来各民族凝聚交融的历史"碎片"一一拼接在这片今呈"几"字形的热土之上，见证了中国从四分五裂走向天下一统的演进过程，成为书写中华文明灿烂历史篇章的不可替代的部分。从黄帝在涿鹿之战打败蚩尤起溯源，逐渐汇聚形成的华夏族主体就产生一统黄河流域分散部落的观念，到春秋战国群雄争霸时期，秦始皇结束分裂完成一统六国大业，随后众多封建王朝将处于黄河流域的重要城市作为王朝的政治经济文化中心，共同缔造、保持和发展统一的国家。黄河流域的先民们在这个过程中经历了从分裂到统一、从战争迭起到和平繁荣、从王朝湮灭到王朝兴起的频繁变动，一直维护着不变的"家国天下"政治体系，孕育出以"大一统"为核心的璀璨黄河文化，构成无数中华儿女共同的精神财富和价值传承。可以说，黄河文化形成于各民族共同奋进创造、维护祖国一统的悠久历史之中，追求团结统一的内生理念赢

① 曹光章：《黄河文化的历史传承与时代价值》，《晋阳学刊》2022 年第 2 期；田宝祥：《黄河文化的多元特质与一体意识》，《深圳大学学报（人文社会科学版）》2023 年第 4 期；冯波：《黄河文化保护传承弘扬研究》，《佳木斯大学社会科学学报》2024 年第 4 期。

② 王荣、闫晓：《黄河文化与铸牢中华民族共同体意识》，《河北省社会主义学院学报》2023 年第 1 期；于梦杰：《以黄河文化构筑中华民族共有精神家园的路径探析》，《黄河水利职业技术学院学报》2024 年第 3 期。

③ 杨朝明：《黄河文化与中华民族共同体的形成》，《山东省社会主义学院学报》2022 年第 3 期；刘树升、吉秀华：《中华民族共同体视域的黄河文化》，《中央社会主义学院学报》2024 年第 3 期。

④ 鄂崇荣：《铸牢中华民族共同体意识视域下的黄河国家文化公园建设》，《中国非物质文化遗产》2022 年第 4 期；张耀影：《黄河文化价值实现与传播路径研究——基于铸牢中华民族共同体意识的视角》，《行政管理改革》2023 年第 4 期；孙璐：《铸牢中华民族共同体意识背景下黄河文化大 IP 传播研究》，《新闻爱好者》2024 年第 6 期。

⑤ 习近平：《在全国民族团结进步表彰大会上的讲话》，北京：人民出版社 2019 年版，第 7 页。

得了各民族的认同。

黄河文化的“大一统”内核意指“整合统一”，强调多民族国家建设的一体化和共同性，是推动各民族由分散走向聚合的重要“黏合剂”，对解释中华民族共同体意识的内聚力具有重要意义。一是以“华夷一统观”处理各民族之间的关系。黄河流域是农业民族和游牧民族共处杂居的地区，历代占据统治地位的中央王朝以“内华夏”为核心吸纳游牧民族融入华夏族之中，完成华夷之间的身份转换，使得黄河流域成为各民族融合的大熔炉。二是以“政治一统观”维持疆域合法统治。“大一统”政治格局主张“政体一统”“法令一统”“政策一统”的内部治理手段，施行改土归流、羁縻、府县等民族治理制度，加强中原王朝对边疆地区的有效统治，将产生于黄河之滨的“中国”概念，逐步扩散到全部疆域。三是以“文化一统观”维系儒家思想正统。诞生于黄河流域的儒家文化是“大一统”理念的思想源泉，历代封建君主尊崇儒家思想的文化主体性，吸纳融合各民族文化的优秀元素，实现中华文化的全方位浸润。总之，黄河文化突出的“大一统”特质，夯实了中华民族共同体意识的“一体性”。

（二）共同的文化交融形塑中华文化认同

黄河文化作为中华优秀传统文化的重要组成部分，是不同地域、不同形态、不同时期的多元文化相互借鉴、叠加碰撞、共同交融，逐步生成的具有无限生命力的文化共同体。其一，黄河文化是黄河流经地域的文化有机集合体。黄河流域上中下游不同的地理、气候、人文情况，生成了河湟文化、关中文化、中原文化、齐鲁文化等独特的地域文化，伴随着几千年来各民族不断迁移流动，多种地缘文化相互交流吸收，共同构成融合地域特色的黄河文化。其二，黄河文化是农耕文化和游牧文化的深度交融体。黄河流域覆盖农耕经济带和草原狩猎区，既孕育出几乎以纯农业为生的汉民族，又包容着逐水迁徙的游牧民族，各民族交错杂居为农耕文化和游牧文化的深度交流提供重要空间场域，共同发展出融合多民族文化特征的黄河文化。其三，黄河文化是古代文化和现代文化结合延展的生命体。黄河文化自形成以来，繁盛于古代农耕时代，始终保持旺盛的生命力，联通古今，逐步吸纳融合革命时期的红色文化资源，为中华民族文明发展增添了自信和底气。

如果说黄河文化囊括多种文化的优秀因素，显现出多元特征，那么各类文化融合形成的代表中华文化的共同价值观，则揭示出黄河文化的整体特质，这指向了一种共享的文化符号、一种普遍的文化理念、一种延续的文化传承。恩斯特·卡西尔（Ernst Cassirer）认为“人是创造和使用符号的动物”，[①] 符号化的思维和行为唤醒了个体意识和现实认知，进而在文化价值体系中外化为“文化符号”，以此来表达多主体共同的价值理念，并且在创造新符号的过程中不断延续传承下去，成为连接群体情感认同的关键纽带。黄河滋养哺育了生活在中华大地上的各族人民，承载了包括黄河流域人民在内的全体中华儿女共同的历史记忆与情感价值，[②] 黄河文

① ［德］恩斯特·卡西尔：《人论：人类文化哲学导引》，甘阳译，上海：上海译文出版社2013年版，第45页。

② 邱玮栋：《黄河文化对构筑中华民族共有精神家园的价值探析》，《发展》2023年第6期。

化的特定“黄河母亲”符号形象，早已超越了各民族不同的文化体系，成为中华文化的共有标识，在社会实践中不断发展，既承继中华文化深厚的历史底蕴，又融合现代优秀文化因子，不断塑造着中华民族共同的价值追求和理想信念，推动各民族实现对中华文化的深度认同。

（三）共同的集体记忆形塑中华精神认同

中华文明是世界上唯一始终没有中断、连续发展至今的文明形态，作为中华文明重要代表的黄河文化，见证了传统中国黄河流域各民族增进彼此之间认同与交融的场景，体现在器物交易和生产技术交流的经济依赖、儒家礼治和边地文化互塑的文化包容、族际通婚和迁徙杂居的社会化结构等发展之中，这一动态轨迹既推进着中华民族塑造统一多民族国家的进程，又锤炼出中华民族勤劳务实、自强不息、勇于拼搏、不屈不挠的伟大民族精神，这种民族精神在发展中被世代传承。近代以来，随着西方殖民主义的扩张，帝国主义侵略使得中国成为半殖民地半封建社会，中华民族面临亡国灭种的生存危机。为争取国家统一、民族独立和人民解放，中华民族意识逐渐实现从“自在”到“自觉”的演变，无数仁人志士迸发出前所未有的凝聚力，在中国共产党的领导下追寻独立自主的革命新道路。在各民族共同团结抗争的辉煌历史中，以黄河文化为底色的民族精神焕发出的勃勃生机，给予了中华民族巨大精神力量。

随着现代社会的不断发展，黄河文化所形成的中华民族精神谱系，已经深深浸入中华民族的文化肌理之中，塑造出中华民族的伟大创造精神、奋斗精神和团结精神，成为各民族共同推进中国式现代化进程的精神标识。可以说，黄河文化内蕴在中华民族发展壮大的共同集体记忆之中，凝结出中华民族共有的理想信念和精神价值，因而能够推进各民族形成对中华民族精神的强大认同，进一步增强中华民族内部的深层凝聚力、感染力和向心力，以深厚家国情怀滋养中华民族共同体意识的思想基础，真正把各族人民紧紧团结在中华民族大家庭中，使各民族之间实现“同呼吸、共命运、心连心”，促进中华民族共同体意识不断被认知、被认同。

（四）共同的生活实践形塑中华民族伟大复兴认同

由于泥沙淤积、水流落差、冬季结冰等不利因素的影响，黄河流域面临联通系统交错复杂、冷暖气候交替变化、自然灾害频袭的农耕生产困境。广大先民基于生存需求，在与洪水斗争中通过高效协作模式开展持续治理黄河的实践，涌现出诸如大禹、贾让、王景、贾鲁、潘季驯等治水英雄，贡献出瓠子堵口、筑起堤防、堵口合龙、束水攻沙等河工智慧。这些治水奇迹不仅充分反映了千年来的技术进步，而且形成了一整套维护农业生产和经济社会持续发展的文化价值准则，提升了农耕社会的组织化程度和整合能力，促成定居的各族群将原有的合作内聚偏好，转变为追求多民族聚合的自觉取向，逐渐生发出日益密切的血缘共同体、经济共同体、文化共同体、政治共同体，使得农耕文明和游牧文明在深度交融中和谐共存。可以说，中华民族的共同治黄过程，掀开了中华文明的灿烂篇章，点燃了黄河文化的燎原之火。

黄河文化作为黄河流域中华儿女千年治理实践的生动写照，内含着处理人与自然、人与社会、人与国家关系的历史密码。黄河两岸各民族在与水患艰难抗争中，探寻人与自然和谐共生的美好图景，凝练出天人合一、敬天保民的中国传统思想智慧；也在农耕生产大协作中，探索个人与社会紧密互动的内在关联，省思出天下一家、和而不同的中国传统文化理念；又在理顺人与国家“一体”关系中，构建出民为邦本、天下为公的中国儒家思想内核，以此汇集起中华文明的凝聚力和向心力，成为各民族形塑中华民族共同体意识的稳固纽带。时至今日，伴随着各民族对中华民族伟大复兴的高度认同，传统黄河文化在不断稳固内在农业文明底色的基础上，与工业文明、科技文明结合、交融，[①]形成现代黄河文化，深度契合西部大开发、“一带一路”建设、黄河流域生态保护和高质量发展等国家战略，引导各族人民铸牢中华民族共同体意识，全面推进中国式现代化伟大进程。

三、黄河文化铸牢中华民族共同体意识的实践进路

黄河文化孕育了中华民族自古以来就共享的文化符号、精神象征和价值元素，对铸牢中华民族共同体意识有十分重要的作用。因此，应立足黄河流域生态保护和高质量发展的时代背景，深度认知黄河文化与铸牢中华民族共同体意识之间的相融相通处，探索黄河文化传承、传播、保护和发展的多重实践进路，实现黄河文化的创造性转化和创新性发展。

（一）传承黄河文化，提升中华民族的凝聚力

黄河文化的内容多元而丰富，它与长江文化、大运河文化、长城文化等相似，具备兼收并蓄的包容性、交流互鉴的创新力和同根同源的认同感，是中华民族共有的标识性文化符号。应进一步挖掘黄河文化的丰富内涵，准确定位黄河文化的重要角色，传承黄河文化的独特价值，正确处理黄河流域囊括的各类地域文化与黄河文化的深层联系，重视探索黄河文化和中华文明之间的内在关联，从文化整合中辨析中华民族具备的共同性精神。同时，进一步坚定文化自信，扎根黄河流域深厚的历史土壤，深度契合铸牢中华民族共同体意识的“合一性”取向，以各民族协同发展与互动融合的共同历史记忆为基础，立足各民族共享黄河文化象征、黄河英雄形象和黄河文化传统的精神相依现实，引导各族人民牢固树立休戚与共、荣辱与共、生死与共、命运与共的共同体理念。

2024 年 9 月，习近平在甘肃省兰州市主持召开全面推动黄河流域生态保护和高质量发展座谈会时，强调“黄河流域是中华民族和中华文明的重要发祥地，要保护弘扬黄河文化，传承好历史文脉和民族根脉”。[②]如何延续黄河文化的历史脉络，焕发黄河文化的现代生命力，至关重要。其一，辩证认知传统黄河文化的内在价值和发展规律，既有序保护根深叶茂的文化精髓，又合理修剪不合时宜的相关元素，融入现代文化因子，赋予黄河文化新的形式和内涵，推进作为中华优秀传统文化重要组成部分的黄河文化与革命文化和社会主义先进文化相衔接，不断增

① 葛剑雄:《黄河与中华文明》，第 311 页。

② 《以进一步全面深化改革为动力 开创黄河流域生态保护和高质量发展新局面》，《人民日报》2024 年 9 月 13 日第 1 版。

强各民族对黄河文化的认同感和归属感，促进各民族在尊重包容差异中连结共同情感，进一步夯实铸牢中华民族共同体意识的文化基础。其二，明确黄河文化特质与社会主义核心价值观的高度契合性，推动黄河文化与中国化时代化的马克思主义和中国共产党人的精神谱系充分交融，提升中华民族的内在凝聚力，引领中华儿女不断开拓进取、锐意向前。

（二）传播黄河文化，推进中华民族共同体意识教育

推进黄河文化铸牢中华民族共同体意识是一项绵绵用力、久久为功的系统工程，在很大程度上取决于如何实现黄河文化内在价值的广泛传播和有效融入。数智时代为黄河文化带来新的宣传场域和传播模式，拉近了各民族受众与黄河文化之间的时空距离，应当充分利用数字化媒介，发挥主流媒体优势，根据人们碎片化信息接收需求和特点，将黄河文化精神、黄河英雄人物、黄河文化遗产等进行通俗化、视觉化、共情化加工，以群众喜闻乐见的形式宣传黄河文化。同时，重视对传播内容的合理筛选，将黄河文化中的人文情怀、道德伦理、价值圭臬等与中华民族共同体意识相交相融，讲好不同时期各民族共同与黄河水患艰苦抗争的治水故事，讲好黄河沿岸各民族饱含家国情怀与侵略者英勇斗争的爱国故事，讲好黄河流域各民族深度交往交流交融增进情感共鸣的民族团结故事，讲好海内外黄河儿女携手推进中国式现代化进程的新时代故事，使各民族更加有形有效有感地铸牢中华民族共同体意识。

有效传播黄河文化需要多层次的“融入”思路，为中华民族共同体意识教育提供新的可能。其一，重视黄河文化融入青少年的中华民族共同体意识教育过程，通过多样化的课程编排和教学手段，挖掘黄河文化关于塑造世界观、人生观、价值观、民族团结、爱国主义的微语句、微口号、微故事和微案例，增进各民族青少年间的共同语言，真正使校园成为各民族文化交融的园地。其二，探索黄河文化融入高素质人才的中华民族共同体意识教育路径，充分运用“互联网 +”资源，强化高等学校师生、各行业精英等对黄河文化的符号认知与记忆共振，进一步厚植共同的情感归属和价值指向，实现对中华民族悠久历史和中华优秀传统文化的核心认同。其三，完善黄河文化融入社会大众的中华民族共同体意识教育方式，将黄河文化嵌入民族互嵌社区建设、乡村振兴发展、家风建设等全方位美好生活实践之中，以大气磅礴、雄视千秋的“黄河风格”，生产出多样态的中华民族共同体意识系列 IP 形象，激发社会公众自觉的“学习潮”。

（三）保护黄河文化，构筑中华民族共有精神家园

习近平指出：“文物和文化遗产承载着中华民族的基因和血脉，是不可再生、不可替代的中华优秀文明资源。”① 黄河文物和文化遗产凝结着黄河文化的价值精髓，是黄河文化具象化的物质载体，需要重视对黄河文物和文化遗产的保护利用，并在传承发展中构筑中华民族共有精神家园。一是实施黄河文化遗产系统保护工程，培养专门的文化遗产传承保护人才，开展黄

① 习近平：《把中国文明历史研究引向深入 增强历史自觉坚定文化自信》，《求是》2022 年第 14 期。

河文化遗产全面普查工作，动态更新黄河文化遗产名录，做好黄河文化遗产的维护、管理和修复工作。二是加强对物质性黄河文化遗产的保护力度，切实落实对黄河古村、古镇、古街、古寺、古文物等历史古迹的保护传承，积极利用现代高科技手段，虚拟复原黄河沿岸各族人民共同交往交流交融的文化场景，立体式、数字式、沉浸式展示中华民族共同体的形成过程。三是展示非物质性黄河文化遗产的多样性特质，不断挖掘黄河流域各族人民世代相传的传统食品、餐饮、手工艺、歌舞、戏曲以及民间风俗等，充分利用礼仪庆典等各种活动、传统节日等时间节点，吸引各族人民参与互动，让黄河文化遗产活起来。

2023 年 7 月，国家发展改革委、中共中央宣传部等部门联合印发了《黄河国家文化公园建设保护规划》，明确了黄河国家文化公园推进黄河文化遗产保护、传承与利用的重大价值，对黄河国家文化公园的总体空间布局、功能区建设等重点工作做出顶层设计和具体安排。未来，黄河国家文化公园将成为中华民族的醒目文化标识，需要找准其融合型价值定位，利用黄河国家文化公园中的博物馆、展览馆、体验馆等文化空间，将黄河文化与地域文化、民族文化、红色文化、生态文化等多元文化相互交融，打造弘扬黄河文化、传承红色基因、讲述民族团结故事、传播生态文明思想等为一体的科普宣教基地。让各族人民在参观游览中，体悟到黄河文化兼具一体性象征和多元化文化的多重意涵，认知到黄河流域生态保护和高质量发展战略的重要成果，感受到各民族共同团结奋斗的历史文化记忆，自觉铸牢中华民族共同体意识，使得黄河国家文化公园成为构筑中华民族共有精神家园的深厚“沃土”。

（四）发展黄河文化，推动各民族共同繁荣发展

文化与经济密切关联，黄河文化的内在价值能够为黄河流域经济发展提供强大精神支撑，黄河流域生态保护和高质量发展又推动黄河文化的保护、传承和弘扬，两者相互补充、互相促进。基于此，应进一步明确黄河文化赋能黄河流域生态保护和高质量发展的核心目标，缩小黄河沿岸区域间的发展差距，夯实铸牢中华民族共同体意识的物质基础。当前，黄河上中下游省市积极响应国家战略，在《黄河流域生态保护和高质量发展规划纲要》《黄河文化保护传承弘扬规划》《黄河保护法》等规范性文件的指导下，根据自身特色和产业优势，紧扣黄河生态修复、黄河文化传承和产业结构转型等重点任务，不断强化区域间的资源整合和协同合作，已经初步形成黄河文化与经济发展相融合的新样板。未来要聚焦文化赋能与文旅产业发展的双向良性互动，推动黄河文化与旅游产业的融合发展，打造具有国际影响力的黄河文化旅游带，使文旅产业成为黄河流域经济发展的重点产业，推动各民族共同繁荣发展。

实现黄河流域文旅融合发展，应从以下关键点发力：一是创造优质生态场域。立足黄河流域优越的自然环境，建设一批展现黄河文化的标志性旅游景观，并通过数智科技赋能，利用情景模拟、5D 体验、实景演出等新方式，生动具象地呈现黄河文化遗产的深厚底蕴。二是培育“黄河大集”新场景。将黄河文化叠加进“集市”氤氲的人间烟火气之中，推动传统集市与文化市集的碰撞融合，形成集美食品尝、民族技艺、惠民演出、文化体验等多重功能为一体的旅游“打卡地”，使各族人民能够在日常交融中感知黄河文化。三是优化黄河文创产品。切实营造良好的文化创新创造环境，促进黄河流域各类非遗文化传承人之间相互学习，推出展示民族特色、独具黄河品格、深受大众喜爱的新文化产品，进一步激活文旅消费市场。四是拓宽文旅融合渠道。借助各民族特色节日庆典、国际文化交流节等活动契机，通过举办祭祀黄河大典、黄河文化大赛、黄河文化论坛等多彩活动，让各族人民在仪式化的参与中，切实增进对伟大祖国、中华民族、中华文化、中国共产党、中国特色社会主义的认同，推动铸牢中华民族共同体意识走深走实。

（责任编辑　王京京）

The Intrinsic Value and Practical Approach of the Yellow River Culture from the Perspective of Forging a Strong Sense of Community for the Chinese Nation

Wang Cheng　Qi Shuyu

(Shandong University, Qingdao 266200, China)

Abstract: Forging a strong sense of community for the Chinese nation is a major task in comprehensively building China into a great modern socialist country. The Yellow River culture, as a cultural symbol shared by the Chinese nation, embodies the long history shared by all ethnic groups, witnesses the cultural exchanges among ethnic groups, shapes their collective memory, and guides their way of life. The unique value of “commonality” inherent in it is highly compatible with the forging of a strong sense of community for the Chinese nation, and has profound significance in building a shared spiritual home for the Chinese nation. In the context of the new era, we should actively explore the practical path of how to carry forward, spread, preserve and develop the Yellow River culture, realizing the creative transformation and innovative development of the Yellow River culture, and helping all ethnic groups to continuously strengthen the sense of community for the Chinese nation.

Key Words: Yellow River Culture; Forging a Strong Sense of Community for the Chinese Nation; Intrinsic Value; Practical Approach

国家形态的现代转型

——以中华民族共同体构建为叙事中心

殷冬水

（吉林大学，长春 130012）

摘　要：现代国家是国家的一种特殊形式，国族构建是中国国家形态现代转型的重要内容。提升社会成员的国民意识、国家意识、国族意识和国家认同，是国族建设的核心任务。中华民族共同体构建的价值在于维护国家统一和政治团结，彻底结束旧中国一盘散沙的局面，将新中国塑造成一个具有内聚力和向心力的政治共同体，在很大程度上解决了中国这个超大规模国家的集体行动难题，使国家能够最大限度地动员一切力量来实现国家发展的战略目标，并基于公共利益最大化原则在国家领土空间范围内有效调配不同类型的资源，统筹多元利益。从现代化发展的角度看，中国国家形态现代转型尚未完成，中华民族共同体构建仍将持续发展。

关键词：中华民族共同体构建；国家形态；现代转型；新型现代国家

中图分类号：D03　　**文献标识码：**A　　**文章编号：**2097-1249（2024）06-0116-17

一、引言

“现代国家是国家的一种特殊形式。”① 近代以来，古老的中国在内忧外患中经历了千年未有之巨变，国家形态发生了革故鼎新的现代转型。“古代中国将‘天’作为权力正当性依据的观念”② 被否定，皇帝制度被废除，人民由边缘开始走向政治生活的中心，传统中国的“王土”观念让位于现代国家的“领土”意识，“国旗成为各族共享的国家认同符号。带有浓厚国家意味的徽章、护照等，也逐渐在中国社会传播并流行起来”。③ 中国开启了“从君主一个人占有并控制一切的政治体制向‘以民为主’的政治体制的重大变革”④。

作者简介：殷冬水，吉林大学行政学院暨社会公正与政府治理研究中心教授。
基金项目：国家社会科学基金重点项目“中国式现代化新道路与人类文明新形态研究”（项目编号：21AZD094）；吉林大学哲学社会科学研究创新团队项目“中国式现代化道路的政治学阐释”（项目编号：2022CXTD06）。

① ［英］克里斯多夫·皮尔逊：《论现代国家》，刘国兵译，北京：中国社会科学出版社 2017 年版，第 12 页。
② 周光辉、彭斌：《构建新型现代国家：中国共产党救国、兴国、强国的百年道路》，《社会科学战线》2021 年第 4 期。
③ 《中华民族共同体概论》，北京：高等教育出版社 2023 年版，第 285 页。
④ ［日］野村浩一：《近代中国的政治文化》，文婧译，北京：生活·读书·新知三联书店 2023 年版，第 210 页。

学界对中国国家形态现代转型这个议题持有浓厚兴趣，致力于破解中国这个超大规模国家现代转型之谜。① 一些学者认为，中国国家形态现代转型是在极为复杂的环境中展开的，"如何继承清朝以来形成的疆域版图，并在此基础上整合中原与边疆地区，保证主权完整、国家统一及边疆稳定；如何建立现代国家的组织、动员、汲取机制；如何摆脱经济命脉被控制，国家被瓜分的局面，发展中国的民族资本主义，是国家转型的重要问题"。② "如何理解古代王朝国家向现代国家整体转型的过程以及结果，构成了中国政治学研究的根本问题，这不仅是因为关于这个问题的答案必须是对一种深层结构的延续和变革的理论解释，而且是因为关于这个问题的答案从基础上决定着我们对当代中国国家制度、政治过程、治理绩效的正确理解。" ③

学界相关成果研究了中国国家形态现代转型的背景，解释了中国国家形态现代转型的动力，分析了中国国家形态现代转型的领导力量，也研究了中国国家形态现代转型的复杂过程，描述了中国国家形态现代转型的主要特征，阐释了中国国家形态现代转型的影响及成效，指出中国国家形态现代转型意义重大，影响深远，它"终结了长期的政治动荡，统一了国家，从而为它所许愿的民族复兴铺平了道路"④。因此，有关中国国家形态现代转型，学界已积累了丰硕的研究成果。另一方面，既有研究成果的不足是将国族建设和国家建设视为两个相互独立的过程分别展开研究，尚未深入讨论国族建设对中国国家形态现代转型的意义，分析国族建设对于推动中国国家现代化的重要价值。本文将国族建设和国家建设作为中国国家形态现代转型的两个相互关联、相互支撑的政治过程，以中华民族共同体构建为叙事中心，阐释国族建设对中国国家形态现代转型的价值，分析国族建设对推动中国国家现代化的意义。

二、中华民族共同体构建的内涵、逻辑及历史脉络

1902 年，梁启超发表《论中国学术思想变迁之大势》一文，最早提出了"中华民族"这一概念。从学理上看，"中华民族是中华大地各类人群浸润数千年中华文明，经历长期交往交流交融，在共同缔造统一多民族国家历史进程中形成的、具有中华民族共同体认同的人们共同体"，⑤"是一个历史形成、多元一体、独立自主、捍卫统一、内聚力强的民族实体"。⑥ 而"中华民族共同体"概念的提出与运用，是党的十八大以来中国共产党民族理论的新成就。习近平

① 参见周光辉、彭斌：《其命维新：中国构建新型现代国家的道路与经验》，长春：吉林大学出版社 2023 年版；李怀印：《现代中国的形成：1600—1949》，桂林：广西师范大学出版社 2022 年版；[日] 野村浩一：《近代中国的政治文化》；[日] 王柯：《从"天下"国家到民族国家：历史中国的认知与实践》，上海：上海人民出版社 2020 年版；[美] 斯蒂芬·哈尔西：《追寻富强：中国现代国家建构，1850—1949》，赵莹译，北京：中信出版集团 2018 年版；[美] 王国斌：《转变的中国：历史变迁与欧洲经验的局限》，连玲玲、李伯重译，南京：江苏人民出版社 2010 年版；章永乐：《旧邦新造：1911—1917》，北京：北京大学出版社 2023 年版。

② 《中华民族共同体概论》，第 287 页。

③ 汪仕凯：《政治大一统的创造性转化：对中国共产党领导现代国家建构的解释》，《社会科学》2023 年第 5 期。

④ 李怀印：《现代中国的形成：1600—1949》，第 39 页。

⑤ 《中华民族共同体概论》，第 2 页。

⑥ 《中华民族共同体概论》，第 3 页。

指出："必须以铸牢中华民族共同体意识为新时代党的民族工作的主线，推动各民族坚定对伟大祖国、中华民族、中华文化、中国共产党、中国特色社会主义的高度认同，不断推进中华民族共同体建设。"[①] 这既是对于20世纪现代化国家建设经验的精辟概括，也是对于新时代民族工作主线和方向的深刻阐述。

从本质上看，中华民族共同体是国家层面的民族实体，是对中国历史和当下各民族的总称。"中华民族共同体是各民族在共同开拓祖国辽阔疆域、共同书写悠久中国历史、共同创造灿烂中华文化、共同培育伟大民族精神的历史进程中融聚而成的民族实体。"[②] 中华民族共同体构建的过程，实质是中国国家现代转型进程中的国族构建过程，是中国现代国家建设的重要组成部分。在中国古代王朝国家运行过程中，"由于中央王朝是实现这种'天下'聚合的轴心，所以，一旦中央王朝在结构上被摧毁，这种'天下'的聚合也就必然随之分崩离析。"[③]1911年爆发的辛亥革命，推翻了清王朝的统治，结束了统治中国几千年的君主专制制度，造成了传统型权威的瓦解与权威真空的形成。如何实现中央权威的再造，通过有效的国家整合和国族构建将广土众民的中国重新聚合起来，是20世纪以来中国现代国家建设的一个重要议题，中华民族共同体的建设则是对于这一议题的历史回答。

（一）中华民族共同体构建的内涵

中华民族共同体构建过程实质上就是国族构建过程。国族建设过程就是国家权威动用手中的资源、运用族群整合等手段，将国家塑造成具有内聚力政治共同体的政治过程。提升社会成员的国民意识、国家意识、国族意识和国家认同是国族建设的核心任务，也是中华民族共同体构建的主要内容。

中国是全国各族人民共同缔造的统一的多民族国家。在漫长的历史进程中，中国各族人民密切交往、相互依存、交流融合、休戚与共，形成了中华民族多元一体的格局。中华民族共同体构建的过程，本质上是通过族际整合的方式提升国家内聚力的政治过程，"是自然凝聚与政治形塑有机统一的过程"。[④]"中华民族共同体是文化共同体、政治共同体，更是历史共同体。"[⑤] 中华民族共同体构建主要涉及三方面关系：一是国民与国民之间的关系，二是国民与国家之间的关系，三是国家与国家之间的关系。从国民与国民之间关系角度看，中华民族共同体构建实质上是要克服国家物理空间上的距离，将遥远的、陌生的国民转变成守望相助的同胞。从国民与国家之间的关系角度看，中华民族共同体构建实质上是要在国民与国家之间建立起联系，培养公民对其生活国家的认同。从国家与国家之间关系角度看，中华民族共同体构建实质上是通过与"他者"之间的互动比较中建立起国民身份感和国家差异感。

---

① 《习近平谈治国理政》第4卷，北京：外文出版社2022年版，第244页。
② 《中华民族共同体概论》，第4页。
③ 付春：《从帝国体系到民族国家：中华民族的形成与发展》，《广西民族研究》2009年第2期。
④ 《中华民族共同体概论》，第4页。
⑤ 赵德昊、周光辉：《从大一统到统一性：中华民族共同体意识的形成》，《学海》2024年第1期。

中国的多民族国家形成经历了漫长的历史过程。早在夏商周时期，各民族就开始融合。秦汉时期，统一的多民族国家开始形成。唐代以后，各民族进一步融合。清代进一步巩固了统一多民族国家的大一统格局。中国不仅是一个历史悠久的政治共同体，而且也是一个规模超大的巨型政治共同体。在这一巨型政治共同体中，生活着不同民族，这些民族使用不同语言，有不同信仰体系和生活方式。正是在这一意义上说，中华民族是一个多元的结构。因而，中华民族共同体构建的过程，首先是中华大地上的各个民族由分散、分离到汇集融合的过程。共同体是一个群体的概念，具有集体性、互助性、协同性，在人们的相互交流和交往中形成，生活空间的彼此隔离和公共交流手段的匮乏是共同体构建的障碍。中华民族共同体建构的过程，实质上是中华大地上各个民族生活空间一体化、公共化的过程，生活空间中的隔离被打破，诸如公共交通、邮政、通讯、互联网等公共交流手段的匮乏状态得到改变。其次，中华民族共同体构建的过程，是中华大地上的各个民族由多元迈向一体的过程。中华民族共同体具有统一性、共同性、不可分割性。共同体“不仅意味着一群人生活在一起，而且意味着，这群人在共同地域的共同生活中形成了休戚与共的亲密关系”。① 中华民族共同体构建的过程，实质上是这些不同民族相互融合、相互学习由多元迈向一体的过程。“中华民族作为一个自觉的民族实体，是近百年来中国和西方列强对抗中出现的，但作为一个自在的民族实体则是几千年的历史过程所形成的。”② “长时段的中华各民族的交往交流交融实践，以及中华文明的文化浸润与政治濡化，逐渐将中华民族锻造成为一个被各民族衷心认同的、有着深厚历史文化传统与政治文明底蕴的共同体。”③ 最后，中华民族共同体构建的过程，是中华大地上的国民超越血缘、地缘等因素的限制，将地方认同转变成国家认同的过程。在这一过程中，社会成员的忠诚对象从家庭、家族、民族转移到了国家。

（二）中华民族共同体构建的逻辑

中华民族共同体构建有着深刻的历史逻辑和实践逻辑，是历史逻辑和实践逻辑共同作用的结果。具体说来，“外部列强的欺压是中华民族走向自觉的外因；而用现代国家代替传统的帝国体系，则是中华民族走向自觉的内因”。④

中华民族共同体构建，首先是中国这个巨型政治共同体赓续大一统政治传统、维护国家统一的内在要求，也是人民群众的渴望与共识。各国政治现代化实践表明，国族构建失败会造成严重的政治社会后果，不仅会诱发民族之间的暴力冲突，危及社会稳定，也可能会导致国家的分裂解体。近代以来，在国家形态现代转型中，中国国家建设面临着维护国家统一、防止国家解体的任务，中华民族共同体构建是维护国家统一、防止国家解体的必然选择。其次，中华民族共同体构建是中国这个巨型政治共同体应对各种集体风险的必然要求。共同体存在的重

---

① 李义天主编：《共同体与政治团结》，北京：社会科学文献出版社 2011 年版，第 9 页。
② 费孝通等：《中华民族多元一体格局》，北京：中央民族学院出版社 1989 年版，第 1 页。
③ 青觉、吴鹏：《历史、人民与国家：理解中华民族共同体的三重维度》，《民族研究》2023 年第 3 期。
④ 付春：《从帝国体系到民族国家：中华民族的形成与发展》。

要价值之一在于它使人类能以集体力量应对各种风险，“对于拥有复杂地貌与多元人群的大型文明来说，形成较大规模的政治共同体，才能更有效地动员人口资源和社会力量，以应对自然界各类风险，才能避免巨大规模战争所造成的各类人道灾难”。[①] 从历史看，中国是一个多灾多难的国家，历朝历代的中国政府采取各种措施来应对各种集体风险。在国家形态现代转型中，中国面临的集体风险更加充满不确定性。因此，国家需要通过国族构建这一方式强化国家内部的团结，通过强化国家内部团结的方式提升国家应对集体风险的能力。最后，中华民族共同体构建也是中国这个巨型政治共同体应对外部压力的理性反应。近代以来，中国因其他主权国家的入侵逐渐被半殖民地半封建化，面临着生存危机，“列强不断试图从边缘地区撬动中国版图，将全体中国人团结起来形成一个牢不可破的统一国家遂成为晚清以来有识之士的共同愿望”。[②] 外部压力为中华民族共同体构建提供了外在动力。

（三）中华民族共同体构建的历史脉络

中华民族共同体形成经历了一个漫长的历史过程，也发生了从自在到自觉的巨大变化。在古代中国，中华民族共同体的形成过程，其实就是在“以汉族为核心的众多民族群体的交往交流交融过程中，各个民族之间形成一个常常以‘滚雪球’来形容的凝聚过程”。[③] 在大一统理念指导下，古代中国历代统治者采取一些措施来加强不同民族之间的联系，强化国家内部整合，维护国家统一，提升国家韧性，延续中华文明。然而，近代以来，随着西方列强对中国入侵的逐渐加深，近代中国经历着千年未有之大变局，中华民族陷入了亡国灭种的严重危机。到了19世纪末20世纪初，社会有识之士意识到唯有加强中华民族共同体构建，才能扭转国家衰败的局面，走出亡国灭种的危险境地。“外侮深重之下，西学东渐之中，‘中华民族’的概念油然而生且不断传播。”[④] 中华民族共同体构建由自在转向自觉。

孙中山先生领导的辛亥革命推翻了清政府的统治，开启了中国现代国家构建的历史进程，但辛亥革命的胜利果实很快就被袁世凯窃取。袁世凯复辟帝制梦想破灭后，中国很快陷入军阀混战状态。在北洋政府统治时期，中华民族面临着被分裂的危险。北洋政府缺乏统治中国的权威和能力，军阀成为帝国主义在华利益的代言人。这一时期，“连年的军阀混战对民族国家的构建形成了严重的阻碍。于是，中华民族观念的形成和传播也随之迟滞不前”。[⑤]1926—1928年间发生的北伐战争，消灭了北洋军阀，使得中国大陆地区形式上统一于中华民国国民政府旗下，但国民党自身建设弱，内部派系林立，缺乏必要的政治权威进行有效政治整合，国家意识形态也缺乏渗透社会的能力。尽管国民政府采取了一些措施维护国家统一，持续发展边疆经济、文化、卫生、教育等事业，加强中央政府与少数民族地区之间的联系，加强对少数民族地区的

① 《中华民族共同体概论》，第25页。
② 刘波儿:《民国“中华民族”国家建构及其当代意义》,《中国边疆史地研究》2022年第2期。
③ 周平、郭志凯:《中华民族的当代重塑及其意义》,《探索》2023年第6期。
④ 关凯:《中华民族共同体的历史、现实与未来》,《贵州民族研究》2024年第4期。
⑤ 周平:《历史紧要关头的中华民族》,《思想战线》2018年第2期。

管辖，但其将“汉、满、蒙、回、藏”称为中华民族的五个宗族，否定了其他少数民族的民族地位，推行以汉族同化少数民族的政策。“在民族问题上，北洋政府‘五族共和’和国民党政府‘三民主义’两个解决方案皆宣告失败，中国共产党统一战线政策最终成功。”①

诞生于 1921 年的中国共产党，在革命的实践中发展成为一个先锋队政党，既是中国工人阶级的先锋队，也是中国人民和中华民族的先锋队，成为领导中华民族共同体构建的主导性政治力量。中国共产党第一次全国代表大会通过的纲领将党名定为“中国共产党”，规定了入党不分民族的入党资格，这意味着中国共产党是各民族共同的党组织。在建党之初，中国共产党就提出达到中华民族完全独立的奋斗目标。“九・一八”事变后，中国共产党推进国共合作，建立、巩固和扩大抗日民族统一战线。1937 年 7 月，中国共产党发表《中共中央为公布国共合作宣言》，多次出现“中华民族”“伟大的中华民族”“伟大的悠久的中华民族”的表述。解放战争时期，中国共产党始终坚守“一个中国”原则，领导人民军队和中国人民解放全中国，维护了中华民族共同体的整体性。

中华人民共和国成立后，中国共产党由局部执政转向全面执政，成为领导中华民族共同体构建向纵深发展的最高政治力量。新中国的成立，意味着“中华民族真正获得了现代国家载体和主权形式，新中国的政治组织形式以及国名、国旗、国歌、国徽、国家版图等具象化象征符号的创制和传播，进一步夯实了中华民族大团结的基础”②。20 世纪 50 年代以来，在中国共产党领导下，开始进行了民族识别工作，组织中央民族访问团、少数民族参观团等活动，少数民族地区进行民主改革和社会主义改造，施行民族区域自治制度，实施民族平等、团结互助、共同发展的民族政策，动员全国各族人民参与社会主义建设。党和政府在少数民族地区进行有组织、有计划的投资，从内地迁移大量青年开发边疆。这为中华民族共同体构建创造了条件。

改革开放后，党明确了我国现阶段的民族关系基本上是各族劳动人民之间的关系，恢复并进一步完善民族区域自治制度，采取对口支援、经济协作、定额补助等方式加快民族地区经济社会发展，加强民族之间的交往交流，维护民族之间的团结关系。国家大力组织实施经济发达地区对欠发达民族地区开展对口支援。“1979 年，国家确定由北京支援内蒙古、河北支援贵州、江苏支援广西和新疆、山东支援青海、上海支援云南和宁夏、全国支援西藏。1996 年，国务院确定由 15 个东部发达省市对口帮扶西部 11 个省（自治区、直辖市），同时动员中央各部门对口帮扶贫困地区。”③党中央多次组织召开中央民族工作会议，从战略全局的高度明晰党的民族理论、民族工作任务和决策部署，颁布实施《反分裂国家法》、打击“三股势力”，遏制局部地区的分裂行为和暴恐犯罪，强化中华民族共同体的联结纽带。国家加强交通、通信等基础设施建设，也投入大量资金进行互联网建设，通过实体空间和虚拟空间建设来推进中华民

① 关凯：《中华民族共同体的历史、现实与未来》。
② 唐英毅、何博：《中华民族共同体意识的历史发展与演进规律》，《内蒙古社会科学》2023 年第 6 期。
③ 《中国的民族政策与各民族共同繁荣发展》，北京：人民出版社 2009 年版，第 34 页。

族共同体构建。改革开放后，“由于务工经商、学习培训、婚姻嫁娶等原因，我国进入各民族跨区域流动的空前活跃期”。① 国家鼓励引导高校毕业生到民族地区工作。“国家还有计划地组织开展干部交流、岗位轮换，选派大批少数民族干部到内地、基层、上级领导机关任职或挂职锻炼。”②

新时代以来，铸牢中华民族共同体意识成为党和国家民族工作的主线。各级党政部门深入开展民族团结进步示范创建工作，组织实施了人类历史上规模最大、力度最强的脱贫攻坚战，少数民族地区消除了绝对贫困和区域性整体贫困，深入推进固边兴边富民行动，妥善处理涉民族因素事件，打击违法犯罪活动，防范民族领域的重大风险隐患，促进各族人民深入交往交流交融，团结全国各族人民共同建设社会主义国家，加强了对国家通用语言文字的推广，保障少数民族语言文字的使用和传承。“各族人民对伟大祖国的认同、对中华民族的认同、对中华文化的认同、对中国共产党的认同、对中国特色社会主义的认同到达新水平。”③

三、中华民族共同体构建与国家整合能力的提升

中华民族共同体构建的一个重大意义在于它提升了中国国家能力，将中国由一个传统的王朝国家转变成一个以人民为中心的新型现代国家。国家能力在本质上是“为实现国家意志和完成国家任务而动员人力、物力、财力的能力”④，主要体现为“政治体系动员人力和物力资源去实现其选择目标的能力或者效率”⑤。现代国家的成长过程，一个重要方面是国家能力得到持续增长的过程。作为国家能力的一个重要组成部分，国家整合能力是国家将不同要素凝聚起来实现国家治理目标、构建政治共同体的能力。中华民族共同体构建提升了国家整合能力，维护了国家统一和政治团结，彻底结束了旧中国一盘散沙的局面，将新中国塑造成一个具有内聚力和向心力的政治共同体。

（一）传统中国的国家整合能力

传统中国是一个追求大一统的国家，国家不断提升其整合能力来维护国家的统一性，“通过思想的统一，以达政治的统一；通过军事的统一，以达版图的统一；通过文化的统一，以达天下的统一”。⑥ “国家力量推动了大运河、全国驿路网等大型基础设施建设，促进了历代财税政策与地方行政制度的变迁，加速了边疆地区开发、区域经济融合、全国经济一体化的进程。”⑦ 尽管传统中国具有一定国家整合能力来维系国家的统一性，但仍存在不足。

---

① 高向东、高鹏飞：《变与不变：中国共产党民族政策的百年演进与规律探赜》，《北方民族大学学报》2021年第6期。
② 《中国的民族政策与各民族共同繁荣发展》，第50页。
③ 陈浩、张榕：《自在、自觉与自为——论中华民族共同体形成与建设的内在逻辑》，《学术探索》2024年第2期。
④ 王绍光、胡鞍钢：《中国国家能力报告》，沈阳：辽宁人民出版社1993年版，第2页。
⑤ Pak K. Lee, “Into the Trap of Strengthening State Capacity: China’s Tax-Assignment Reform”, *The China Quarterly*, No.164, 2000, p.1009.
⑥ ［日］王柯：《从“天下”国家到民族国家：历史中国的认知与实践》，第91—92页。
⑦ 《中华民族共同体概论》，第26页。

在传统中国的王朝国家政治框架中，“并不存在将全体国民整合为一个整体的必要性，也不具备将国民整合起来的社会政治机制，因而既没有形成民族这样的社会组织形式和稳定的人群共同体，也没有形成相应概念”。① 一方面，传统中国是皇帝及其统治集团所治理的无严格边界的国家，“王朝疆域呈不确定性和模糊状态”，② 这使得传统中国无法在一个稳定且固定的地理空间内发展其国家整合能力；另一方面，传统中国虽然是一个中央集权的国家，但国家的基础性权力发展不足，“国家政权的组织体系和意志要求实际上难以深入地方社会内部”，③ 国家很难迅速将其观念贯彻渗透到社会之中去。由于中华民族“在绝大多数历史时期并未面临如此严峻的国家生存压力，其内在的汲取和渗透能力自然难以发展出来”④。国家权力的悬浮性在一定程度上造成了国家与社会之间的相互隔离，导致国家很难对社会进行整合。“从夏商开始，中国古代的国家就有对不同区域推行不同治理模式的传统”，⑤ 因俗而治，加之交通的落后、技术发展的滞后、复杂的地理地貌等因素，对传统中国国家整合能力的发展构成了挑战。

（二）传统中国国家整合能力面临的挑战

近代以来，面对西方国家的入侵，传统中国国家整合能力不足的问题暴露出来。“中国的传统王朝国家无法应对以工业文明为内核的外部力量的冲击”，⑥ 尤其是帝制中国终结后，中国很快陷入四分五裂之中，整个社会“国不知有民，民不知有国”，“一盘散沙，人人得以欺之”。⑦ 虽然辛亥革命已经发生，但“辛亥革命只是摧毁了专制统治的政治结构，历史延续的地方割据、士人治理、洋人殖民和封建伦理，仍然桎梏着广大民众，国民离散和族群涣散依然存在”⑧。毛泽东在湖南第四师范读书时的听课笔记《讲堂录》里曾说：“中国固自由也，人民与国家之关系，不过讼狱、纳赋二者而已，外此无有也……惟无关系也，故缺乏国家思想、政治思想。”⑨ 由于人民被排斥在国家政治生活之外，中国落入“一盘散沙，人人得以欺之”的境地。邓小平也指出：“我们这么大一个国家，怎样才能团结起来、组织起来呢？一靠理想，二靠纪律。组织起来就有力量。没有理想，没有纪律，就会像旧中国那样一盘散沙”。⑩

（三）中华民族共同体构建提升国家整合能力

“当一个天朝大国‘皇统解纽’，政治、社会、文化等各个层面都陷入危机，要找到一条成功的整合路径绝非易事。”⑪ 为了摆脱后发现代化国家面临的内外困境，实现中华民族伟大复

① 周平：《中华民族研究的国家视角》，《思想战线》2019 年第 1 期。
② 赵世瑜：《“王朝国家”与前现代中国的国家转型》，《清史研究》2021 年第 4 期。
③ 陈军亚、王浦劬：《以双重革命构建新型现代国家——基于中国共产党使命的分析》，《政治学研究》2022 年第 1 期。
④ 周黎安：《“一体多面”：中华帝制时期的国家—社会关系再研究》，《社会》2022 年第 5 期。
⑤ 莫代山：《改土归流对中华民族发展的贡献》，《广西民族研究》2023 年第 4 期。
⑥ 周光辉、彭斌：《中国新型现代国家构建道路的合理性阐释》，《吉林大学社会科学学报》2023 年第 5 期。
⑦ 孙中山：《建国方略》，沈阳：辽宁人民出版社 1994 年版，第 270 页。
⑧ 冯育林：《以族聚民：国民整合与中华民族建构的发端及遇合（1895—1925）》，《西北民族大学学报（哲学社会科学版）》2020 年第 6 期。
⑨ 《毛泽东早期文稿》，长沙：湖南人民出版社 2013 年版，第 427 页。
⑩ 《邓小平文选》第 3 卷，北京：人民出版社 1993 年版，第 111 页。
⑪ 章永乐：《旧邦新造：1911—1917》，第 9 页。

兴，国族构建就成为中国迈向现代国家要实施的一项重要政治工程。中华民族共同体构建始终伴随中国国家现代化的进程，呈现出整体性、包容性、共同性、有机性等特征。中华民族共同体构建提升了国家整合能力，使大一统国家在现代化变革中得到了赓续和创造性转化。

首先，中华民族共同体构建为国家整合能力的提升提供了政治理念支撑。政治理念或政治价值的整合是国家整合的重要内容，国家整合的一个重要方面是生活于国家中的国民要认同国家治理的政治理想、政治理念、政治价值。对中国国家整合能力提升而言，中华民族共同体构建的一个重要价值在于它为中国国家整合能力的提升提供了丰富的思想观念和价值资源。新中国成立后，在中华民族共同体构建中，倡导并践行民族平等、民族团结互助、民族共同繁荣发展等观念原则。“平等是指各民族具有同样的政治地位和社会地位，反对民族歧视和民族特权；团结主要是指民族之间的良好关系，强调各民族在平等基础上的联合；发展则是各民族在坚持平等、团结原则的前提下所共同追求的目标。”[①] 平等、团结、共同发展等观念原则成为党和政府处理民族关系的准绳，也“是王朝中国和当代中国民族政策的分水岭”[②]，中华民族共同体构建正是在贯彻这些政治理念的基础上推进的。在这一过程中，平等、团结、共同发展等观念已从民族领域的治理扩散到整体的国家治理领域，为国家发展其整合能力提供了思想支持。

其次，中华民族共同体构建为国家整合能力提升提供了重要组织资源。国家整合是通过国家权力运行来实现的，国家权力运行通常以特定的组织体系作为载体。在中华民族共同体构建过程中，尤其是中国共产党领导的民族工作中，不断健全组织体系，激活组织功能，增强组织之间的协同性，国家政权组织体系的整合功能得到了锤炼和加强，相应地，国家整合能力得到了提升。中华民族共同体构建依赖党和国家政权组织体系整合功能的有效发挥。中国共产党统战工作组织体系的有效运转不仅对于中华民族共同体构建具有重要意义，而且为整体提升中国国家整合能力提供了组织资源的支持。

最后，中华民族共同体构建为国家整合能力提升提供了重要制度资源。国家整合不仅要特定的组织资源支撑，而且也离不开特定制度资源的支持。为了推动中华民族共同体构建，在长期的实践探索中，党和国家逐渐发展出了一套有效的制度体系，注重制度体系的完善性、协同性、适应性建设。中国共产党在中华民族共同体构建过程中起着领导作用，党领导民族工作的体制发挥了重要作用，民族区域自治制度在不断完善中保持其生命力。为促进民族团结，党和政府所颁布的各项法律法规条例等为中华民族共同体构建提供了坚强的制度保障。所有这些在中华民族共同体构建过程中发挥重要作用的制度，在政治实践中发挥了整合功能，将56个民族紧紧团结在一起，也为国家整合能力的提升提供了支撑保障。

---

① 彭谦、程志浩：《流变与演化：中国共产党民族政策的百年俱进》，《湖北民族大学学报（哲学社会科学版）》2021年第1期。

② 周竞红：《民族平等原则：王朝中国与当代中国民族政策的分水岭》，《中央民族大学学报（哲学社会科学版）》2010年第5期。

四、中华民族共同体构建与国家动员能力的增强

"中华民族是凝聚国家力量的基本方式。"[①] 中华民族共同体构建不仅提升了国家整合能力，也增强了国家动员能力，在很大程度上解决了中国这个超大规模国家内部的集体行动难题，使得国家有能力最大限度地动员一切力量实现国家发展的战略目标。

（一）传统中国的国家动员能力

国家动员能力发展的一个重要条件是国家要获得社会的支持和忠诚，这就需要国家必须具备"以可持续和公平的方式向人民提供公共物品的能力"[②]。国家是否具备强大的动员能力，成为国家能否实现其治理目标的关键要素。由于国家、社会以及国家社会关系呈现出不同样态，不同国家就具有不同的国家动员能力。一般而言，在国家、社会所组成的四个模型中，"强国家—强社会"的国家动员能力较强，而"弱国家—弱社会"的国家动员能力较弱。

与同时期其他国家相比，传统中国具有较强的国家动员能力，然而，其国家动员能力呈现出一幅充满矛盾和悖论的图景。一方面，传统中国在战争、巨型工程、防灾赈灾等领域具有强大的国家动员能力，国家能较好地履行其公共职能，构建政权的合法性。另一方面，传统中国没有能力集中有效动员全社会的力量应对国家整体性危机，统治集团内部的冲突、社会的低度参与、媒介资源的匮乏等，都在很大程度上限制了传统中国国家动员能力的发展。

传统中国的中央集权体制、发达的官僚组织体系、家国同构思想以及以民为本的国家治理理念，都赋予这个国家较强的国家动员能力。然而，在传统中国，国家与社会之间的连接手段很有限，这既不利于国家塑造社会，也不利于社会影响国家，对国家动员能力发展构成约束。"皇权不下县""皇权止于县"，乡村社会实际上处于绅士主导的自治状态，基于统治成本等因素的考虑，仍存在大量"统而不治"的地区，国家缺乏必要的组织资源和意识形态资源对社会进行高效动员。实际上，即便到了南京国民政府统治时期，"不仅未能成功地整编各支地方势力，也未能建立一个全国范围的集权、高效的行政管理体系，而且更谈不上把国家权力有效地渗透到城乡社会底层"。[③] 传统中国也缺乏现代中国所拥有的用于国家动员的大众传播媒介和相应的技术支持，这无疑也会约束国家动员能力的发展。虽然传统中国十分注重意识形态的传播内化，但整体而言，并未形成类似现代中国那样复杂而专业的政治社会化体系，社会成员也并不具有现代国家国民那样的国民意识、国家意识和国族意识，缺乏现代国家国民那样的国家认同观念，"国家一旦遇到危险，民众力量就很难被有效地组织起来"。[④]

---

① 周平：《中华民族：中华现代国家的基石》，《政治学研究》2015 年第 4 期。
② ［瑞士］安德烈亚斯·威默：《国家建构：聚合与崩溃》，叶江译，上海：上海人民出版社 2019 年版，第 121 页。
③ 李怀印：《"民族国家"的迷思与现代中国的形成》，《学术前沿》2022 年第 1 期（下）。
④ 窦竹君：《传统中国的基层社会治理机制》，北京：中华书局 2021 年版，第 48 页。

（二）传统中国国家动员能力面临的挑战

近代以来，“古老帝国在西方现代国家的挑战下暴露出全面的制度能力危机”。[①]特别是在晚清和民国时期，中国“是一个国家能力低下的脆弱性国家”[②]，动员能力有限。在中日甲午战争中，清政府对于民众的战争动员严重不足，“底层民众对战事漠不关心，更不会支持战争。当甲午战争硝烟弥漫之际，中国不但南方歌舞升平，即便在战火蔓延的北方，民众最关心的仍然只是生计。与此形成鲜明对比的是，日本政府高度注重争取民众对战争的支持。开战后，日本开动传媒机器传播所谓‘朝鲜独立论’‘义战论’‘文野之战论’‘中国愚昧落后论’和‘日本人优越论’等，大肆制造‘战争有理’的舆论氛围。报界派遣战地记者跟随作战部队和军舰，随时传递前线最新战报。国内掀起捐献热潮，民间团体和个人自愿捐出大量金钱财物”。[③]

（三）中华民族共同体构建增强国家动员能力

中华民族共同体构建与中国现代国家构建相伴同行，在中国现代国家建设取得的成果支撑下发展推进。辛亥革命后，无论是中华民国、北洋政府，还是南京国民政府，都曾试图革新内政，推动现代国家建设，然而，“都没有真正实现国家主权独立与统一，未能从根本上改变中国半殖民地半封建社会的状况”，[④]未能完成中华民族共同体构建的历史任务，真正建立起人民当家作主的新型现代国家。这一历史重任由中国共产党完成。中国共产党提供了一种不同于以往的国家现代化改造方案，“这种方案确立了社会底层民众的主体地位，建立了‘大众动员型的政党国家’”，[⑤]“不但为中国的政治革命和经济革命而奋斗，而且为中国的文化革命而奋斗”。[⑥]中国共产党领导人民经过28年艰苦奋斗，“推翻了帝国主义、封建主义和官僚资本主义的统治，取得了新民主主义革命的伟大胜利，建立了中华人民共和国”，[⑦]“实现了中国从几千年封建专制政治向人民民主的伟大飞跃”。[⑧]“中国人民掌握了国家的权力，成为国家的主人。”[⑨]中国共产党领导人民进行的政治革命，“建立了一个现代意义上的国家政权”；[⑩]中国共产党领导人民进行的经济革命，重构了中国社会的经济社会秩序关系；中国共产党领导人民进行文化革命，唤醒了人民群众的主人翁意识，激发了人民群众的积极性、主动性、创造性。所有这些革命成果都为中华民族共同体构建创造了条件。尽管中华民族共同体构建已有百余年历史，但在贫穷落后的旧中国，中华民族共同体构建步履维艰，进展缓慢。1949年新中国成立，中华民族共同体构建才开始具备取得实质进展的政治社会条件。而中华民族共同体构建取得实质进展，为中国国家动员能力的增强提供了重要支撑条件。

---

① 杨雪冬：《中国国家构建简论：侧重于过程的考察》，《上海社会科学院学术季刊》2002年第2期。
② 周光辉、彭斌：《其命维新：中国构建新型现代国家的道路与经验》，第129页。
③ 王世枚：《从甲午战争看清末中日国防动员差距》，《中国国防报》2018年7月26日第4版。
④ 周光辉、彭斌：《构建新型现代国家：中国共产党救国、兴国、强国的百年道路》。
⑤ 燕继荣、王江成：《中国共产党领导的现代国家建构逻辑》，《政治学研究》2022年第3期。
⑥ 《毛泽东选集》第2卷，北京：人民出版社1991年版，第663页。
⑦ 《中华人民共和国宪法》，北京：人民出版社2018年版，第3页。
⑧ 《中共中央关于党的百年奋斗重大成就和历史经验的决议》，北京：人民出版社2021年版，第8页。
⑨ 《中华人民共和国宪法》，第3页。
⑩ 陈军亚、王浦劬：《以双重革命构建新型现代国家——基于中国共产党使命的分析》。

首先，中华民族共同体构建为国家动员能力的增强提供了国民意识基础。国家动员在本质上是国家政权组织对社会的动员，社会成员是否以及在何种程度上具有国民意识是国家动员能力发展的一个重要因素。中华民族共同体构建的过程，始终是国民意识塑造的过程。在国家力量主导下，多元化的人口通过国民化的方式同质化了，国家意识得到了增长，“主流政治象征符号走入民间，消解了原来束缚大众的宗族意识、村落意识、地域意识等小团体意识，使他们超越狭隘的情感、信仰和视野，由一个自在的群体变为一个自为的群体”。① 国民意识的增长推动了国家动员能力的增强。一方面，国民意识内含着国民对国家的义务意识，比如，纳税、服兵役等，国民有义务响应国家的号召，为国家做出贡献；另一方面，国民意识内含着对国民同胞和对后代人的义务感，意味着承认国民身份相对于包括族群身份在内的其他身份的优先性。在中国国家动员能力发展过程中，国民意识的重要性在于它将原初自然的、冷漠的、消极的人口改造成了具有政治意识的、热情的、积极的人民。

其次，中华民族共同体构建为国家动员能力的增强提供了国家意识基础。国家要对社会进行有效动员，不仅要求国家拥有完善的动员政府体系、组织体制和高效的动员工作机制，而且要求国家动员对象拥有国家意识。具有国家意识的社会成员拥有自己生活国家的知识，了解国家成长的历史，熟悉国家的地形地貌，将其生活的国家视为一个休戚与共的政治共同体，该政治共同体有共同历史、共同利益、共同命运、共同使命，将国家利益视为最高利益。中华民族共同体构建过程，实际上是国民国家意识形成和增长的过程。“将原子式个体构成的犹如一袋马铃薯式的散沙式社会打造成了一个高度组织化的动员型社会”，② “把无权的大众引入国家的政治生活，唤醒他们潜藏的政治能力、政治表现欲和政治创造性”。③ 国民的国家意识使得国民将国家视为与自己命运高度相关的政治共同体，他们关注国家整体的命运，维护国家整体利益，支持国家政权体系的行动，与国家政权之间形成良性的、互动性的协作关系。这种良性的、互动性的协作关系无疑是增强国家动员能力不可或缺的条件。

最后，中华民族共同体构建为国家动员能力的增强提供了国家认同基础。“统一的国家认同是国家形成或建构的重要标志和任务。” ④ 然而，“对于后发社会来说，国家共同体认同、政治规则共识，恰恰是最稀缺的现代性政治资源”，⑤ 因而，“中国的国家建构不是一个国家政权的简单扩展，也不仅是国家权力有效治理社会的问题，而是通过国家权力改造社会形态，在经济社会形态持续不断的革命性变革中，实质性地整合社会，深化民众对国家政权的累积性认同”。⑥ 国家动员能力的增强不仅需要国民有国民意识和国家意识，而且需要国民认同其生活的国家。中华民族共同体构建的过程，实质上是国民对国家的认同度提升的过程。在中国语

① 陈明明:《作为一种政治形态的政党—国家及其对中国国家建设的意义》,《江苏社会科学》2015 年第 2 期。
② 何显明:《中国现代国家制度的建构及其治理效能——基于国家意志聚合与实现的视角》,《中国社会科学》2022 年第 9 期。
③ 陈明明:《作为一种政治形态的政党—国家及其对中国国家建设的意义》。
④ 燕继荣、王江成:《中国共产党领导的现代国家建构逻辑》。
⑤ 何显明:《中国现代国家制度的建构及其治理效能——基于国家意志聚合与实现的视角》。
⑥ 陈军亚、王浦劬:《以双重革命构建新型现代国家——基于中国共产党使命的分析》。

境下，国家认同具有十分丰富的内容。具体说来，主要是指“五个认同”，即对伟大祖国的认同、对中华民族的认同、对中华文化的认同、对中国共产党的认同、对中国特色社会主义的认同。这些形式的国家认同强化了国民与国家之间的联系，塑造了国民与国家的同一性和一致性，在国民与国家之间发展出了一种团结合作关系，国民愿意为国家的事业承担责任、做出奉献甚至有所牺牲。国民与国家之间的同一性和一致性为国家动员能力发展提供了支撑。这些形式的国家认同造就了国民对国家政权体系的承认、赞成和支持。承认国家政权的合法性、肯定国家政权的合法性是国家动员能力发展不可或缺的一个重要条件。

五、中华民族共同体构建与国家协调能力的发展

中华民族共同体构建增强了国家动员能力，也推动了国家协调能力的发展。国家协调能力是国家能力的一个重要组成部分，现代国家与传统国家不同的一个重要方面体现在现代国家具有强大的协调能力。中华民族共同体构建，一个重要价值在于它促进了中国国家协调能力的发展。

（一）传统中国的国家协调能力

国家协调能力是国家治理需要的一种能力，即国家基于公共利益最大化原则在国家领土空间范围内有效地对不同类型的资源进行调配和对多元的利益进行统筹的一种能力。在国家治理目标多元、国家治理资源有限、国家不同群体之间利益诉求差异且冲突的条件下，国家治理面临着如何有效调配资源和处理利益矛盾的难题。为了应对这一难题，国家协调能力应运而生，依赖国家强大的协调能力，对国家治理的目标、资源、利益关系、政策体系等内容进行合理规划、整体部署、统筹协调，实行整体治理。

传统中国发展出了较强的国家协调能力，在很早就形成了编户齐民制度、上下沟通机制、巡视制度，这为国家统筹协调提供了信息基础。传统中国是一个中央集权的郡县制国家，国家对社会以及中央对地方享有权威，保持高度控制力。军事权高度集中于中央政府，中央政府掌握着地方主要官吏的人事任命权，在意识形态领域享有权威，国家内部的大规模人口在思想上保持了统一性。“一统的帝国、一统的制度、一统的文化造就了统一的国家、统一的民族”，[①]“从政治结构上保证了大一统帝国的存在”，[②] 带来了政治共同性、经济共同性、社会共同性、文化共同性，为国家发展其协调能力提供了难得的政治条件和良好的社会基础。

秦汉以来，大一统政治的建设，尤其是秦始皇实施的统一全国的货币、度量衡、文字，实现了车同轨、书同文、行同伦、地同域、量同衡、币同形，“把传统中国社会结合成一个结构复杂、组织严密的统一整体”，[③] 为传统中国发展协调能力创造了条件。国家投入一定资源进

① 马平安:《中国国家治理的历史传承与时代主题》，北京：中国工人出版社 2022 年版，第 53 页。
② 陈旭麓:《近代中国社会的新陈代谢》，北京：中国人民大学出版社 2012 年版，第 8 页。
③ 马平安:《中国国家治理的历史传承与时代主题》，第 52 页。

行道路等基础设施的建设，为中国这个超大规模国家进行资源的内部统筹调配提供了支持。

（二）传统中国国家协调能力面临的挑战

传统中国也存在一些制约国家协调能力发展的因素。传统中国国民并未形成成熟的政治共同体意识，社会成员难以将生活在遥远地区的社会成员当作与自己利益攸关的存在。当一个地方遇到灾害需要中央政府从另外一些地方调动资源来提供帮助之时，中央政府在资源调动的过程中就会面临更多阻力。这主要是因为共同体意识的缺乏使得社会成员之间难以形成互助意识和义务感，导致一些社会成员不愿意为另一些没有关联的社会成员做出牺牲。在政治实践中，共同体意识的匮乏不仅会提升王朝国家内部跨地区、跨行业、跨人口资源横向调动的难度，而且也给王朝国家内部资源上下级之间的纵向调配增加困难。为了有效完成资源的调度，王朝国家需要支付更多的治理成本。

"中国传统的大一统政治是以专制皇权为中心的'家天下'政治秩序，历代王朝在强化专制皇权的过程中将社会的自组织力量摧毁殆尽的同时，没有也不可能为民众提供最基本的公共产品，民众因此也无法形成最基本的国家共同体意识。"① 国民政治共同体意识的缺乏制约了国家协调能力的发展。在传统中国，由于制度、技术、地理等因素的限制，"天高皇帝远"，在实际政治运作中，中央政府并不能对其治理的所有地区和所有部门享有同等程度的权威和施加同等程度的影响；国家治理的信息上下传递多层级运转带来信息损耗、扭曲变形；科举制虽能将国家与社会联系起来，但其政治社会化主要局限在参加科举考试的人口。所有这些使得传统中国中央政府难以在其治理范围内有效调配资源、协调各种利益关系。超大的国家规模也始终挑战着国家协调能力，国家统筹协调活动要克服超大国家带来的空间距离难题。

近代以来，中国国家发展始终面临着国家协调能力弱这一难题。尤其是晚清政府终结后，伴随着中央权威的缺失而来的是地方势力的做大，加之统治集团内部的派系冲突等因素的影响，中国国家协调能力严重不足。如何再造中央权威，提升国家协调能力，成为 20 世纪以来中国政治发展的一个重要议题。

（三）中华民族共同体构建发展国家协调能力

在中国国家形态现代转型中，中华民族共同体的构建对于国家协调能力的发展发挥了十分重要的作用。

首先，中华民族共同体构建塑造了社会成员的共同利益意识，这种意识是国家协调能力发展的重要条件。国家协调能力解决的根本问题是利益配置问题，统筹协调的主要关系是利益关系。中华民族是一个利益共同体，"在长期的历史发展过程中，我国各族人民相互交流、互通有无、相互依存形成了共同的利益"。② 中华民族共同体构建，使得生活在这个超大规模国家之中的人民认识到他们都是生活于同一国家的社会成员，彼此之间的利益并不是毫不相关

---

① 何显明：《中国现代国家制度的建构及其治理效能——基于国家意志聚合与实现的视角》。

② 王宗礼：《国家建构视域下铸牢中华民族共同体意识研究》，《西北师大学报（社会科学版）》2020 年第 5 期。

的，恰恰相反，他们之间不仅是利益相关的，而且拥有共同利益，存在共损共荣的关系。正是因为拥有共同利益，国家这个政治共同体的存在才具有可能性。在政治实践中，“除非存在这种共同利益作为基础，否则，我们无法设想人们能够彼此忠诚、相互认同，也无法设想他们会产生共同的伦理取向”。[①] 共同利益认知维系了国家这个政治共同体存续，建构了国家政权作为共同利益代表者的正当性。国家政权是共同利益的代表，其主要责任是促进共同利益最大化。因此，国家内部的利益关系主要应由国家来统筹协调。正是在这一意义上说，中华民族共同体构建为国家协调能力的发展创造了条件。

其次，中华民族共同体构建培养了社会成员的利益一致意识，这种意识是国家协调能力发展的重要基础。从实践层面看，人民在利益上既存在冲突，也存在一致；利益上的冲突使得国家协调能力的发展成为必要，利益上的一致使得国家协调能力的发展成为可能。人民内部存在不同的利益诉求，也可能会存在不同形式的利益矛盾，这就使国家有责任推进其协调能力的发展，协调平衡人民内部的利益矛盾，满足不同社会群体的利益诉求。“国族构建包括任何增强特定国家人民生活经历和沟通实践中的共同性程度的行为”，[②] 中华民族共同体构建对于国家协调能力发展的意义在于它使社会成员认识到他们之间既存在利益上的冲突，也存在利益上的一致，认识到“在共同体中，我们能够互相依靠对方”[③]。这种利益一致的认知对于国家协调能力发展意义重大。正是对利益一致的认识，社会成员才有可能彼此合作，在利益冲突的条件下才有可能发展出妥协精神，形成兼顾各方的整体观念，为国家协调能力发展提供支持。

最后，中华民族共同体构建形塑了社会成员的利益互补互惠意识，这种意识是国家协调能力发展的重要支撑。国家统筹协调既涉及中央与地方之间的关系，也涉及国家与多元社会之间的关系。在我国，“民族地区集‘六区’于一身，是我国的资源富集区、水系源头区、生态屏障区、文化特色区、边疆地区、贫困地区，而汉族地区相对发展程度高、经济技术相对先进，与少数民族地区之间有很强的互补关系”，[④] 需“正确把握共同性和差异性的关系，增进共同性、尊重和包容差异性”[⑤]。对于国家协调能力发展而言，中华民族共同体构建的一个重要价值在于它尊重和保护多元性和差异性，塑造了多元和差异的政治共同体内部不同组成部分、不同要素、不同利益诉求之间具有相互依赖性、互补性和互惠性的观念。相互依赖性观念维系了政治共同体的团结，互补性观念为国家统筹协调来实现国家利益最大化提供了可能性，互惠性观念保障了国家统筹协调兼顾各方利益，达到国家统筹协调目标的实现。

---

① 李义天主编:《共同体与政治团结》，第 11 页。
② Andrew B. Kipnis, “Constructing Commonality: Standardization and Modernization in Chinese Nation-Building”, *The Journal of Asian Studies*, Vol.71, No.3, 2012, p.734.
③ [英] 齐格蒙特·鲍曼:《共同体》，欧阳景根译，南京：江苏人民出版社 2003 年版，第 3 页。
④ 王宗礼:《国家建构视域下铸牢中华民族共同体意识研究》。
⑤ 《习近平谈治国理政》第 4 卷，北京：外文出版社 2022 年版，第 246 页。

六、结论

100 多年前，中国这个超大规模的国家开启了国家形态现代转型的历史进程，“结束了已持续两千多年的君主制体制，开始向现代国家体制转变”。① 在这一转型中，“进化式的时间观念逐渐替代了中国传统的‘轮回’观念，而之前的‘天下’逐渐演变成为国际体系中的一个‘国家’，伴随着现代意义上的‘国家’（state）而来的‘民族’（nation），作为中国人一个新的认同标志和理论也应运而生”。②

国族构建推动了中国国家形态的现代转型，国族构建和国家构建之间存在着一种相互支撑的关系。在中国共产党领导的人民国家的力量主导下，中国持续进行的国族构建，其重要价值在于它重塑了中国国家能力，推动了中国国家能力的现代变革和国家形态的现代转型，“为民族复兴的实现提供强大动力”。③ 中华民族共同体构建提升了国家整合能力，增强了国家动员能力，推动了国家协调能力的发展，“将中国社会各阶层民众本身微弱的力量有效动员和团结起来，重建一种更有凝聚力和关怀性的公共生活”。④ 国家能力的增长成为中国迈向现代国家的一个重要标识，而持续不断的中华民族共同体构建为国家能力的增长提供了可能性和现实性。

中国国家形态现代转型是在漫长而复杂的历史进程中展开的，“中国的现代国家转型，应该被理解为一个尚未完成的、终端开放的历史过程”，⑤ “中国的转身还在继续”。⑥ 新中国成立以来，尤其是改革开放以来，“迅速的经济发展不仅带来更大更复杂的经济，而且也极大拓展了地域的多样性”。⑦ 从现代化发展的角度看，中国国家形态现代化转型尚未完成，中华民族共同体构建仍将持续发展。中国国家形态的现代转型是一个复杂的学术议题，本文只是从中华民族共同体构建的视角做了尝试性的研究，是否还存在另外一些可切入的视角，是否存在更为实证化的方式呈现国族构建与国家能力变化之间的关系，需要后续研究来提供更具想象力、说服力、启发性的答案。

（责任编辑　范春莉）

---

① 姜义华:《何谓中国》，上海：东方出版中心有限公司 2021 年版，第 53 页。

② 张丽:《从“大花园”到“石榴籽”：中华民族概念的新时代阐释》，《宁夏社会科学》2019 年第 5 期。

③ 周平、郭志凯:《中华民族的当代重塑及其意义》。

④ 青觉、吴鹏:《历史、人民与国家：理解中华民族共同体的三重维度》。

⑤ 李怀印:《“民族国家”的迷思与现代中国的形成》。

⑥ 罗志田:《中国的近代：大国的历史转身》，北京：商务印书馆 2019 年版，第 2 页。

⑦ Barry J. Naughton, Dali L.Yang (eds.), *Holding China Together: Diversity and National Integration in the Post-Deng Era*, Cambridge: Cambridge University Press, 2004, p.1.

Modern Transformation of the State Form: Taking the Construction of Community for the Chinese Nation as the Narrative Center

Yin Dongshui

(Jilin University, Changchun 130012, China)

Abstract: Modern state is a special form of the state, and national construction is an important element in the modern transformation of the Chinese state form. Raising the national awareness, national consciousness, state-nation consciousness and national identity of members of society is the core task of national construction. A major significance of the construction of community for the Chinese nation is that it has maintained national unity and political solidarity, completely ended the scattered situation of the old China, and made the new China a political community with strong cohesion and centripetal force, which to a high extent solved China's collective action problem as a large scale country, enabled the state to mobilize all its forces to the maximum extent to achieve the national development strategic objectives, allocated all kinds of resources and integrated multiple interests in the state within the territory effectively based on the principle of maximizing the public interest. From the perspective of modernization development, the modern transformation of the Chinese state form has not yet been completed, and the construction of community for the Chinese nation will continue to develop.

Key Words: Construction of Community for the Chinese Nation; State Form; Modern Transformation; New Modern State

从国家现代化到中华民族共同体理论建构
——谷苞边疆研究的缘起与发展

王建新
（西北民族大学，兰州 730030）

摘　要：学界关于中华民族概念的讨论，始于清末民初外敌入侵的危机时期，但关于中华民族共同体的相关讨论则始于 20 世纪中期。在中华民族共同体理论的初期探索中，谷苞是为数不多的扎根西部边疆、毕生致力于边疆民族社会文化研究的学术先驱者之一。他在不同时期提出和创制的边疆研究理论方法，彰显了他对国家政策法律的深刻理解，历史站位高且原则性极强，为深入研究中华民族共同体的历史形成和现实发展提供了基础。本文系统梳理谷苞先生思想脉络、研究方法和发展进程，揭示谷苞边疆研究的独特性及其对中华民族共同体理论建构的学术贡献。

关键词：谷苞；边疆研究；国家现代化；中华民族；中华民族共同体

中图分类号：D633　　**文献标识码：**A　　**文章编号：**2097-1249（2024）06-0133-11

一、研究现状、问题与目标

在世界格局持续动荡的新时代，中华民族共同体多元互补、一体发展整体格局的战略意义日趋突出。加强中华民族共同体建构与铸牢中华民族共同体意识，已成为当今学界乃至社会各界的时代使命。中华民族观念的形成有着久远的历史，但国人对其重大意义的深刻理解，则始于清末民国内忧外患的危机时期政治群体及社会各界的救亡图存运动。在知识界，不同学科的学者们共同努力，义无反顾地担负起推进中华民族相关理论建构的历史重任。

时至今日，面对百年未有之大变局和中华民族伟大复兴事业，需要更深刻理解中华民族概念的外延和内涵，以铸牢中国各族人民的中华民族共同体意识。党的十八大以来，习近平站在党和国家事业发展全局的战略高度，划时代地提出了铸牢中华民族共同体意识理论。这是新时代民族理论的一大创建，为学界和社会各界对中华民族及中华民族共同体概念的深刻理解

作者简介：王建新，西北民族大学中亚与中国西北边疆研究中心特聘教授。
基金项目：国家社会科学基金重大项目“铸牢中华民族共同体意识的理论逻辑和实践路径研究”（项目编号：22&ZD212）；甘肃省民族事务委员会“中华文化共同体思想的比较研究”（项目编号：2023-YJXM-07）。

奠定了政治思想理论基础。①

中华民族是一个历史形成的人群实体，也是一个多元互补、一体发展的民族共同体。② 中华民族，作为群体概念指其包容性的广大外延和整体形态；而中华民族共同体，则强调这个民族群体的具体内涵，说明中华民族各群体多元互补、交融一体的存在状态。这两个概念互为表里，更加全面深刻地反映着中华民族各群体的交融共存状态和共同利益所在。③

在中华民族共同体理论的初期探索中，谷苞是为数不多的扎根西部边疆、毕生致力于边疆民族社会文化研究的学术先驱者之一。④ 他在不同时期提出和建构的边疆研究理论方法，彰显了他对当时国家政策法律的深刻理解和运用，历史站位高且原则性极强，为研究理解中华民族共同体的历史形成和现实发展提供了基础；对当代中华民族共同体理论建构和铸牢中华民族共同体意识研究仍具有非常重要的参考价值，亟待学界深入挖掘和全面解读。

目前，我国学界对于谷苞边疆研究理论方法和内容的挖掘解读已经在逐步展开。在1991—2007 年间陆续出版的四卷本谷苞《民族研究文选》基础上，《西北民族研究》2021 年第一期刊发的谷苞边疆研究专栏文章，⑤ 以及其他一系列相关专论的刊发，⑥ 从社会调查实践到理论创新都分别做了开创性的整理论述。李正元主编完成的谷苞文集——《故土新知》又收录谷苞先生的一批主要论文及与学界同仁的书信往来和学者评价等内容，进一步扩展了我们了解谷苞边疆研究具体内容的范围，为深入挖掘探索提供了难能可贵的资料和文献支撑。⑦

---

① 笔者以为，中华民族及中华民族共同体的理论探讨，从民国后期顾颉刚的论证“中华民族是一个”开始，到费孝通“中华民族多元一体格局”理论的发表，再到党的十九大明确提出“铸牢中华民族共同体意识”的重大论断，在现当代历史上形成了一个完整的循环向上的理论发展过程。

② 王建新:《中华民族多元互补与一体发展的历史意涵》,《江汉论坛》2023 年第 3 期。

③ 关于中华民族与中华民族共同体概念已经有很多讨论。有学者从“基本特征、历史关系与运用语境”等三个层面阐明“中华民族”与“中华民族共同体”两个概念内涵的异同及其相互关系（李赞、裴圣愚、金炳镐:《辨析“中华民族”与“中华民族共同体”概念内涵的三个向度》,《西北民族大学学报》2023 年第 5 期）；也有学者强调中华民族共同体有民族共同体和国民共同体两种属性，是一个包含政治、经济、文化等多种内容的命运共同体（陆春梅、王希恩:《从“共同体”:“中华民族”两个视角把握中华民族共同体》,《广西民族研究》2024 年第 1 期）；还有学者通过创制“人口国民化”“国民整体化”等概念来丰富讨论的逻辑环节，再与多元一体概念结合，既揭示中华民族与世界其他民族的共同性，又揭示中华民族特殊性，从而对中华民族概念形成完整有效论证（周平:《“全民一体”：一个述说中华民族的原创概念》,《学术月刊》2024 年第 4 期）；有学者建议从中华民族共同体的内涵界定、时代意蕴及建设方略等三个方面更加应用性地理解（赵恩嫻:《中华民族共同体的内涵界定、时代意蕴及建设方略》,《社会科学家》2023 年第 11 期）；也有“中华民族”概念是“世界之中国”及“与西人交涉竞争”的产物,“中华民族”概念的产生代表中国人整体“民族意识”觉醒（石硕:《从“世界之中国”认识“中华民族”概念》,《中华民族共同体研究》2023 年第 6 期）；还有学者建议从中华民族共同体理论体系的结构性内涵——即中华民族共同体本体理论、铸牢中华民族共同体意识理论和中华民族共同体建设理论等三个层面去理解（严庆、郭雨晨:《关于中华民族共同体理论体系构建的思考》,《西北民族研究》2024 年第 2 期）；也有学者认为，要利用共同体概念的意涵及共同体内部张力去推动和改善中华民族共同体建设（郝亚明:《共同体视域下的中华民族共同体建设》,《中央民族大学学报》2022 年第 4 期）；凡此种种，不一而足。笔者认为，概念诠释不宜过于纠结复杂的词语使用，不随意扩展解读政策精神，言简意赅可以防止误导和无谓的概念循环，也更容易被普通读者接受。

④ 近日，中国社会科学院中国边疆研究所推出《中国边疆学年鉴 2023》(北京：中国社会科学出版社 2024 年版)，边疆学人栏目列出 14 位杰出学界先驱，其中，谷苞先生名列第三，相关评价中肯全面，可谓实至名归。

⑤ 继 2020 年 12 月 12—13 日西北民族大学举办“民族社会学论坛：谷苞先生‘中华民族共同性’学术思想线下论坛”,《西北民族研究》2021 年第 1 期开设谷苞研究专栏，郝苏民写了专栏致辞，开启了谷苞学术思想的系列研究。

⑥ 2007 年，刘光华主编出版《谷苞先生 90 华诞纪念文集》，收入若干缅怀谷苞先生学术事迹的文章。2019 年，赵春盛等学人编《魁阁文献》，也有关于谷苞研究经历的介绍。另外，近期由西北民族大学、西安外国语大学及北京大学领衔编撰的《谷苞全集》正在紧锣密鼓推进。《新疆社会科学》《民族学论丛》《中华民族共同体研究》等多家学术期刊也在陆续推出研究谷苞边疆研究理论方法的文章。相关学科史关联研究方兴未艾。

⑦ 参见李正元主编:《故土新知》，北京：商务印书馆 2019 年版。

通观现有文献资料，我们可以将谷苞边疆研究分为四个主要阶段：1941—1943 年云南乡村行政组织与现代化建设调查研究，1944—1949 年甘南卓尼、陇南秦安、陇东会宁及河西走廊山丹等农牧交错地区农村社会调查研究，1949—1966 年南北疆社会历史调查研究以及 1978—2012 年中华民族共同体理论建构研究。从相关文献中，我们能够了解到谷苞先生早期在云南进行的乡镇行政体制调查，[①] 中期在甘南、陇南陇东及河西走廊农牧交错带的乡村社会组织、生产生计、民族关系与民生问题研究，[②] 后期南北疆各民族社会历史调查，晚年关于中华民族共同性论述 [③] 以及谷苞边疆研究提倡的民族史观 [④] 和研究特点 [⑤] 等具体层面的大致情况。

但是，谷苞边疆研究缘起和发展的四大阶段中，有一个循序渐进、次第提升的重要理论环节还未被学界系统关注，即在谷苞边疆研究的形成和发展过程中，理论视角从西南地方社会现代化建设的微观探索，向反分裂反霸权、致力于中华民族共同体理论建构的宏观论证的转型研究。本文将从谷苞边疆研究理论方法的形成过程、农牧交错带民族互嵌交融理论的提出以及从南北疆社会历史微观分析，向农耕与游牧两大体系互动交融，进而形成中华民族共同体的宏观讨论发展等方面，具体论证谷苞边疆研究理论方法的独特性及其对中华民族共同体理论建构的重要贡献。本文所参考的谷苞边疆研究的论文和著作，都尽量使用原始版本；在原始版本难以获得的情况下，也使用谷苞先生所著的《民族研究文选》、李正元主编的《故土新知》等文集收录的文稿。因文集收录文稿都会注明原始文稿的版本信息，本文参考文献中只给出文集的版本信息，只在正文征引时给出原始文稿刊出时间信息。因谷苞边疆研究作品量很大，加之一些民族历史文化层面的敏感因素，笔者在文中采用的文稿一般都是不同历史时段特点突出且容易理解的部分代表性作品。

二、魁阁人类学与谷苞边疆研究的形成

谷苞（1916—2012 年）祖籍湖南，出生成长于民国时期的兰州市，1935 年考入清华大学，1941 年从清华大学社会学系毕业后，曾短期在清华大学国情普查研究所任助教。后来，他奔赴昆明，加入西南联大吴文藻和费孝通等学界先驱主持的魁阁社会学研究室，也是在这里，开始了他与西部边疆社会文化研究的不解之缘。在费孝通先生的学术指导下，他开启了对云南呈贡县地方经济形态与传统社会组织的调查研究，推进了基于社区研究和田野调查的理论方

① 马雪峰:《在国家中发现社会：谷苞的化城研究》,《西北民族研究》2021 年第 1 期；唐亚男:《回首魁阁：谷苞的初期学术历程》,《魁阁》2021 年第 1 集。

② 张亚辉:《土地制度与边政忧思：谷苞先生的卓尼经济研究》,《西北民族研究》2019 年第 3 期；李正元:《乡村复苏、边区建设与族群互动：谷苞甘肃农牧交错带经济社会研究》,《文化中国》2022 年第 4 期。

③ 李建宗:《中华民族共同性：谷苞的民族学思想内核》,《西北民族研究》2021 年第 1 期。

④ 高永久、冯辉:《论谷苞先生的中华民族历史观》,《西北民族研究》2023 年第 4 期。

⑤ 李如东:《论谷苞的民族研究：从社会类型比较到多民族国家的历史解释》,《西北民族研究》2021 年第 1 期。

法，确立了乡村地方现代化建设研究的学术目标，[①] 完成了《云南田赋征实与农民负担》（1941年）、《村落与保的编制》（1942年）、《论保甲与行政效率》（1943年）、《传统的乡村行政制度》（1943年）和《论新政与财政》（1944年）等诸多早期作品。[②]

这一时期，谷苞边疆研究的目标非常明确，即助力现代化在乡镇地方社会落实，发现其中存在的问题并提出咨政方案："我很快地发现我早期的印象不完全正确，自从政府编制保甲之后，地方行政的基层机构的确有了很多新的建树。现在的形式与编制保甲之前的传统形式有不少特别之处。但是我们若认为事实上的机构一切都适合法令上的规定，却又不然。法令所规定的保甲只规定了改变传统形式的方向，它并没有付诸实施……现在的机构是一个新旧交杂的机构。"[③]

从以上论述可以看出，谷苞在云南乡村社会研究关注的主要问题是从上而下的现代化发展政策在地方社会的落实状态。他的研究告诉我们，国家现代化过程不可能一帆风顺，国家政策还需要与地方社会相适应，在与传统社会组织形态相协调的情况下才能稳步推进："我们若肯耐心分析一下这新旧交杂的机构，就不难发现为什么有些部分可以很快地接受了新的编制，为什么有的部分不过是旧瓶里装新酒，又为什么有些部分新的法令几年毫不生效。这些正是一个有心推行新制度的人所应当知道的事实，因为只有明白了这些事实，我们才能发现怎样才能有效地把法定的制度在事实上施行出来。也许从这些事实中，我们也可以见到一些不易或不值得一定要坚持新制度的地方，不如逐步修改和补充我们的法令为是。"[④]

有学者认为，谷苞边疆研究的初期实践，是根据费孝通先生设定的"乡村社会现代化是实现中国社会现代化的路径"之学术目标展开的。[⑤] 谷苞研究成果之科学客观及成熟的程度说明其边疆研究业已形成，也为边疆乡村社会现代化建设奉献了具有实践参考价值的研究案例。"20世纪中国的历史某种程度上是基层社会中的地域性小共同体不断解体，作为大共同体的国家不断生长，国家的权力长驱直入基层社会的历史。"[⑥] 谷苞云南乡村传统行政管理组织研究，为这一过程提供了循序渐进、合理改造的理论依据及科学可靠的实践路径和相关政策建议。

三、农牧交错带学术探索与谷苞边疆研究的发展

谷苞边疆研究的第一次转型，或说从早期第一阶段静态的社会行政组织研究，到第二阶段地方社会经济发展、族群互动和民生问题的动态研究，是他在甘南、陇南陇东及河西走廊

① 谷苞先生对魁阁时期所学到的、并在后来社会调查实践中不断提升改进的社会调查的理论方法有专门详尽的论述。谷苞：《我与少数民族地区社会调查》，《西北民族研究》1994年第1期。
② 谷苞：《云南田赋征实与农民负担》，《新经济》1941年第11期；谷苞：《村落与保的编制》，《新经济》1942年第12期；谷苞：《论保甲与行政效率》，《综合周报》1943年3月30日第2期；谷苞：《传统的乡村行政制度》，载李正元主编：《故土新知》，第23—40页；谷苞：《论新政与财政》，《昆明周报》1944年9月11日第94期。
③ 谷苞：《传统的乡村行政制度》，载李正元主编：《故土新知》，第9—10页。
④ 谷苞：《传统的乡村行政制度》，载李正元主编：《故土新知》，第10页。
⑤ 李如东：《论谷苞的民族研究：从社会类型比较到多民族国家的历史解释》，《西北民族研究》2021年第1期。
⑥ 马雪峰：《在国家中发现社会：谷苞的化城研究》，《西北民族研究》2021年第1期。

农牧交错带的学术进取中完成的。1944 年秋至 1949 年夏，他离开昆明来到兰州大学教授社会调查和民族学人类学课程。这一时期，他在授课之余，奔赴甘南、陇东陇南及河西走廊等地进行深入的社会调查研究，重点关注农牧交错带汉族乡村经济、少数民族社区建设以及民族互动交融和相关民生问题。①

在甘南卓尼地区，谷苞对当地土地制度、土司制度、兵马田制、社会经济发展以及民族互动交融和民生问题进行了调查研究，发表了《饥寒中的富丽》（1947 年）、《卓尼番区的土司制度》（1947 年）、《卓尼朱扎七旗的总承制度》（1947 年）、《汉人怎样的定居于卓尼番区》（1947 年）、《为筹边者忧》（1947 年）、《卓尼番区的汉番》（1948 年）等旨在厘清当地复杂的地方政治组织结构、经济社会发展和民生问题，助推边疆社会现代化的调查报告和论文。② 通过阅读这一时期谷苞的学术作品，我们能够清晰地看到，其研究视角已经发生了重要转变，开始关注边疆政治经济生活中存在的不同族群相互依存、交往交流交融的民族互嵌现象。

在甘南多民族杂居地区的调查研究中，谷苞注意到当地的经济类型及文化传统与纯粹农区和牧区都存在差异。他没有把当地社会文化研究聚焦于某一特定民族群体，而是重点关注不同民族社会文化的互动共生、交流交融情况，发现当地农牧交错带村落在农牧生产结构层面形成了有效契合，生产生计活动和经济交往的必要性使得一定区域内农牧生产互补交融，财富的流动有效带动了民族群体的互嵌融合。这种从经济民生问题入手，逐步深入到各民族经济共存、文化传统乃至血缘组织方面的深层次交融，揭示了农牧交错带不同族群在面对生计方式和文化传统的巨大差异时所采取的社会文化调试的必然现象。

虽然谷苞能够深入当地底层社会，倾听他们的声音，了解他们的生活需求，帮助他们向上反映情况甚至解决问题；但是，在他的心目中，解决经济纠纷和民生问题是促进民族社会现代化的基本条件，传统文化中不符合现代化发展需求、对民众生活有负面压力的活动也应该予以纠正。在晚年的反思性文章中，他对喇嘛在宗教活动中过度敛钱，给当地民众造成经济负担现象进行了坦诚的批评："喇嘛在准备丰盛的筵席请客之前，先说服几个宗教观念最深又有条件捐款的信徒，在宴会时抢先发言，自报布施的数字，以影响其他人不得不多报……一位夏河县的藏族司机，喇嘛要他捐 200 元，他只愿意捐 20 元，喇嘛说他出少了会影响其他人，他还是不肯多出……不得已他还是出了 200 元。这就看出，向寺院的布施，名义上是自愿的，实

① 农牧交错带概念起始于经济地理学、文化生态学和人口学研究，与"胡焕庸线"大致吻合（陈全功:《再谈"胡焕庸线"及农牧交错带》,《草业科学》2018 年第 3 期），主要指我国传统农业区与牧业区交会过渡地带，其生态人文环境、社会经济发展条件与农业区和牧业区都有很大不同（赵松乔:《察北、察盟及锡盟：一个农牧过渡地区经济地理调查》,《地理学报》1953 年第 1 期；吴贵蜀:《农牧交错带的研究现状及进展》,《四川师范大学学报》2003 年第 1 期）。而谷苞的相关研究主要专注相关地区社会经济发展及群体关系特征，并没有刻意使用类似农牧交错带之类相关术语，他在农牧交错带的研究，只是当下相关学界为概括其第二阶段研究的区域特征时所常用的表达方式。

② 谷苞:《饥寒中的富丽》,《光》1947 年 3 月第 20 期；谷苞:《卓尼番区的土司制度》,《西北论坛》1947 年第 2 期；谷苞:《汉人怎样的定居于卓尼番区》,《西北论坛》1947 创刊号；谷苞:《为筹边者忧》,《中国边疆》1947 年第 9 期；谷苞:《卓尼朱扎七旗的总承制度》,《益世报》1947 年 11 月 6 日第 1 版;《卓尼番区的汉番》,《中国边疆》1948 年第 11 期。

际上有一种社会压力，使人们不得不多出钱。”[①] 同时，他还指出当地政府和部门干部负有主要管理责任，应予调整，并提出了改善建议。从这里可以看出，他客观认真地直面民生问题、为推进民族社会发展建言献策的政策立场和批判态度。

在陇南陇东及河西走廊等地田野调查点的选择上，谷苞也有明确的规划，“有两点理由可资说明，第一，我们选定这三个县，估计它们可以代表甘肃三个不同的区域特点。依照传统的说法，甘肃一向被分为河西、陇南与陇东三大区域。这三个区域无论在自然环境与社会传统上，均各具有颇为显著的特性，因此我们选定了山丹代表河西，选定了秦安代表陇南，选定了会宁代表陇东”。[②] 这种选点规划，使得谷苞及其同事们能够以点带面地描述、比较和分析甘肃农牧交错带民族关系及民生问题的共性与差异。

在这个地区的社会调查中，谷苞的研究视角仍然紧扣社会经济发展、民族交融和民生问题，刊发了《汉族退出叠州的一种解释》（1947年）、《甘肃会宁县农家经济概述》（1948年）、《甘肃边区问题中的边民生计问题》（1948年）、《河西农民贫穷原因》（1948年）、《从一个村落看河西农村的崩溃》（1948年）、《甘肃境内的蒙古族》（1948年）、《哈萨克族入甘及返新纪略》（1948年）等一系列具有前瞻性和对策参考价值的调查报告和论文，初步建立起其边疆研究的独特体系。[③] 这一时期，谷苞在甘肃农牧交错带的民族社会研究以经济生活为主线，论述汉族乡村复振与多民族杂居地区现代化建设过程中存在的经济文化差异，以及民生问题的共性，提出了农牧交错带各民族经济社会互补交融的整体理论思路。

“我一向觉得所谓边疆问题，与内地问题在性质上并无不同，内地发生的许多的重要问题，在边疆上是照样发生着的，只不过在解决这些问题的时候，由于内地与边疆发生问题的文化背景不同，应该在原则与技术上慎重考究的。根据个人在边区调查研究的一点理解，有三个重要的问题，觉得应该提出谈谈的，这三个问题是民生问题，政治与教育问题。”[④] 也就是说，在民国晚期，边疆农牧交错带所存在的诸多民族社会问题，首先是经济民生问题，其次才能顾及政府政策和民族教育的现代化问题。这种研究视角的转型，使谷苞边疆研究的理论思路逐渐与“生产力决定生产关系、经济基础决定上层建筑”之马克思主义社会学理论接轨，也为他最终进入天山南北农牧区互补交融格局的宏观研究打下了坚实的方法论基础。

---

① 谷苞：《民族研究文选》（四），兰州：兰州大学出版社2007年版，第125页。

② 谷苞：《民族研究文选》（三），兰州：兰州大学出版社2005年版，第356—374页。

③ 谷苞：《汉族退出叠州的一种解释》，载李正元主编：《故土新知》，第99—103页；谷苞：《甘肃会宁县农家经济概述》，载谷苞：《民族研究文选》（三），第356—374页；谷苞：《甘肃边区问题中的边民生计问题》，载李正元主编：《故土新知》，第117—121页；谷苞：《河西农民贫穷原因》，载李正元主编：《故土新知》，第167—170页；谷苞：《从一个村落看河西农村的崩溃》，《兰州和平日报周刊》1948年第11—15期；谷苞：《甘肃境内的蒙古族》，载李正元主编：《故土新知》，第122—129页；谷苞：《哈萨克族入甘及返新纪略》，《新疆论丛》1948年第2集。

④ 谷苞：《甘肃边区问题中的边民生计问题》，载李正元主编：《故土新知》，第117—121页。

四、从南北疆微观调查到中华民族整体观的综合发展

中华人民共和国成立后，受王震将军的邀请，谷苞随解放军赴新疆工作，历任新疆科学分院副院长、新疆社会科学院院长，开启了其边疆研究的第三阶段。这个阶段的研究工作，主要包括南北疆各民族社会历史调查和各民族互动交融的历史及现状研究等两大部分。这一时期，谷苞组织编辑和独立创作的《巩哈蒙族牧区调查》(1950 年)、《莎车县四区四乡调查》(1951 年)、《南疆的瓦合普地问题》(1952 年)、《阿克苏县第一区第五乡调查》(1952 年)、《南疆农村的经济结构与阶级情况》(1952 年)、《南疆农村的封建剥削制度》(1952 年)、《南疆农村社会序言》(1952 年)、《南疆牧区社会序言》(1950—1953 年)、《新疆墨玉县夏合勒克乡农奴制度的调查报告》(1958 年)、《新疆历史丛话》(1962 年)等一大批曾经在治疆方略上发挥过重大政策咨询作用和对边疆研究具有理论指导意义的调查报告及论著。① 这里，我们能够清楚看到谷苞边疆研究实现了第二次转型，即其田野调查工作范围扩大到了天山南北各地的农业区和牧业区，理论视角也开始向农牧区互补交融的历史过程和现实动态分析倾斜。这一时期的研究方法，可以说是谷苞为完善中国学界自身学术话语建构而创制的“历史地理研究法”②。也有学者总结说，谷苞边疆研究综合运用了社会调查、文化史学与马克思主义社会形态学的研究路径。③ 这些评价都能从不同侧面凸显谷苞边疆研究理论方法的学理渊源及其学术特点。

经过第三阶段的积累，到改革开放以后的第四阶段，谷苞边疆研究又进一步提升为中国各民族作为一个整体互动交融的历史过程与现实动态的宏观分析。这一时期的作品包括《论充分重视和正确解决历史研究中的民族问题》(1981 年)、《马克思主义民族观与我国的社会主义民族关系》(1983 年)、《略谈古代龟兹乐舞对祖国文化的贡献》(1984 年)、《在我国历史上有为数众多的汉人融入少数民族》(1986 年)、《民族史研究要充分体现时代精神》(1987 年)、《略论我国历史上的民族关系》(1991 年)、《西北地区经济、文化特点与西北史研究》(1993 年)、《中华民族多元一体格局赖以形成的基本条件》(1993 年)、《关于如何正确理解炎黄子孙的探索》(1995 年)、《一个重大问题：正确阐明历史研究中的民族关系》(2001 年)、《西北各民族人民对缔造祖国政治、经济、文化的伟大贡献》(2001 年)、《西北通史》(五卷本)(2005 年)以及

① 谷苞:《巩哈蒙族牧区调查》，载李正元主编:《故土新知》，第 130—166 页；谷苞:《莎车县四区四乡调查》，载李正元主编:《故土新知》，第 87—102 页；谷苞:《南疆的瓦合普地问题》，载谷苞:《民族研究文选》，乌鲁木齐：新疆人民出版社 1991 年版，第 278—302 页；谷苞:《阿克苏县第一区第五乡调查》，载谷苞:《民族研究文选》(二)，兰州：兰州大学出版社 2004 年版，第 375—393 页；谷苞:《南疆农村的经济结构与阶级情况》，载谷苞:《民族研究文选》，第 303—319 页；谷苞:《南疆农村的封建剥削制度》，载谷苞:《民族研究文选》，第 320—337 页；谷苞:《南疆农村社会序言》，载谷苞:《民族研究文选》(三)，第 229—233 页；谷苞:《南疆牧区社会序言》，载谷苞:《民族研究文选》(三)，第 237—239 页；谷苞:《新疆墨玉县夏合勒克乡农奴制度的调查报告》，载谷苞:《民族研究文选》(四)，第 1—86 页；谷苞:《新疆历史丛话》，乌鲁木齐：新疆人民出版社 1963 版。

② 历史地理研究法是欧文·拉铁摩尔（Owen Lattimore）形容中国边疆战略统治空间与重要经济区之间相互关系时自我评价的术语（黄达远:《“长城—天山”商路与近代中国国家建构的东西轴线——兼对拉铁摩尔的“区域研究法”的探讨与应用》，《新疆师范大学学报》2015 年第 6 期）。谷苞的历史地理研究法的特点在于，聚焦不同经济区之间互补交融的民族关系对中国历史上大一统政权形成和发展的支撑作用。

③ 李如东:《论谷苞的民族研究：从社会类型比较到多民族国家的历史解释》。

关于中华民族共同性的三篇经典论文（下一节评述）等一系列论著。① 这一时期，谷苞边疆研究完成了第三次转型，其理论视角转向反分裂反霸权以及中华民族共同体理论建构。他认为，中国统一的多民族国家成型于秦汉时期，在2000多年的历史长河中逐渐形成中华民族多元一体格局。以下两段精辟论述，能帮助我们理解谷苞边疆论述的史学根源和学理精髓。

“汉朝的疆域，从经济类型上看，有一大片农业区和一大片游牧区。大片农业区，包括地跨黄河、长江、珠江这三大流域的农业区，以及塔里木盆地边缘宛如一串项链的绿洲农业区。北方的农业区主要为旱作农业区，南方的农业区主要为水稻种植区。大片的游牧区是指清长城以北、以西的游牧区，包括东胡游牧区、匈奴游牧区、乌孙游牧区、小月氏游牧区、昆仑山南麓羌氐游牧区、青海高原的西羌游牧区以及西藏沿边的游牧区。”②

“在古代历史上，农业区与游牧区的民族关系是我国最大的民族关系。作为一种通例，游牧民族的生产是不能满足其对生产资料与生活资料的需要的，需要从农业区得到补充。同时，农业区也需要游牧区的牲畜和畜产品。在西汉时期，农业区的粮食、丝麻纺织品、丝绵、酒类、金属工具、金属用具和器皿等曾大量输往游牧区，对改善游牧民族的生活和生产状况起到了巨大作用。同时，游牧区的产品输入到农业区后对农业区的发展也起到有益作用。”③

在力论农耕游牧各民族群体共同组成中华民族整体的同时，谷苞在第四阶段研究历程中还突出分析研究了一个重大问题，即中国学界边疆民族历史研究的理论思路存在过分强调区别，从而有助长分裂主义思维的错误倾向。他多次撰文反驳和批判了各种错误观点及议论，指出了其中的误导性和蛊惑性，严正表达了中华民族不可分割的政治立场。谷苞认为，有学者“把中国历史上的民族斗争夸大到了一个很不合适的程度。甚至说‘剥削阶级统治下的民族和国家，各民族和各国家间，完全依靠力量的对抗，大小强弱之间，根本不存在和平共处平等联合这一类的概念。’……又说：‘历史上的战争和大屠杀多数都是民族斗争。’我认为这些议论在理论上是难以成立的，他的社会效果也是不会好的”。④ 接着，谷苞从其论证的错误逻辑、动物本能说、罔顾史实、单纯突出民族斗争以及无视各民族友好往来的历史过程等五个方面

① 谷苞：《论充分重视和正确解决历史研究中的民族问题》，载谷苞：《民族研究文选》，第76—88页；谷苞：《马克思主义民族观与我国的社会主义民族关系》，载谷苞：《民族研究文选》，第35—46页；谷苞：《略谈古代龟兹乐舞对祖国文化的贡献》，载谷苞：《民族研究文选》，第172—177页；谷苞：《在我国历史上有为数众多的汉人融入少数民族》，载谷苞：《民族研究文选》，第178—190页；谷苞：《民族史研究要充分体现时代精神》，载谷苞：《民族研究文选》，第89—99页；谷苞：《略论我国历史上的民族关系》，载谷苞：《民族研究文选》（二），第183—191页；谷苞：《西北地区经济、文化特点与西北史研究》，载谷苞：《民族研究文选》（二），第172—182页；谷苞：《中华民族多元一体格局赖以形成的基本条件》，《西北民族研究》1993年第1期；谷苞：《关于如何正确理解炎黄子孙的探索》，载谷苞：《民族研究文选》（二），第39—56页；谷苞：《一个重大问题：正确阐明历史研究中的民族关系》，《西北民族研究》2001年第1期；谷苞：《西北各民族人民对缔造祖国政治、经济、文化的伟大贡献》，载谷苞：《民族研究文选》（二），第142—171页；谷苞：《西北通史》，兰州：兰州大学出版社2005年版；谷苞：《论中华民族的共同性》，《新疆社会科学》1985年第3期；谷苞：《再论中华民族的共同性》，《新疆社会科学》1986年第1期；谷苞：《三论中华民族的共同性》，《西北民族研究》2007年第1期。

② 谷苞：《中华民族多元一体格局赖以形成的基本条件》。

③ 谷苞：《中华民族多元一体格局赖以形成的基本条件》。

④ 谷苞：《论充分重视和正确解决历史研究中的民族问题》，《新疆社会科学》1981年创刊号。

对上述观点及论述逐条进行了正面驳斥。①

谷苞还点评道，有学者“否认中国在历史上是一个统一的多民族国家，声称‘我国自古以来就是一个统一的多民族国家’的提法，‘缺乏科学性的论据’。这是值得研究的”。② 首先，谷苞从中国各民族的历史发展过程论证中华民族是一个实在的民族整体，批判了上述论点论据的历史虚无主义的非科学实质。接着，他又从当时国际关系角度做了进一步评述，指出：“中国自古以来就是一个统一的多民族国家，不仅是一个符合历史事实的、科学的命题，而且是一个爱国主义的和反对帝国主义、霸权主义侵略扩张、颠覆破坏的战斗口号。新沙皇重弹老沙皇的旧调，胡说什么‘在西部，中国的边界没有超过甘肃和四川，更没有到过巴尔喀什湖。’这就公然造谣说新疆和西藏不是中国固有的领土。妄图使用这种蛊惑人心的谣言来破坏我国的统一与民族团结，以达到其不可告人的罪恶目的。”③ 以上引述说明，谷苞边疆研究晚期一个很重要的关注点，就是批驳国际国内分裂主义理论和思维倾向，遏制其不良社会影响以维护国家统一和民族团结。

五、谷苞边疆研究对中华民族共同体理论建构的重要贡献

谷苞边疆研究四个阶段的学术历程呈现一条清晰的学术思路：边疆社会行政组织调查 → 农牧交错带社会经济互补及民族互嵌研究 → 各民族交往交流交融研究 → 反分裂反霸权斗争 → 中华民族共同体理论建构研究。其研究告诉我们，自古以来，中原农业区与北方游牧区，都是中华民族之整体生存区域的一部分；历代中原王朝与游牧王朝统治下的各族人民都是中华民族共同体不可分割的成员。中华民族大一统政治传统是在两个区域王朝互动交融过程中逐渐形成和巩固的，这也是中华民族共同性赖以成立的一个重要历史原因。谷苞晚年三篇关于中华民族共同性的经典力作，将其边疆研究推向了中国当代民族理论和民族政策理论的高峰。④

在《论中华民族的共同性》一文中，谷苞从中华民族的概念界定开始论述，说明中华民族是由 56 个群体构成的多元民族实体，其多元成分具有共同性是中华民族的一个重要特征。这种共同性出于两个主要原因：一是中国是文明古国，中国境内的各民族共同缔造了中国悠久的历史；二是中华民族各群体在移民和交往过程中，促进了社会经济发展，起到了相互补充、共

---

① 谷苞：《论充分重视和正确解决历史研究中的民族问题》。另外，谷苞先生具有相同拨乱反正志趣的理论阐释论文还有很多，如《马克思主义民族观与我国的社会主义民族关系》《略论我国历史上的民族关系》《一个重大问题：正确阐明历史研究中的民族关系》等。

② 谷苞：《论充分重视和正确解决历史研究中的民族问题》。

③ 谷苞：《论充分重视和正确解决历史研究中的民族问题》。

④ 有学者对谷苞先生的共同性理论的生成过程和历史文化逻辑进行了较为全面的考证论述，如张福强：《中华民族共同体的历史向度：谷苞先生中华民族共同性思想的生成逻辑与主要内涵》，《新疆社会科学》2021 年第 1 期；也有学者对谷苞先生的共同性理论的内容做了较为细致的整理和论述，如胡宝红、张建军：《中华民族共同体的边疆叙事向度：谷苞先生中华民族共同性思想的主要内涵与重要贡献》，《民族学论丛》2023 年第 4 期。以上论说都有很重要的学科史研究价值。笔者参考吸收了他们的一些观点，但也有进一步拓展之处，供广大读者参考。

同发展的作用。因此，自秦汉以后，中国就是一个统一的多民族国家，中华民族共同体是一个多元互补的整体。另外，他还从各民族在语言文字、经济生活、音乐舞蹈、衣食住行、民间传说、节日习俗等互嵌交融的历史过程和现实状态，论证了中华民族的共同性。

在《再论中华民族的共同性》一文中，谷苞又从各民族神话传说中存在的关联性以及中国古代史发展过程中大一统政权占主导地位两个方面，力证中华民族共同性的历史必然性和现实必要性。他一方面强调，不能滥用神话元素将大一统形成推前到夏商周以前的时代；同时也说明，统一的多民族国家始自秦汉两朝。《三论中华民族的共同性》则从统一的多民族国家形成的历史过程和多民族互嵌交融的现实两个层面，进一步说明中华民族共同性理论的客观科学性。这三部力作分别从中华民族的定义与内涵、社会经济发展、移民与族群互嵌交融，到神话传说和统一的多民族国家形成的历史时期界定，再到大一统政权形成发展的历史过程和各民族人民互嵌交融的事例，通过聚焦不同的历史上和现当代发生的文化现象建构他的独特且科学合理的中华民族共同性理论。谷苞的中华民族共同性理论从一个侧面丰富了中华民族共同体理论的内容，同时也为我们理解中华民族共同体的丰富内涵提供了诸多极具说服力的例证。①

谷苞边疆研究的形成和发展脉络，与同时期其他学者有共性，但其独特性也比较突出。首先，谷苞与大多数在西部地区从事过调查研究的学界先驱们的成长过程和发展路径都有所不同。他毕生在西部地区深入开展社会调查研究，其作品始终聚焦西南西北边疆的经济欠发达地区，是为数不多的将毕生精力奉献给了边疆社会现代化研究的、真正意义上的边疆研究者。其次，谷苞边疆研究的理论出发点是边疆社会发展和国家现代化建设。随着研究的不断深入与拓展，其研究重点逐渐落在了农牧交错带社会经济发展与互补交融的民族关系，继而发展到反分裂反霸权的国家主权话语建构和中华民族共同体的理论建构。谷苞边疆研究从微观到宏观，从西南到西北再到全国，交叉使用了社会学、民族学、历史学、经济学、生态人类学、文化地理学等相关学科理论方法。通过绵密的综合论证，科学合理地将被历代史籍蔑称为“夷狄胡蛮”的众多民族群体纳入了中华民族共同体范畴，进一步丰富了中华民族共同体概念的内涵。

谷苞秉持边疆研究为国家现代化发展服务的学术理念，深耕细作，谦和待人。他一生都在社会调查和学术写作中度过，留下的大量学术论著和手记札记，都是需要我们去挖掘学习的

① 费孝通先生曾对中华民族共同性有过“合之又合”的详尽论述（麻国庆:《费孝通民族研究理论与“合之又合”的中华民族共同性》,《中央民族大学学报》2020 年第 4 期），谷苞先生关于中华民族共同性的前两篇论文（《论中华民族的共同性》《再论中华民族的共同性》）也被费孝通先生收入《中华民族多元一体格局》一书中，两人立足区域及民族关系动态的分析视角也非常接近。有学者征引谷苞先生中华民族共同性理论，分析云南地方民族互嵌交融形成共同性且在不断强化的事例也很有说服力（叶莹:《云南各民族共同性的历史形成与强化路径》,《云南社会主义学院学报》2024 年第 4 期）。也有学者从中华民族共同性词语内涵的意义成分逐步展开分析，逻辑性较强，但遗憾的是未征引和吸收学界先驱关于中华民族共同性诸多重要论述（郝亚明、秦玉莹:《中华民族共同体的共同性要素分析》,《民族学刊》2022 年第 7 期）。

学术宝藏，其终生致力于边疆研究的学术精神也为新一代边疆研究学人树立了楷模。最后，笔者要用谷苞先生曾经写在日记中的来自他毕生致力于边疆研究实践的四句自勉箴言，结束这篇文章:“拜少数民族群众为师，体验民族生活，学习民族历史，尊重民族情感和民族文化”。[①]

（责任编辑　范春莉）

From Modernization of the State to Theories on Cultivating a Sense of Community for the Chinese Nation: Formation and Development of Gu Bao's Frontier Studies

Wang Jianxin

(Northwest Minzu University, Lanzhou 730030, China)

Abstract: Discussions on the notion of the Chinese nation started long ago from the later period of Qing Dynasty when the country encountered the invasions from those world's great powers. And later in the mid of 20th century, much scholarly attention was being paid to the community of the Chinese nation. Among the theoretical explorations, Professor Gu Bao had been one of the rare academic pioneers who devoted his whole life to studying the society and culture of ethnic minorities living in China's western border areas. The theories and methods of frontier studies he had proposed demonstrate his profound understanding of the country's policies and regulations, with a strong sense of historical awareness and principles, which provide a foundation to further understand the historical formation and currenct development of the sense of community for the Chinese nation. This article attempts to systematically identify Gu's pattern of thought, methods of research and course of development, unveil the characteristics of Gu's frontier studies and his academic contribution to theories on cultivating a sense of community for the Chinese nation.

Key Words: Gu Bao; Frontier Studies; State Modernization; Chinese Nation; Cultivating a Sense of Community for the Chinese Nation

① 谷苞:《民族研究文选》，第 422—425 页。

赶超型现代化国家的发展路径选择

唐 亮

（早稻田大学，东京 169-8050）

摘 要：本文分析和探讨了后发型现代化国家在推进经济增长、社会发展和民主政治建设进程中的若干重大问题。首先，根据不同的时空背景分析了后发型现代化国家面临的三大挑战和两大有利条件。其次，分析了后发型现代化国家政府主导现代化进程的特点。再次，从结构功能角度比较了不同治理体系对现代化进程的影响。最后，从动态角度分析了所谓“新权威主义”模式下后发型现代化国家的发展路径，将国家现代化进程分成优先发展经济、重视社会发展和加强民主政治建设三个阶段。

关键词：后发型现代化国家；赶超型现代化；后发优势；发展模式；路径选择

中图分类号：D03　　**文献标识码：**A　　**文章编号：**2097-1249（2024）06-0144-14

一、问题的提出

国家现代化有三大目标。第一个目标是经济现代化即狭义的现代化，主要是通过推进工业化和城市化进程，提高人民的生活水平。在开放的国际经济体系中，人均国内生产总值、国际竞争力以及技术开发能力等是衡量一个国家经济发展水平的主要指标。第二个目标是社会发展，包含教育、科学技术、文化事业、社会保障等重要内容。第三个目标是民主政治，即人民拥有广泛的民主权利，有权平等地参与政治生活，对政府实行有效的监督。在推进国家现代化的进程中，这三大目标既相对独立，又相互作用。强大而充满活力的经济是促进社会发展和民主政治不可缺少的经济基础和社会条件，人的全面发展是促进经济增长、激发民主政治活力的手段，而民主政治的健全发展则为经济和社会的平等提供坚实的基础。

发展模式主要指推进现代化建设的方法、手段和工具。这涉及各种重要的制度安排和政策工具，[①] 其中最为重要的是政治经济体制，特别是政治权力结构。发展模式之所以重要，一是因为政治经济体制事关全局，对国家现代化建设有全面影响，而具体的制度安排和政策手段

作者简介：唐亮，早稻田大学政治经济学部教授。

① 世界银行自 1993 年起多次就东亚的发展经验出版研究报告，例如 The World Bank, *The East Asian Miracle: Economic Growth and Public Policy*, New York: Oxford University Press, 1993.

主要涉及某一个具体领域，其影响往往是局部的。二是政治经济体制和各具体领域的制度安排和政策手段相互影响、相互作用，但前者通常是社会的基本制度，而后者则是配套制度，前者对后者具有很大的约束性。三是实现国家现代化需要若干代人的不懈努力。在这一过程中，政治经济体制相对稳定且影响长远，具体领域的制度安排和政策手段则会随着国内外环境的变化而不断调整和改变，其影响通常是阶段性的。

在一般意义上，所有国家的现代化发展目标基本相同，即按照现代性的要求，持续提高经济、治理、社会和文化发展水平。但不同国家在现代化发展的不同阶段，所达到的水平却很不相同。在资产阶级革命和产业革命以后，以欧洲和北美国家为代表的西方发达国家在全球范围内扮演了现代化先行者的角色。① 许多发展中国家以及新兴工业化国家和地区则因为起步晚，现代化进程面临更加艰巨的任务，即使经过长期努力，现代化水平仍然相对较低，依然面临着赶超西方发达国家的重大历史课题。本文将包括新兴工业化国家和地区在内的发展中国家称为后发型现代化国家，将其以赶超发达国家为目标的现代化进程称为赶超型现代化，以区别于发达国家的先发型现代化。

无论在历史上还是今天，发达国家在政治、经济和社会发展的各个领域一直存在着许多问题和挑战。但是，这并不妨碍后发国家学习和借鉴发达国家先进的理念、科学技术、管理经验和体制机制，包括吸取其在现代化进程中的教训。借用亚历山大·格申克龙（Alexander Gerschenkron）的话来说，创造性地学习和借鉴是后发国家相比于发达国家不可多得的后发优势，是其实现跨越式发展的重要条件。② 另一方面，后发型现代化国家的赶超型现代化因为时空背景不同于先发型现代化国家，因此，除了后发优势等有利条件以外，还面临着艰难的挑战。因此，后发国家不能一味模仿或照搬照抄发达国家的经验，而需要根据国情以及现代化的阶段性目标进行创造性的学习和吸收。

尽管从理论上来说，人们对于后发国家需要创造性地学习国外先进经验并且发挥后发优势具有广泛的共识，但围绕具体学习的对象特别是发展模式，却存在相当大的争议。这里可以把学习对象分为三个不同的层面。一是技术层面。由于科学技术一般不直接涉及社会价值体系，而且对经济发展的贡献显而易见，所以争论性意见很少。二是以经济领域为代表的管理制度层面。新的管理制度由于涉及人的意识和行为习惯而会遭到反对，但提高效率的效果比较明显，所以阻力相对较小或比较容易达成共识。三是政治经济体制即本文所说的发展模式层面。发达国家的政治经济体制对赶超型国家既有的价值体系、社会习惯和利益结构会产生重大的冲击，很容易引发社会冲突与对抗。

迄今为止，学者们从不同的角度、运用不同的研究方法，对国家现代化建设进行了诸多探讨，无论是关于各国现代化实际进程的研究，还是比较基础上的理论概括，都留下了众多的经典

① 本文的先行者和后发国家是相对的。在西方发达国家中，英国和法国是先行者，德国等曾经是后发国家。
② 参见［美］亚历山大·格申克龙：《经济落后的历史透视》，张凤林译，北京：商务印书馆 2012 年版。

作品。[①] 但是，对西方模式的评价或究竟什么是有效的发展模式问题，却依然众说纷纭。本文基于对既有研究成果的分析，探讨后发现代化国家的发展模式和发展路径，阐述其背后的发展逻辑。一是分析赶超型现代化不同于先发型现代化国家的时空背景，讨论其面临的主要挑战。二是分析赶超型现代化具有的低成本和后发优势等有利条件，在此基础上，讨论赶超型国家在推进现代化进程中的角色和作用。三是围绕国家在现代化过程中的作用，从结构—功能的角度出发，比较分析西方模式和所谓"新权威主义"模式的不同特点，分析和探讨新权威主义模式下发展路径的选择。

二、赶超型现代化面临的主要挑战

（一）更高的现代化标准和发展速度

赶超型现代化面临的第一个挑战是现代化的标准更高，因而对发展速度也有更高的要求。

发达国家作为现代化的先行者，在推进现代化进程中经历了包括政治经济危机在内的许多试错过程。在经济上，发达国家的增长速度相当缓慢，从工业革命起算，大体花了两三百年时间才完成经济现代化。[②] 不少学者将工业化进程划分为以工业化为主导的工业化初始期、以第三产业崛起为特征的工业化成熟期、以服务业为主导的后工业化时期。英国、法国、德国以及美国等主要西方国家直到20世纪中后期，才基本结束工业化成熟期，步入后工业化时期。

强大的经济实力是建立高水平公共服务体系的基础。德国在19世纪末、英国在20世纪初开始建立以养老、健康和失业保险为核心的社会保障制度。但是，发达国家普遍建立社会保障制度，并在此基础上建立包括养老保险、医疗保险、失业保险、就业、义务教育、住房、体育和文化等领域的公共服务体系，却是第二次世界大战以后的事。而提高公共服务的水平，则需要花费更多的时间和努力。[③]

政治权利的实现也是在曲折的过程中艰难前行的。普选权被认为是近现代西方民主政治的基本权利。但是，在很长时期内，西方国家却在财产、性别、职业和年龄等方面对选举权的资格作了极为严格的限制。直到18世纪后期政党政治形成后，英国的下院才确立了决定首相和内阁人事的权力，而对上院的否决权进行严格的限制则是20世纪以后的事。[④] 成立工会，通过工会与资方进行集体交涉，以及罢工的权利，是劳动者维护和改善自身权利的重要手段。在工人阶级长期斗争下，1871年英国通过《工会法》，被迫承认工会的合法地位。美国直到1935年才通过《国家

① 因为篇幅有限而经典研究太多，本文在展开分析时再对相关的经典研究进行述评。

② 参见 Robert C. Allen, *Global Economic History: A Very Short Introduction*, Oxford: Oxford University Press, 2011；［英］安格斯·麦迪森：《世界经济千年史》，伍晓鹰译，北京：北京大学出版社2003年版；［美］丹尼尔·贝尔：《后工业社会的来临》，高铦、王宏周、魏章玲译，南昌：江西人民出版社2018年版。

③ 参见 Peter Lindert, *Growing Public: Social Spending and Economic Growth since the Eighteenth Century*, New York: Cambridge University Press, 2004.

④ 参见［英］菲利普·诺顿：《英国议会政治》，严行健译，北京：法律出版社2016年版；阎照祥：《英国政治制度史》，北京：人民出版社1999年版。

劳工关系法》，以法律的形式规定工人的组织和集体谈判权，[①] 非洲裔美国人通过 20 世纪 60 年代的民权运动，才在争取种族平等方面取得重要进展，但离真正的权利平等还有很大的距离。[②]

需要强调的是，发达国家作为现代化的先行者，对什么是国家现代化以及如何推进现代化的问题，都是自定标准和规则的。但是，后发型现代化国家则往往以是否赶上和超过西方发达国家的发展水平作为标准。这就要求后发型现代化国家要以超过发达国家的速度推进现代化建设。因此，即使其他条件相同，后发型现代化国家实现现代化的难度也大大超过先行现代化国家。在这其中，最明显的是经济增长速度。后发型现代化国家因为起步晚、起点低，只有长期保持高速增长，实现跨越式发展，才能最终赶上和超过发达国家。回顾近百年来的历史，真正在经济上追赶上西方发达国家的后发国家实际上少之又少。

高标准和高要求更体现在民主政治发展上。如上所述，在很长时期内，发达国家不仅对政治权利和自由有非常严格的限制，而且充满了剥削和不平等，缺少对劳动者的保护。所以，即使按照西方学者制定的标准，历史上的这些国家也只能算是低质的民主和不文明的资本主义。不过，对低质民主和不文明的资本主义的不满和挑战，主要是由发达国家内部长时间的矛盾累积所致，因此，发达国家往往有较多的时间去应对。但是，在当今世界，对民众的自由和权利有了更高的标准和要求。如果后发型现代化国家像先发现代化国家那样限制政治权利，则必定会被视为对人权的重大侵害而面临巨大的国内和国际压力。

（二）外生型现代化与文明的冲突

赶超型现代化面临的第二个挑战是外生型现代化，即后发型国家在现代化进程中，往往面临着现代化与传统文明之间的激烈而持久的冲突。

在走向现代化的进程中，发达国家经历了长期的思想和政治革命。同时，现代化进程带来的各种变化又不时地对既有传统文化、生活方式以及相关制度产生不同程度的冲击。但是，需要重视的是，发达国家的现代化是由自身的传统文明蜕变或者从中发展起来的，经济和社会发展的动力主要来自社会内部，由此可以称之为内生型现代化（Endogenous Modernization）。从比较分析的角度来看，内生型的现代化与传统社会之间的兼容度相对较高，冲突的程度相对较低。北美和大洋洲主要国家的现代化虽然起步相对较晚，但由于具有基本相同的文化，因而比较容易接受欧洲资本主义经济和政治文明。这也从某种意义上证明了西式现代化与西方传统文明之间有着兼容性。

绝大多数后发国家具有与西方国家截然不同的传统文明，在独特的历史进程中形成了各自的传统文化和宗教信仰、社会结构以及政治经济体制。[③] 从历史经验来看，这些后发型现代

---

① ［英］艾瑞克·霍布斯鲍姆:《革命的年代：1789—1848》，王章辉译，北京：中信出版社 2014 年版；［英］艾瑞克·霍布斯鲍姆:《资本的年代：1848—1875》，张晓华译，北京：中信出版社 2014 年版；［英］艾瑞克·霍布斯鲍姆:《帝国的年代：1875—1914》，贾士蘅译，北京：中信出版社 2014 年版；［英］艾瑞克·霍布斯鲍姆:《极端的年代：1914—1991》，郑明萱译，北京：中信出版社 2014 年版；［英］E.P. 汤普森:《英国工人阶级的形成》（上、下册），钱乘旦等译，南京：译林出版社 2013 年版。

② Bruce J Dierenfield, *The Civil Rights Movement: The Black Freedom Struggle in America*, London: Routledge, 2021.

③ 后发国家在发展的过程中也产生了与西方文明相同的许多元素和要素，但并没有形成作为思想体系和政治经济体制的资本主义文明。

化国家或者是在成为西方国家的殖民地以后，或者是在西方国家殖民主义政策的压力下才被动地走上资本主义道路。[①] 我们可以把这种与自身传统文明有着质的区别，通常是在受到外部压力下发生的现代化称之为外生型现代化（Exogenous Modernization）。

文明涉及一个国家的价值体系、集体认同和思维惯性，与社会结构、人们的行为方式以及政治经济体制有着密不可分的关系。所以，文明的特性对国家和社会的影响普遍而深远，一旦形成就较难改变，而且往往具有很大的排他性，文明之间容易发生冲突。[②] 外生型现代化意味着后发国家需要对自身的传统文明、传统社会以及既有政治经济体制进行深刻、系统而持久的改革。换句话说，与内生型现代化相比，外生型现代化与后发型现代化国家的传统文明之间的兼容度较低，两者之间的冲突常常较为激烈。

推进现代化的速度也会加剧现代化与传统文明之间的冲突。在发达国家，相对缓慢的现代化进程意味着政治、经济、社会和文化等领域的变化是逐步发生和发展的，因此，现代化对制度变革速度的要求比较低。这意味着在一定时期内现代化对传统社会的冲击力度较小，权力体制有更多的时间适应新观念和新机制。但是，在后发型现代化国家，只有加快发展速度才能顺利推进赶超型现代化。这就意味着需要加快经济、社会和文化等各领域的制度改革和建设的速度，由此会相应地加大民众在心理和行为习惯上适应经济社会的变化和新体制机制的强度和难度，强化现代化与传统文明之间的冲突频度和烈度。

统治的合法性也使得后发型现代化国家的社会冲突变得极为复杂。第一，对传统文化和社会结构进行改革创新需要数代人的持续努力。在现代化顺利步入轨道之前，传统文化会保持强大的惯性。第二，政府拥有强有力的政治凝聚力、政策执行力以及维护社会秩序的能力，是后发型现代化国家顺利推进现代化的重要前提条件。但是，治理的正统性和正当性与文化、价值体系有着密切的关系。在传统文化与新思想体系实现有机融合以前，后发型现代化国家即使选择革新，也依然需要通过改造和创新传统文化来维护治理的正当性，强化国家能力。

（三）国际分工体系中的弱势地位

后发型现代化国家在推进现代化进程中面临的第三个重大挑战是极为不利的国际环境。

自资产阶级革命和工业革命发生以后，发达国家依靠强大的经济和军事实力，建立了有利于自身发展的资本主义体系。一方面，发达国家利用统治和被统治的关系，通过税收和贸易政策对殖民地进行剥削甚至掠夺，完成资本积累。另一方面，发达国家利用资本和技术优势，在全球范围内构建和确立有利于自身的经济分工体系。第二次世界大战后，许多殖民地获得了主权独立，使得后发型现代化国家免受直接的体制性剥削和掠夺，但实际上并没有获得真正平等的地位，特别是未能改变在资本主义经济体系中所处的极为不利的经济地位。

---

① 参见［美］费正清、邓嗣禹：《冲击与回应：从历史文献看近代中国》，陈少卿译，北京：民主与建设出版社 2019 年版；［美］爱德华 · W. 萨义德：《东方学》，王宇根译，北京：生活 · 读书 · 新知三联书店 1999 年版；Bernard Lewis, *What Went Wrong?: Western Impact and Middle Eastern Response*, New York: Oxford University Press, 2001.

② 参见［美］塞缪尔 · 亨廷顿：《文明的冲突与世界秩序的重建》，周琪、刘绯、张立平等译，北京：新华出版社 2010 年版。

依附理论和世界体系论对此作了较为详尽的分析。依附理论认为，全球经济体系由核心国家和外围国家构成。其中，核心国家科学技术水平高，控制着全球经济的大部分财富。经济欠发达的外围国家大都以农业经济为主，工业化程度低而且产品单一，向核心国家出口附加价值低廉的原材料和低附加值产品，在技术和市场方面严重依赖发达国家。[①] 世界体系论进一步将全球资本主义体系分为核心、半外围和外围国家，并从动态的角度分析了主要国家在全球体系中的地位变化，但在确认资本主义体系中存在经济分工不平等的看法上，与依附理论持相似的立场，即认为核心国家处于有利的地位，外围国家处于不利的地位，半核心 / 半外围国家的地位居于两者之间。

20 世纪 80 年代前后，日本经历了战后经济重建和高速增长，整体经济水平接近和赶上发达国家，亚洲的“四小龙”和拉丁美洲的一些国家在工业化方面取得了长足的进步。同时，以东亚为中心的其他国家在工业化方面也开始有了一定的起色。这一事实表明，世界体系论特别是依附理论存在重大缺陷，即其理论观点对赶超型现代化的前景极为悲观，没有考虑到后发型现代化国家可以通过发挥低成本优势及后发优势，逐步克服其在国际经济体系分工中的不利地位，快速缩小经济上的差距，接近甚至赶上西方发达国家。尽管如此，需要指出的是，依附理论和世界体系论对资本主义经济体系中各国不平等地位的分析，还是有很大启发意义的。

三、后发优势和国家在赶超型现代化进程中的作用

（一）低成本和后发优势

后发型现代化国家的低成本优势主要包括以下几个方面。一是几乎所有的后发型现代化国家都拥有大量的年轻劳动力，包括工资和福利在内的劳动力成本远远低于发达国家，而且劳动者具有吃苦耐劳的品质。一旦后发型现代化国家实现了社会秩序的稳定，劳动密集型产业就具有很强的竞争力。而且农业剩余劳动力向第二、第三产业的转移是逐步发生的，后发型现代化国家将在很长一个时期内拥有低成本优势，通过这个优势逐步提高工业的技术水平。二是许多后发型现代化国家拥有丰富的自然资源，如矿产、石油、天然气、森林等。这些自然资源可以作为经济发展的基础。三是巨大的发展潜力。当经济发展步入正轨以后，经济收入的提高、生活水平的改善、城市化的进展，将会为下一步的经济增长提供新的动力。需要强调指出的是，在第二次世界大战以后，经济全球化的势头有增无减，国际资本需要在全球范围内进行

---

① 依附理论的代表作包括：Andre Gunder Frank, *Latin America: Underdevelopment or Revolution*, New York: Monthly Review Press, 1970; Samir Amin, *Unequal Development: An Essay on the Social Formations of Peripheral Capitalism*, New York: Monthly Review Press, 1977; Fernando Henrique Cardoso, Enzo Faletto, *Dependency and Development in Latin America*, translated by Marjory Mattingly Urquidi, Oakland: University of California Press, 1979；［美］伊曼纽尔·沃勒斯坦：《现代世界体系》第 1 卷，郭方、刘新成、张文刚译，郭方校，北京：社会科学文献出版社 2013 年版；［美］伊曼纽尔·沃勒斯坦：《现代世界体系》第 2 卷，郭方、吴必康、钟伟云译，郭方校，北京：社会科学文献出版社 2013 年版；［美］伊曼纽尔·沃勒斯坦：《现代世界体系》第 3 卷，郭方、夏继果、顾宁译，郭方校，北京：社会科学文献出版社 2013 年版；［美］伊曼纽尔·沃勒斯坦：《现代世界体系》第 4 卷，吴英译，庞卓恒校，北京：社会科学文献出版社 2013 年版。

资源的合理配置。丰富的低成本的资源以及巨大的市场潜力，都成为吸引外资的重要手段。

经济方面的后发优势包括技术引进以及学习先进管理制度。① 首先，后发型现代化国家通过技术引进、技术模仿以及吸收外资等方式，直接获得较为先进的技术，从而大大节约技术研发和人才培养的经济成本和时间成本，加速工业化和城市化的进程。② 其次，后发型现代化国家通过学习先进的管理经验，可以提高宏观经济管理以及企业经营的效能，加速经济的发展。在格申克龙的后发优势论中，国家对经济的成功干预是实现工业化跨越式发展的重要手段。1960 年以后，以东亚为中心的后发国家为加快经济发展进行了持续不断的努力和探索。世界银行以及相关学者总结了东亚经济奇迹产生的 8 个重要手段：（1）稳定的宏观经济环境；（2）高储蓄率和投资率；（3）高质量的人力资本；（4）任人唯贤的官僚体制；（5）收入不公平的程度较低；（6）鼓励出口；（7）成功的工业化；（8）外资优惠政策以及技术引进等。③

在现代化初期，后发型现代化国家最为重要的课题是通过经济增长提高人民的生活水平，而技术引进以及采用先进的管理制度能够有效促进经济发展。所以，学术界、政府以及企业等最为重视并且讨论最多的，正是经济方面的后发优势。但是，应该强调的是，后发优势不仅存在于经济领域，而且广泛存在于治理、社会等各个领域。后发型现代化国家在这些领域学习和吸收发达国家的理念和制度，不仅能极大提高政府的治理效能，更好服务于经济建设，而且有助于建设良好的公共服务体系，推进社会民生建设。广泛的治理参与、信息公开、问责制度、法治国家、服务型政府、社会保障制度以及环境保护等，无不如此。

不过，不同领域的后发优势在利益和风险之间的平衡方面极其不同。具体地说，特定领域与价值 / 信念体系、行为习惯以及权力结构关系越密切，相关风险就会越大。其中，科学技术不仅效果显著，而且因为较少遭遇来自传统文化的抵抗，所以社会风险较小。经济管理制度涉及人的观念、行为习惯以及利益结构，但因为涉及范围相对较窄（局限于某一个经济领域和相关的企业），较少触动传统文明深层的价值 / 信念体系，因此社会阻力和风险也相对较小。相形之下，重大社会变革不仅会对传统文明、价值 / 信念体系和治理体制产生更多的冲击，而且会更多地触动甚至改变社会利益结构，引发社会冲突，因此，后发型现代化国家需要把握好利益和风险之间的平衡。

（二）国家在推进赶超型现代化进程中的作用

在很长时期内，发达国家实行自由放任主义政策，其工业化进程主要由私营企业主导。但是，如同格申克龙的后发优势理论以及许多学者指出的那样，后发型现代化国家必须通过政策即国家干预来克服各种不利的条件，实现经济的跨越式发展。④ 从实践来看，后发型现代化

① 代表发展中国家的 77 国集团等一直在推动建立更加公正合理的国际经济秩序。

② 不过，技术越先进，西方发达国家及其企业就会越加强知识产权保护的力度。当后发国家达到了一定的发展水平以后，其在技术方面的后发优势就会相对递减。

③ 参见［美］约瑟夫 · E. 斯蒂格利茨、［美］沙希德 · 尤素福等编著：《东亚奇迹的反思》，王玉清、朱文晖译，黄卫平校，北京：中国人民大学出版社 2013 年版。

④ 参见［美］彼得·埃文斯、［美］迪特里希·鲁施迈耶、［美］西达·斯考克波：《找回国家》，方力维、莫宜端、黄琪轩等译，北京：生活 · 读书 · 新知三联书店 2009 年版。

国家通过广泛采用各种政策，主导了赶超型现代化进程。具体的政策手段可以概括为两个方面。一是通过财政、税收、货币、产业、贸易、土地以及引进外资等方面的政策或者是上述政策的组合，实现资源的最大动员和合理配置。二是通过交通、电力和通信等基础设施建设，以及人才培养、技术开发、市场秩序等公共服务的改善，为企业发展提供良好的环境。与发达国家相比，后发型现代化国家不仅动用了更多的政策手段，而且运用政策的力度更大，行政干预的色彩也更为明显。这一特征在赶超型现代化的启动阶段尤其明显。

后发型现代化国家的一个重大使命是保护和发展民族产业和民族企业。民族产业和民族企业的国际竞争力是决定经济现代化水平的重大因素。从产业革命开始，发达国家的私营企业主就拥有先进的产业技术、富有活力的经营体制和强大的国际竞争力。同时，政府主要通过外交和军事实力在全球推行资本主义和殖民主义。相形之下，后发型现代化国家在很长一个时期内特别是推进工业化的早期阶段，在经济、外交和军事上处于严重的弱势。民族企业（特别是民营企业）和民族产业在资金、制度和管理、人才和技术开发、市场运作等方面可利用的资源极其有限，面对以跨国公司为代表的实力强大的外资，不仅严重缺乏国际竞争力，而且其国内市场也面临被挤占的风险。因此，后发型现代化国家不仅需要通过关税以及市场准入等措施保护民族产业，而且需要在资金和技术等方面为民族产业提供强有力的支持。

制度变革的能力是后发型现代化国家顺利推进现代化的重要前提条件。在发达国家，内生型现代化意味着许多制度是在社会实践基础上由政府加以确认和修补的。但对于后发型现代化国家来说，外生型现代化意味着这些重要制度从理念到设计往往自觉或不自觉地参考国外的经验。后发型现代化国家一方面需要创造性地学习国外的制度以形成更多的共识，另一方面需要拥有足够的力量消除对制度变革的抵制。

发达国家通过维持经济秩序和社会稳定为经济发展提供有利环境，扮演了“守夜人”的角色。对后发型现代化国家来说，维护社会稳定和秩序具有同样重要的意义。但是，社会稳定和秩序却面临着比发达国家更为严重的挑战，其原因主要是：第一，后发型现代化国家意味着国家处于贫穷落后的状态，围绕生存的竞争和斗争异常激烈；第二，现代化特别是急剧的社会变化将引发外来文明与传统文明的冲突；第三，在多民族国家，民族之间围绕宗教、文化习俗、利益分配甚至认同，会产生矛盾甚至冲突；第四，后发型现代化国家在外交上处于弱势，将面临更多的外交干涉。此外，由于后发型现代化国家不具备有效处理冲突和克服危机的完善机制，随着冲突的发生发展，特别是多样冲突交织时，将对社会稳定和现代化进程产生重大破坏。

较强的凝聚力是后发型现代化国家在推进现代化进程中发挥重要作用的前提。但是，正如本文反复强调的那样，在后发型现代化国家充满市场竞争和激烈对立的社会背景下，塑造和强化凝聚力绝非易事。而一旦国家的凝聚力受到削弱，其现代化进程便会受到各种影响，轻则政府效能严重受损，制度变革只是停留在思想和政策构想的层面，权力内外无法形成巨大的合力推进现代化建设；重则可能导致国家四分五裂，使得现代化的进程中断甚至严重倒退。当一个国家发生分裂甚至内战时，诸多势力将倾尽全力争夺政治主导权，包括人力物力在内的各种重要资源不仅无法充分用于现代化建设，而且很容易蜕变成破坏现代化的力量。同时，这种政治分裂越严重，内战越激烈，对现代化进程的破坏就越大。经验表明，许多后发型现代化国家的分裂和内战会持续很久，而且从结束分裂到确立政治凝聚力，再到启动现代化建设的进程通常需要很长的时间。这对于对发展速度有很高要求的赶超型现代化来说，是非常沉重的代价。

四、发展模式和发展路径的选择

（一）治理体制的结构—功能分析

如上所述，对于后发型现代化国家来说，国家在推进赶超型现代化进程中必须扮演比发达国家更为重要的角色，这种角色通常以国家拥有较为强大的凝聚力和维持社会稳定的能力为前提。经验表明，这些前提条件在后发型现代化国家，特别是在现代化的启动阶段常常会受到极大挑战。考虑到国家治理体制特别是政治权力结构对政治凝聚力有着重大影响，本文结合后发型现代化国家的上述条件，分析不同发展模式特别是不同治理体制的有效性。

从理论上来说，治理体制涉及治理理念、权力结构和政府效能，三者之间存在着相互作用的关系。治理理念以及对政府效能的期待，会影响治理体制原则和制度的具体设计，而治理制度一旦形成，便会影响国家治理能力和现代化进程。在现代化过程中有效解决所面临的重要课题，既是后发型现代化国家制定治理制度的出发点，也是衡量其治理制度合理性和有效性的重要标准。换句话说，结合后发型现代化国家的国情和现代化进程的阶段性目标，从结构—功能的分析视角出发考察治理体制，就显得十分重要。

由于西方发达国家经济发展长期处于领先地位，并且拥有强大的外交实力以及意识形态话语权，西方模式往往成为后发型现代化国家的模仿对象。从权力结构来看，西式治理体制本质上是分权制，政府权力受到多重分解：第一，民众通过选举选出政治领导人，并利用结社、言论和游行示威等方式表达政治不满，施加政治压力；第二，在多党制下，各个政党围绕选举展开激烈竞争，围绕立法过程等展开博弈，在野党将对执政党进行监督；第三，在“三权分立”的原则下，立法、行政和司法机构之间实行分权，相互制衡；第四，在地方自治以及联邦制下，地方政府具有一定的自治权；第五，民营企业和社会团体拥有经营权和自治权；第六，媒体通过报道和言论形成舆论，对政府的决策和行动产生重大影响。但是，从功能的角度来看，这种分权制表面上看十分重视政策共识，强调多元化社会中的利益平衡。

西式治理体制的悖论性特点使它具有以下弱点：一是政治过程充满政治博弈或明争暗斗，达成共识非常艰难；二是重要的利益集团以及大资本比普通民众对政策过程有着更大的影响力；三是制度变革以及整合和动员资源的能力受到多方面制约，严重影响国家治理效能。目前，发达国家之所以还能承担分权制的各种巨大成本，一是因为强大的经济实力在一定程度上缓和了社会矛盾和对立，二是因为配套制度比较成型，各种政治势力习惯了各种政治博弈。

后发型现代化国家在其赶超型现代化启动阶段盲目照搬照抄西方治理体制，不仅难以达成预期效应，而且缺乏承受其成本的能力。首先，如上所述，无论是在贫穷积弱的状态下维持社会的稳定和凝聚力，确立推进现代化建设所需的各项制度，还是加快经济发展，培育和壮大民族产业、民族企业，都需要后发型现代化国家拥有比发达国家更为强势的政府。其次，许多后发型现代化国家不仅没有建立与现代治理相关的各种配套制度，而且各种精英群体在既有体制下形成了固有的利益交易方式，很难适应新体制下的政治博弈。再次，后发型现代化国家对发展速度的要求更高，难以承担因政治博弈造成的时间方面的空耗。

从实际情况来看，由于发达国家在现代化发展的历史过程中处于领先地位，并且利用自己的军事和经济实力对外输出西式民主和资本主义，[①] 绝大多数后发型现代化国家在不同的时期自觉或不自觉地采用了包括西式治理体制在内的发展模式。但是，总的来说并没有取得预期的效果。绝大多数后发型现代化国家都经历过民主制的崩溃，为集权体制和强人政治所取代。即使一些后发型现代化国家勉为其难地维持了形式上的民主制，但无论是保障人民的自由和权利，还是加强政治回应性，其品质和治理能力远远达不到真正的民主政治的要求。[②]

（二）"新权威主义"模式的结构和功能

与西方国家发展模式形成鲜明对比的是由权威主义治理体制和国家资本主义构成的新权威主义模式。[③] 新权威主义治理体制虽然在不同国家有不同形式，但共同的特点是政治集权制。[④] 一是形式上存在多党制和全国性选举，但执政党长期执掌政权，政局比较稳定；二是行政、立法和司法机关虽然有一定的分工，但行政权在权力体系中处于核心地位，立法和司法机关对行政权的制约较弱；三是实行中央集权制，即使一些国家存在名义上的地方自治，但中央对地方拥有很强的控制权；四是政府对言论、思想、传播和社会团体严格管制，社会控制能力很强；五是虽然原则上采用了市场经济体制，但政府利用强大的行政权力以及对重要资源的控制，不仅对宏观经济政策而且对企业的经营活动进行强有力的干预。

从结构—功能的分析角度来看，集权制通过政治权威手段抑制各种社会冲突，强化社会凝聚力、政策执行能力以保证社会稳定，从而使政府在制度变革、经济发展和社会治理中发挥较高的效能。而其主要缺陷是，集权制通常因为缺乏对权力的监督和制衡而容易导致腐败。

从新权威主义模式的实践结果来看，后发型现代化国家大致可以分成三大类。第一类是接

---

① 20 世纪 80 年代以后，西方发达国家和其主导的国际组织为了避免干涉内政，一般会用善治和华盛顿共识的概念代替民主化和资本主义。

② 从独立后民主制没有经历过崩溃的角度来说，印度民主制的稳定性在后发国家中或许称得上例外。同时，印度近些年来在推进现代化进程方面也取得了较大的成就。不过，从品质方面来说，印度距离自由民主政治还有较大的距离。

③ 这种以政治集权制和国家资本主义为特征的发展模式，在 18、19 世纪就已经出现。比较成功的国家有作为德国前身的普鲁士以及明治维新后的日本。

④ 学术界对权威主义体制进行了多种分类。一是根据政治制度的形式将其进一步区分为"军队专制""强人政治"和"一党制"等。二是根据是否存在多党制和竞争性选举，将其区分为竞争性或非竞争性权威主义国家。一般来说，竞争性的权威主义国家政治开放度相对较高但权力相对分散，非竞争性的权威主义国家政治开放度更低但权力更为集中。

近甚至追上了发达国家发展水平的国家和地区，主要集中在东亚地区。第二类是在现代化目标上缩短了与发达国家的差距，但尚未成功克服“中等收入陷阱”的国家和地区。东亚的一些国家以及南美的一些国家属于此类。第三类是现代化进程尚未真正走上轨道，与发达国家的差距没有缩小甚至有所扩大。缅甸、巴基斯坦、阿富汗以及许多非洲国家便属于这一类型。

新权威主义模式在不同国家有着不同的效果，我们可以从两个角度进行分析。一是权威主义治理体制是否得到有效确立。与第一、第二类国家相比，第三类后发型现代化国家的共同特点是，除了贫困落后带来的激烈的生存竞争以外，还存在着民族、文化和地域之间的严重对立和冲突。虽然这些国家也试图运用强权甚至暴力手段压制反对势力，但并没有足够的能力实现国家的统一和人民的团结，国家实际上处于四分五裂甚至内战状态。换句话说，第三类后发国家尚处于国家构建或确立权威主义治理体制的阶段，未能集聚国家的力量全面推进现代化建设。二是治理能力对现代化进程产生重要影响。这里的治理能力包括制度改革、经济规划、产业政策、资源配置、利益分配以及社会治理等。即使权威主义治理体制得到有效确立，不同的后发型现代化国家也存在着治理能力方面的差异。随着现代化进程的推进，后发型现代化国家需要不断地进行制度变革和自身能力的建设，以适应更为复杂的经济结构和多元化的社会。否则，现代化建设的速度就会放慢甚至停滞。一个典型的例证是，20世纪70年代，南美的巴西、墨西哥、阿根廷等国家和亚洲的“四小龙”经济飞速发展，被称为新兴工业经济体（Newly Industrialized Economies，NIEs）。但20世纪80年代以后，南美的NIEs经历了政治动荡和债务危机，在构建公平和具有活力的经济体制、发展民族产业、合理分配财富以及建立良好的社会秩序方面的能力明显不足，因而在此后的现代化建设过程中明显落后于亚洲的NIEs。

冷战结束以后，权威主义治理体制的正统性受到了西式民主的巨大挑战。对此，后发型现代化国家试图通过两种方式应对西方的政治挑战。一是强调政治发展道路和治理模式的多样性，即治理的精神以及相关的制度根植于特定国家的传统文化之中，各国都有权探索符合本国国情的政治发展道路和治理模式。不同于强调民主的“普世价值”的发达国家，许多后发国家都倡导本国版的治理模式，马来西亚、印度尼西亚、泰国等便是典型例子。二是更倾向于将经济增长和改善民生的成就作为衡量政府效能以及发展模式有效性的标准。发达国家在谈及国家治理体制时，意识形态的色彩较为浓厚，而许多后发型现代化国家具有更多地强调以发展为导向的实用主义色彩，强调更好地满足民众需求的政府才是好的政府。

（三）发展路径和现代化进程的“三阶段论”

国家现代化是一个动态的过程。随着现代化进程的推进，后发型现代化国家面临的现代化建设的条件会不断发生变化，其中包括科学技术的进步、人才和经济资源的发展、思想观念的变革、行为方式的变化、社会结构的复杂化、管理制度的改善和治理能力要求的提高等。从某种意义上说，这些条件的变化意味着后发型现代化国家发挥后发优势的能力或创造性学习国外先进经验能力的提高。在此，本文结合三大目标在不同阶段的重要程度、权力体制内外的共识以及创造性的学习能力，将新权威主义治理模式下的现代化进程分成以下三个阶段，以此考察和分析后发型现代化国家的发展路径。

第一阶段“优先发展经济”。在现代化建设的启动阶段，国家处于贫困落后状态，所以优先发展经济最容易获得社会各方面的共同认可。具体地说，虽然社会特定阶层有呼唤民主的声音，但大多数民众迫切期待的是通过经济发展摆脱贫困，过上富裕的生活。对于政府来说，建设和完善社会保障以及公共服务体系的要求，往往因为财政能力有限而力不从心，西式民主难以成为政府的施政选项。当然，这并不是说在第一阶段不需要治理变革和社会发展，而是说治理和社会变革都将在维护和强化政治权威的前提下，围绕如何更快更好地加快经济发展进行，因此，政府会把重心放在排除现代化阻力以及提高行政效能等方面。在社会发展方面，政府会把有限的资源更多地投入教育；在分配方面，政府会更重视企业的竞争力和再生产等。

第二阶段“重视社会发展”。与第一阶段相比，这一阶段将出现以下的变化：第一，后发型现代化国家的工业化有了较大的进展，进入了中等收入国家行列，但与发达国家相比依然有很大的差距。同时，在优先发展经济的过程中，会出现贫富差距扩大以及环境恶化等社会问题。① 所以，后发型现代化国家不仅面临着进一步发展经济的课题，还需要通过财富再分配以及社会保障制度加强对弱势群体的保护。第二，随着思想观念的变化，民众对社会公平正义、环境保护以及教育文化等公共事业的发展提出更高的要求，政府需要建设和完善公共服务体系以满足这些要求。第三，随着制度建设的推进、民族企业的壮大以及社会自治能力的提高，政府需要转型，在经济上强调企业的自主经营权、强化自由公平的竞争，同时在更大范围内满足民众参与治理的要求，并且提高其自治能力。不过，对于权威主义式治理的后发型国家来说，无论是发展经济还是推进社会建设，依然需要在相当程度上维护政治权威。

第三阶段“加强国家治理现代化建设”。随着第二阶段的顺利推进，特别是经济发展水平接近发达国家的时候，围绕国家现代化的重要条件将会有重大改善，阶段性目标和课题会迎来重大变化。绝大多数民众过上了相对富裕的生活。社会保障制度以及公共服务体系相对完善，不仅有力地保护了弱势群体，而且为人的全面发展提供了多方面条件。根据罗纳德·英格尔哈特（Ronald Inglehart）提出的后物质主义理论，民众的主要追求将从富裕的物质生活向更高层次的非物质层面变化，既包括个人的自主性、自我表达、自我实现和参与，也包括社会责任、社会公正以及环境保护等。② 同时，产业结构的升级、高等教育的普及和大众传媒的发展使民众的参政议政能力有了很大的提高。社会矛盾的化解也为治理建设的推进提供了条件。③

① 著名的库茨涅兹曲线（Kuznets Curve）将工业化分成初期、中期和后期三个阶段，并从理论上说明了收入差距从扩大到缩小的内在机制和逻辑。Simon Kuznets, “Economic Growth and Income Inequality”, *American Economic Review*, Vol. XLV, No.1, 1955.

② 参见[美]罗纳德·英格尔哈特:《现代化与后现代化:43 个国家的文化、经济与政治变迁》，严挺译，祁玲玲校，北京：社会科学文献出版社 2013 年版；[美] 罗纳德·英格尔哈特:《静悄悄的革命：西方民众变动中的价值与政治方式》，叶娟丽、韩瑞波等译，上海：上海人民出版社 2017 年版。

③ Seymour Martin Lipset, “Some Social Requisites of Democracy: Economic Development and Political Legitimacy”, *The American Political Science Review*, Vol.53, No.1, 1959, pp.69-105.

“三阶段论”的现代化进程通常是新权威主义治理采用的发展途径，实际遵循着先易后难、循序渐进的原则。其长处是，后发型现代化国家如果能够动态地掌握后发优势的利益和风险之间的平衡，现代化进程就能够较好地规避因激进的变革而带来的重大冲突，平稳地持续推进。但这并不是说新权威主义式治理的国家会全部完全按三阶段的发展路径推进现代化进程，更不是说现代化进程不会发生曲折。在现代化进展比较顺利时，人民因为生活得到改善会接受权威主义治理，但是，当经济发展停滞特别是爆发大规模经济危机时，大量的失业和生活的艰难会激发民众对政府的不满，甚至爆发大规模的抗议运动。所以，不少国家在尚未完成第二阶段时就进行治理转型会引发不少问题，泰国、菲律宾、印度尼西亚和南美的许多国家便是例证。

五、结论

推进国家现代化建设，最终赶超发达国家，几乎是所有后发型现代化国家最重要的国家发展目标。为此，后发型现代化国家必须选择有效的发展模式和发展路径。本文结合后发型现代化国家的历史经验以及相关的研究成果，结合赶超型现代化的特点以及国家在推进现代化进程中的作用，分析和探讨了西方现代化模式和新权威主义发展模式的不同特点和发展路径。

第一，本文根据不同的时空背景，考察和分析了后发型现代化国家在推进赶超型现代化进程中不同于发达国家的三大挑战。一是赶超型现代化对标发达国家的现有水平，对发展速度有着更高的要求，因此发展难度大大增加；二是后发型现代化国家的外生型现代化与发达国家的内生型现代化相比，现代化文明与传统文明、新的制度与既有制度之间的兼容程度比较低，更容易产生激烈而持久的社会冲突；三是后发型现代化国家在国际政治经济体系中的不利地位，使得后发型现代化国家不仅在国际经济竞争中，而且在外交上处于不利地位。

第二，本文分析了后发型现代化国家相对于发达国家的两大有利条件即低成本和后发优势。其中，低成本优势主要是指较低的劳动力成本，还包括丰富的资源和发展潜力。这不仅有助于发展劳动密集型产业，而且在全球化背景下有助于吸引外资。而后发优势除了技术引进以外，还包括在经济、社会和治理等各个领域采纳有益的理念和规则，吸取发达国家的失败教训以少走弯路。但是，社会和治理领域的后发优势往往存在着各种风险，需要后发型现代化国家根据国情和条件权衡其所带来的利益和风险。

第三，本文分析了在推进赶超型现代化进程中后发型现代化国家发挥的不可或缺的作用。一是维护政治社会秩序，为现代化建设提供良好的环境；二是推进改革，为现代化建设提供必要的制度基础；三是动用各种政策手段合理配置资源，以加速经济发展，并通过推进基础设施建设为经济发展创造良好条件；四是保护和发展脆弱的民族产业和民族企业。本文将社会凝聚力作为后发型现代化国家发挥上述作用的前提条件，同时指出，在社会充满多元取向甚至发生激烈冲突的背景下，确保社会凝聚力本身就是一个比较艰难的课题。

第四，本文从结构—功能的角度比较分析了西式民主和新权威主义治理体制的不同特点及其影响。西式民主实际上是一种治理分权结构，偏重于强调政治制衡和共识，但在后发型现代化国家的现代化进程中，这种治理结构往往会对社会凝聚力产生不利影响，从而削弱国家推进制度变革的能力和治理效能，甚至造成国家四分五裂。相比之下，新权威主义治理体制是一种集权体制，即通过强有力的手段构建和形成治理凝聚力，但相对容易发生腐败。从实践来看，在赶超型现代化的启动阶段，分权制经常遭遇治理失败。在治理的集权制下，许多国家实现了社会稳定和有序，在现代化建设上取得了较大的进步，缩短了与发达国家的差距。

第五，本文动态地分析了新权威主义模式下的发展路径。在不同阶段，不仅现代化建设的主要目标会发生变化，而且围绕现代化建设的重要条件也会发生变化。新权威主义国家通常会遵循先易后难、循序渐进的原则，实际上将现代化进程分成优先发展经济、重视社会发展和加强国家治理现代化建设三个阶段。第一个阶段通常强调集权治理，更重视发挥经济的后发优势。第二个阶段将发展从经济扩大到社会领域，并开始重视扩大治理参与。但全面推进国家治理现代化建设常常在第三个阶段进行。上述发展路径有助于规避重大冲突风险，平稳推进国家现代化。但从实践来看，能否按照这一路径最终完成赶超目标，往往取决于后发型现代化国家的治理能力。

（责任编辑　王京京）

Development Model Options for Catching-up Countries

Tang Liang

(Waseda University, Tokyo 169-8050, Japan)

Abstract: This article dissects and discusses several major issues in the process of promoting economic growth, social development, and democratic political system in later developing countries. First, it analyzes the three major challenges confronted by later developing countries and discusses two redeeming features of these country. Secondly, it analyzes the characteristics of the government-led modernization process in the later developing countries. Thirdly, it takes a comparative analysis of the impact of different governance systems on the modernization process from the perspective of structural functions. Finally, this article concludes with a consecutive three-phase division of national development path under the neo-authoritarian model, that is, giving priority to economic development, attaching importance to social development, and strengthening the construction of democratic politics.

Key Words: Later Developing Countries; Catch-up Modernization; Latecomer Advantage; Development Model; Path Option

《国家现代化建设研究》2024年总目录

第 1 期

第 2 期

第 3 期

第 4 期

第 5 期

第 6 期